Ralf Gréus

MIT DEM WOHNMOBIL IN DIE PROVENCE

UND AN DIE CÔTE D'AZUR

Teil 1: Der Westen

Die Anleitung für einen Erlebnisurlaub

DER WOHNMOBIL-VERLAG
D-98634 Mittelsdorf/Rhön

Die Deutsche Bibliothek – CIP-Einheitsaufnahme

Bibliografische Information der Deutschen Bibliothek

Die Deutsche Bibliothek verzeichnet diese Publikation in der Deutschen Nationalbibliografie.
Detaillierte bibliografische Daten sind im Internet über <http://dnb.ddb.de> abrufbar.

Titelbild:
Avignon - Blick von der Rhôneinsel
auf den Pont St. Bénézet und den Papstpalast (Tour 13)

4. Auflage 2010

Karten: alle vom Autor
Fotos: S. 77 von Gisela Gréus, S. 107 unten von Regine Staudt,
alle anderen vom Autor.

Druck:
Fuldaer Verlagsanstalt, 36037 Fulda

Vertrieb:
GeoCenter ILH, 70565 Stuttgart

Herausgeber:
WOMO-Verlag, 98634 Mittelsdorf/Rhön
Position: N 50° 36' 38.2" E 10° 7' 56.0"

Fon: 0049 (0) 36946-20691
Fax: 0049 (0) 36946-20692
eMail: verlag@womo.de
Internet: www.womo.de

Autoren-eMail: Greus@womo.de

ISBN 978-3-86903-374-7

EINLADUNG

Freuen Sie sich auf

- zauberhafte Landschaften,
- geschichtsträchtigen Boden und antike Bauwerke,
- Rotwein, Käse und Pastis,
- Restaurants und Cafés,
- das Land im Licht, in dem die Kunst des Pétanque bisweilen mehr zählt als die Bildung,
- die Sonne, den Wind und manchmal auch auf den Regen,
- Wanderungen mit phantastischen Fernblicken,
- ausgesuchte Campingplätze,
- die schönsten freien Stellplätze ?

Dann folgen Sie Ralf Gréus durch eine der faszinierendsten Kulturlandschaften Südeuropas, auch wenn er nicht selten die ausgefahrenen Wege verlässt.

Das Buch erscheint in vollständig überarbeiteter Neuauflage, und sein Inhalt hat nochmals deutlich zugenommen.

Ihre

Waltraud Roth-Schulz

Sehr geehrter Leser, lieber WOMO-Freund!

Reiseführer sind für einen gelungenen Urlaub unverzichtbar – das beweisen Sie mit dem Kauf dieses Buches. Aber aktuelle Informationen altern schnell, und ein veralteter Reiseführer macht wenig Freude.
Sie können helfen, Aktualität und Qualität dieses Buches zu verbessern, indem Sie uns nach Ihrer Reise mitteilen, welchen unserer Empfehlungen Sie gefolgt sind (freie Stellplätze, Campingplätze, Wanderungen, Gaststätten usw.) und uns darüber berichten (auch wenn sich gegenüber unseren Beschreibungen nichts geändert hat).
Bitte füllen Sie schon während Ihrer Reise das Info-Blatt am Buchende aus und schreiben Sie evtl. Korrekturen auch in unser Forum unter: www.forum.womoverlag.de
Dafür gewähren wir Ihnen bei Buchbestellungen direkt beim Verlag (mit beigefügtem, vollständig ausgefülltem Info-Blatt oder entsprechender eMail) ein Info-Honorar von 10%.
Aktuelle Korrekturen finden Sie unter: www.forum.womoverlag.de

Um die freien Übernachtungs- und Campingplätze auf einen Blick erfassen zu können, haben wir diese im Text in einem Kasten nochmals farbig hervorgehoben und, wie auf den Karten, fortlaufend durchnummeriert. Wir nennen dabei wichtige Ausstattungsmerkmale und geben Ihnen eine kurze Zufahrtsbeschreibung. "Max. WOMOs" soll dabei andeuten, wie viele WOMOs dieser Platz maximal verträgt und nicht, wie viele auf ihn passen würden (schließlich gibt es auch Einwohner und andere Urlauber)!
Übernachtungsplätze mit **B**ademöglichkeit sind mit hellblauer Farbe unterlegt. **W**anderparkplätze sind grün gekennzeichnet. **P**icknickplätze erkennen sie an der violetten Farbe. Auf Schlafplätzchen, denen die gerade genannten Merkmale fehlen – also auf einfache **S**tellplätze – weist die Farbe Gelb hin. Empfehlenswerte **C**ampingplätze haben olivgrüne Kästchen. Wanderungen, die wir Ihnen besonders ans Herz legen möchten, haben wir ebenfalls grün unterlegt.

Und hier kommt das Kleingedruckte:
Jede Tour und jeder Stellplatz sind von uns meist mehrfach überprüft worden, wir können jedoch inhaltliche Fehler nie ganz ausschließen. Bitte achten Sie selbst auf Hochwasser, Brandgefahr, Steinschlag und Erdrutsch!
Verlag und Autoren übernehmen keine Verantwortung für die Legalität der veröffentlichten Stellplätze und aller anderen Angaben. Unsere Haftung ist, soweit ein Schaden nicht an Leben, Körper oder Gesundheit eingetreten ist, ausgeschlossen, es sei denn unsere Verantwortung beruht auf Vorsatz oder grober Fahrlässigkeit.

Inhaltsverzeichnis

Zeichenerklärungen für die Tourenkarten

Touren / abseits der Touren

Autobahn	Kirche, Kloster
4-spurige Straße	Burg, Schloss, Ruine
Hauptstraße	Berggipfel (1493 m)
Nebenstraße	Ausgr./antik. Bauw.
Schotterstraße	Sehenswürdigkeit
Wanderweg, Radweg	Aussicht, Rundsicht
11 12 13 14 WOMO-Stellplatz, Wander-, Picknick-, Badeplatz (geeignet für freie Übernachtungen)	Trinkwasser/Dusche
	E Ver-/Entsorgung
24 C empfohlener /sonst. Campingpl.	WC Toilette

Alle übernachtungsgeeigneten Plätze sind im Text und auf den Tourenkarten fortlaufend durchnummeriert und enthalten im Text Positionsangaben : GPS: N 50° 36' 38" E 10° 07' 12"

Gebrauchsanweisung

Die Provence ist eines der klassischen Ziele mitteleuropäischer Touristen, weil man hier vortrefflich den Bildungs- mit dem Erholungsurlaub verbinden kann. Dazu gibt es unter südlicher Sonne ideale Bedingungen für die Campingreise jedweder Couleur. Entsprechend umfangreich ist auch die Reiseliteratur, deren Vielfalt im Laufe der Jahre kräftig zugenommen hat. Umso erfreulicher ist es, dass die seit 1993 gedruckten Auflagen dieses WOMO-Führers so positiv aufgenommen worden sind, und dass die von mir publizierten Tipps, insbesondere die Stellplätze, dennoch nicht platt gewalzt wurden. Ich konnte also mit ruhigem Gewissen zulegen:

Zuerst habe ich den Gebieten westlich der Rhône in Band 22 der WOMO-Reihe, *Mit dem Wohnmobil durch Languedoc und Roussillon*, ein Eigenleben gegönnt, um mich danach wieder mehrfach der Provence zuzuwenden. Dabei habe ich so viel entdeckt, dass ich die Provence auf zwei Bände verteilen musste. So werden Sie mit Teil 2, der den Osten der Provence behandelt, an die Hauptziele der Côte d'Azur und durch deren Hinterland geführt. Jedes der drei Südfrankreich-Bücher kann ohne die anderen beiden benutzt werden. Der Verlag und ich als Autor sind Ihnen aber nicht böse, wenn Sie sich mit dem vollen Programm eindecken, auch wenn sich in den allgemeinen Bereichen weniges wiederholt.

Das Grundprinzip ist überall gleich: Sie lesen Reiseführer, in denen das Subjektive mindestens so viel Raum einnimmt wie die üblichen Ortsbeschreibungen. Neben rein praktischen Ratschlägen wird Ihnen in erster Linie eine Gebrauchsanweisung in die Hand geben, mit welcher sich Ihr Urlaub nicht nur im Abklappern von Sehenswürdigkeiten oder dem faulen Herumliegen am Strand erschöpft.

Erwarten Sie bitte nicht, dass ich Unmögliches herbeizaubern kann: den allzeit zugänglichen Superbadeplatz am Meer (oder an den Seen), in der Hochsaison nicht überbelegte Campingplätze hinter den Stränden oder auch nur Preise wie im letzten Jahrhundert. Trotzdem werde ich Sie häufig durch touristisch wenig beleckte Kulturlandschaften führen, in denen Sie in jeder Beziehung, auch stellplatzmäßig, aus dem Vollen schöpfen dürfen.

Die **allgemeinen Tipps** am Ende des Buches nerven Sie vielleicht ein wenig, wenn Sie andere Bücher des Verlags oder von mir besitzen, sie passen auch nicht immer bis ins Detail auf alle Teilgebiete unserer Touren. Es war mir daher wichtig, die Allgemeinheiten nicht noch mehr auszudehnen.

Unsere Urlaube verliefen in den Oster-, Pfingst- und Sommerferien in etwa auf den Routen, in die ich die einzelnen Reisebeschreibungen aufgeteilt habe. Ich könnte mir vorstellen, dass so ähnlich auch Ihre Fahrten ausfallen. Sie werden schnell merken, dass ich gelegentlich etwas mogeln musste, denn nicht immer haben wir die Touren so in einem Stück durchgezogen, wie ich diese literarisch aufbereitet habe. Und vor allem werden Sie merken, dass ich immer noch nicht die Provence vollständig bereist und beschrieben habe. Trotzdem tauchen fast alle bekannten Ziele des Westens in unserem Buch auf, daneben auch eine nicht kleine Zahl weniger berühmter, jedoch umso liebenswerterer Orte.

Dabei kommen die **Bau- und Kunstdenkmäler** nicht zu kurz, wobei Sie aber bitte daran denken, dass ich einen Wohnmobilführer geschrieben habe und nicht mit den Kunstreiseliteraten wetteifern möchte. Die angegebenen **Öffnungszeiten** und noch mehr die **Preise** haben ein sehr kurzes Verfallsdatum, sie dienen hauptsächlich einer groben Orientierung. Ich erwähne in der Regel nur die nicht ermäßigten Normalpreise und die Öffnungszeiten des Sommerhalbjahres.

Bei nicht wenigen Lesern hat das sprichwörtlich hohe Niveau der französischen Küche (deren Ruf teilweise besser ist als die Realität) die Auswahl des Reiseziels mitbestimmt. Ich nenne Ihnen daher **Restaurants**, die wir selbst erprobt haben; schlichte und noblere, billige und teure. In der Regel informieren wir Sie über das Preisgefüge und zumeist auch über die Ruhetage. Für die meisten Restaurants gilt, was auf viele Dinge des Alltags zutrifft, dass Teures keinesfalls immer gut, Gutes aber leider oft nicht ganz billig ist. Ich könnte in größerer Zahl Pizzerien nennen, wo Sie auch in Frankreich eine ordentliche Pizza oder ein einfaches Essen bekommen. Ich bin allerdings der Meinung, in einen Reiseführer gehöre kulinarisch mehr als schierer Durchschnitt, weil ansonsten die Empfehlung letztlich nichts anderes wäre, als die Warnung vor dem Reinfall anderswo. Ich habe übrigens nicht wenige Lokalitäten getestet, die ich nicht erwähne, weil sie zu schlecht waren. Gelegentlich schreibt man mir, Restauranttipps seien in einem Wohnmobilreiseführer überflüssig. Die meisten Leser sind jedoch gerade von diesen Tipps angetan, bei denen ich nur Lokale aussuche, die erstens empfehlenswert und zweitens gut erreichbar sind, weil man sie anfahren kann, oder weil man in der Nähe das Wohnmobil einigermaßen gut und sicher abstellen darf. Ich bemühe mich insgesamt, das Angebot so zu mischen, dass für jeden Geldbeutel etwas dabei ist.

Sie finden in der Provence ideale **Wanderreviere**, solange Sie nicht im Hochsommer danach suchen. Ich nehme Sie daher mit auf ein paar Rundwanderungen unterschiedlicher Länge und nenne Ihnen die dazu erforderliche Wanderkarte (meistens geht es auch ohne, weil die Markierungen flächendeckend zugenommen haben) sowie die von uns benötigten Gehzeiten. Damit ich im Text die gehfaulen Leser nicht quäle, und damit diese leichter weiterlesen können, sind die Beschreibungen von Wanderstrecken grün unterlegt.

Aber deswegen haben Sie diesen Reiseführer nicht gekauft. Sie planen eine Reise mit einem Wohnmobil und erwarten nun Vorschläge für **Stellplätze**. Ich helfe Ihnen dabei, und häufig habe ich die Plätze fotografiert. Nicht alle kommen für Wohnmobile im Lastwagenformat in Frage, wenngleich ich überwiegend auch auf die möglichen WOMO-Größen eingehen (wobei es sehr schwierig ist, sich nur in der Vorstellung in ein Wohnmobil größerer Dimensionen zu setzen – Maßangaben sind daher nicht mehr als eine grobe Schätzung). Manche meiner Tipps sind Fahrzeugen mit einem Gesamtgewicht über 3,5 t nicht zugänglich, weil einige Strecken für LKW verboten sind (zumeist um Lastwagen aus Wohngebieten fern zu halten). Ich weise nicht auf Gewichtsbeschränkungen hin. Aber alle Plätze waren im Zeitpunkt der Recherche mit Wohnmobilen bis 3,5 t Gesamtgewicht erreichbar.

Aus vielen Zuschriften haben wir Autoren erfahren, wie unterschiedlich die Gewohnheiten und Bedürfnisse der Leser geworden sind. Wir können mit unseren Büchern nicht alle gleichermaßen ansprechen, und nicht jeder Tipp kommt für jeden in Frage. Das gilt vor allem für Stellplätze, die klein oder nur über schmale Zufahrten erreichbar sind. Dummerweise gehören bisweilen gerade schöne Plätze zu dieser Sorte. Sollen wir diese den Lesern vorenthalten, die sich bewusst für ein kurzes, niedriges, vor allem für ein schmales Wohnmobil entschieden haben, damit wir die anderen Leser, die in ihrer Behausung mehr Wert auf Platz und Komfort legen, nicht enttäuschen? Wobei es die Industrie uns, vor allem den betroffenen Käufern, schwer macht, weil die Konstrukteure in den letzten Jahren immer breitere Fahrzeuge entwickelt haben, bei denen die Abnahme an Mobilität das Quäntchen an Verbesserung des Komforts weit übersteigt (wir finden, dass ein Reisemobil, mit dem man reist, nicht breiter als 2,30 m sein muss – aber uns fragt niemand, sonst wären die Fahrzeuge auch bei anderen Details deutlich funktionaler).

Bitte beachten Sie, dass sich nicht alle Stellplätze – ebenso wenig wie die empfohlenen Campingplätze – für jede Jahreszeit in derselben Weise eignen. Bei meinen Reisen habe ich mich beispielsweise an Ostern für Stellen begeistert, die ich im Sommer nie ansteuern würde. Ich berichte Ihnen, wenn die Plätze einsam liegen, und den Übervorsichtigen sage ich meistens, welche Plätze »offiziell«, also von öffentlichen oder privaten Eigentümern zum Zweck der Übernachtung im Wohnmobil, eingerichtet worden sind. Mit den Empfehlungen einsamer Plätze (die stets als einsam bezeichnet sind), spreche ich nicht nur die Halter von Rottweilern und ähnlicher Sicherheitsvorkehrungen an oder die Unverzagten, sondern ich biete Ihnen damit zugleich Möglichkeiten, wo Sie den Tag auch mal auf dem Klappstuhl oder in Ruhe verbringen können. Sie müssen dort nicht unbedingt übernachten.

Nach intensiven, verlagsinternen Diskussionen über die Behandlung der **Campingplätze** hat sich die Auffassung durchgesetzt, dass ein Campingplatz, besonders in einem Urlaub mit Kindern oder wenn Sie für ein paar Tage völlig zur Ruhe kommen möchten, eine Facette des Wohnmobil-Urlaubs ist. Zu einem Wohnmobil-Reiseführer gehört nach unserer Meinung demnach auch die Erwähnung der besten Zeltplätze, zumal wir wissen, dass ein Großteil unserer Leser häufiger auf Campingplätzen als »frei« nächtigt, und weil es heutzutage in manchen Gebieten, besonders am Meer, zu den Campingplätzen keine Alternativen mehr gibt. Die Entscheidung, wo Sie Ihr Haupt betten, ob »frei« oder auf dem Campingplatz, soll meist Ihnen überlassen bleiben. Aber ich bewerte kaum die sanitäre Ausstattung. Mein Augenmerk liegt weniger in der detailgenauen Differenzierung der Campingplatzführer, sondern bei den landschaftlichen und atmosphärischen Reizen. Die Nachrecherchen habe ich überwiegend in einem neuen WOMO durchgeführt, mit neuem Kartenmaterial und einem Ordner voller Zuschriften. Ich hätte auch noch einen **Hund** gebraucht, um einer großen Gruppe von Lesern gerecht zu werden, die ich um Verständnis bitte, wenn ich den Herrchen und Frauchen bereits erwähnter Rottweiler nur bei den Campingplätzen von einem mir bekannten (seltenen) Hundeverbot berichte, wenn Sie bei den Stellplatzinformationen aber weiterhin keine Hinweise dazu finden, ob eine Hundewiese angrenzt.

Ich bitte Sie aber, nicht zu vergessen, dass sich die WOMO-Führer dem **freien Übernachten** (die Terminologie dieses Buches versteht darunter auch den kostenpflichtigen Stellplatz außerhalb eines Campingplatzes) verschrieben haben.

Von einem Wohnmobil-Führer erwarten Sie Angaben über **Entsorgungsstationen** und über **Wasserstellen**. Aber längst nicht an jedem erwähnten Wasserhahn kann das WOMO mit dem Schlauch befüllt werden. Oft müssen Sie das Wasser in Behältnissen eine gewisse Strecke tragen.

Seit die **Navigationsgeräte** Einzug in die Führerhäuser der meisten Wohnmobile gehalten haben, muss man Ihnen nicht mehr erklären, wie Sie die Stellplätze finden. Falls Sie Ihr Gerät mal vergessen, sollten Sie sich mit den **Himmelsrichtungen** vertraut machen, weil ich Sie mit den Angaben *‚rechts'* oder *‚links'* nur so lange zum Ziel führen kann, wie Sie sklavisch an den Tourenstrecken kleben. Weitere Einzelheiten zur Satellitennavigation finden Sie hinten bei den Tipps unter der Überschrift *GPS*.

Bei realistischer Betrachtung sind die *Navis* eher der (unnatürliche) Feind des Reisebuchautors. Sie nehmen ihm die Aufgabe ab, seine Leser positiv motiviert zum Ziel zu führen und entbinden diese von der Pflicht, sich mit Hilfe einer Karte zu orientieren. So fahren die Leute heute buchstäblich planlos durch die Gegend. Der Weg ist längst nicht mehr das Ziel. Die Fixiertheit auf das Ende einer Strecke steht aber in diametralem Widerspruch zu dem Anliegen der WOMO-Reihe, weil

das Reisemobil nicht erfunden worden ist, um anzukommen, sondern um unterwegs zu sein.

Die den Touren vorangestellte **Tourenkarte** soll Ihnen die Orientierung ermöglichen, sie und das Navigationsgerät können aber keinesfalls eine professionelle Straßenkarte im Maßstab 1: 200.000 ersetzen, ohne die das vorliegende Buch keinen Spaß macht. Wobei ich an dieser Stelle kein Vorurteil aufwärmen möchte, jedoch beiden Geschlechtern noch einmal nahe bringe, dass auf Ihrer Landkarte oben Norden und rechts Osten sind. Machen Sie sich bitte mit der Zeichengebung vertraut (siehe Seite 7). Sie benötigen zum Verständnis dieses Buches die **Michelinkarten** im Maßstab 1:200.000 *(Region)* oder im Maßstab 1:150.000 *(Departements)*. Für Verwirrung sorgt die teilweise neue Straßennummerierung in Frankreich. Ich habe mich bemüht, im Text und auf den Karten die aktuelle Bezeichnung zu verwenden, aber ich befürchte, dass mir das nicht ganz gelungen ist (siehe auch unter dem Stichwort *Landkarten*).

In der hinteren Umschlagseite finden Sie eine **Übersichtskarte** der Provence, die Ihnen ein erstes Verständnis darüber verschafft, in welchen Teilen des Reisegebietes die einzelnen Touren verlaufen.

Wie alle Reiseführer enthält auch dieses Buch Fehler, und es wird unaktuell. Eine Restaurant-Empfehlung, erst recht ein Geheim-Tipp, ist kurzlebig, was noch gar nichts ist gegen das möglicherweise kurze Leben eines Stellplatz-Tipps. Sie helfen uns also wirklich sehr, wenn Sie uns schreiben und uns dabei auch Orte nennen, die in diesem Buch (noch) nicht vorkommen (einige Leser werden Ihre Hinweise in dieser Auflage wieder entdecken). Gehen Sie bitte nicht davon aus, dass von Ihren Erfahrungen schon ein anderer Leser berichtet hat. **Wir sind auf die Mithilfe unserer Kunden angewiesen**. Sie unterstützen uns genauso, wenn Sie berichten, dass alles noch so ist, wie wir es beschrieben haben (nichts ist öder als für die Neuauflage bereits empfohlene Stellplätze abzuklappern, um dann festzustellen, dass sich nichts verändert hat). Uns interessieren in Ihren Zuschriften nicht nur Veränderungen oder Hinweise bezüglich der Stellplätze, wir würden genauso gerne wissen, ob beispielsweise Wanderrouten gleich geblieben sind, Ihre sonstigen Erfahrungen und welche Ziele Ihnen gar nicht gefallen haben. Wir bitten Sie daher dringend um Ihre Zuschrift an den Verlag oder an

Dr. Ralf Gréus
Bahnhofanlage 18
D 68723 Schwetzingen
Fax: 0049/6221/980531,
e-mail: greus@womo.de

Denn ein Wohnmobil-Reiseführer lebt – je älter er ist, umso mehr – von den Tipps seiner Leser. Um Ihnen das Feedback zu erleichtern, befindet sich am Ende des Buches eine vorbereitete **Antwortkarte**. Ich danke für die zahlreichen Zuschriften und entschuldige mich bei allen Lesern, die keine Danksagung erhalten haben (sollte nicht vorkommen, passiert aber) oder monatelang darauf warten mussten (am schnellsten reagiere ich auf eine e-mail – ausgefüllte Antwortkarten kann ich nicht beantworten).

Wie in allen meinen Büchern bitte ich Sie am Ende der Vorrede, die empfohlenen Stellplätze nicht zu übervölkern und sie nicht mit Müll oder Abwasser zu verunreinigen. Stellplätze außerhalb von Campingplätzen werden in manchen Urlaubsregionen immer seltener, weil Wohnmobile unbeliebt sind. Das liegt nicht daran, dass Toiletten rücksichtslos ausgeleert werden oder Müll zurückbleibt. Ursachen sind vielmehr das hemmungslose Campieren mit Markise, abgelegtem Surfbrett und Stromgenerator sowie unsensibel große Wohnmobilansammlungen. Am meisten liegt das aber daran, dass Sie nichts konsumieren, dass Sie kein Geld in die Gemeinde tragen. Der Tourismus ist ein Geschäft. Und das fällt aus, wenn Sie nur Dosen und Flaschen von zu Hause oder aus dem Supermarkt öffnen. So schmerzlich es ist, Sie helfen uns allen, wenn Sie **vor Ort Geld ausgeben**. Damit sichern Sie auf Dauer die freien Plätze genauso wie mit rücksichtsvollem Verhalten, auch wenn viele Leser dies nicht wahrhaben wollen.

So wenden wir uns nun der Anreise und den Touren zu, bei denen ich Ihnen viel Freude und den richtigen Draht zu einer wundervollen Kulturlandschaft und deren Bewohnern wünsche.

Anreise

Im Grunde gibt es, wenn man den Küstenweg über Italien mal ausklammert (obgleich dieser durch Piemont und Ligurien führt – Band 52 der WOMO-Reihe), nur zwei Hauptrouten in die West-Provence, die Rhônetal-Strecke und die (abgewandelte) Route-Napoléon.

Es kommt natürlich darauf an, welcher südfranzösische Ort als Erstes angesteuert werden soll, und wo Sie zu Hause sind. Da fast alle Ziele vorliegenden Buches im größeren Umkreis von Avignon liegen, und da die wenigsten von Ihnen aus Südostdeutschland anreisen werden, ist die **Rhônetal-Strecke** im Normalfall der eindeutig schnellste Anreiseweg. Wir wohnen in Nordbaden, und ich habe mehrere Alternativen getestet. Keine Strecke ist schneller. Und keine ist teurer. Der klassische Routenverlauf: Auf der französischen A 36 über Mulhouse und Besançon zur A 39, der neuen Parallel-Autobahn zur A 6. Fahren Sie auf dem Hinweg ab Dôle erst Richtung *‚Lyon'* und später Richtung *‚Marseille'*. Heimwärts folgt man südlich von Lyon dem Wegweiser nach *‚Strasbourg'* (!). Das ist etwas verwirrend. Man wird auf dieser Route weitläufig um Lyon geleitet, und gegen sie sprechen nur ihre Eintönigkeit und die hohe Maut. Ich fahre daher immer mal wieder durch Burgund, also über Beaune (Näheres dazu weiter unten), auch wenn der Verkehr auf der A 6 dichter ist und die Maut nicht weniger kostet.

Wer in Nordbaden oder weiter oben wohnt, wird sich fragen, wie er am besten zu der französischen A 36 bei Mulhouse gelangt. Bei wem fruchten schon die jährlichen Appelle der Automobilclubs, den Urlaub sonntags oder montags zu beginnen?. Ehrlich gesagt: Auf diesem Ohr sind auch wir taub, zu sehr fiebern wir jedes Mal der Reise entgegen. Nicht ungern fahre ich sogar (freitags-) nachmittags los, um schon bald den ersten Urlaubsabend zu genießen. Die Ferien beginnen dann nicht gleich zu Anfang mit einer ganztägigen Reise. Nun möchte ich allerdings nicht sogleich im Stau bei Karlsruhe stehen. Ich meide daher seit Jahren bei fast allen Fahrten in den Süden die A 5, Frankfurt-Basel. Ein paar Kilometer westlich zur deutschen Autobahn verläuft im **Elsass** eine Straße, die inzwischen ebenfalls durchgehend vierspurig ausgebaut ist. Wir fahren über Speyer (wer mehr von Westen kommt, wählt die Autobahn über Landau), Germersheim, Straßburg und Colmar. Außer etwas Zähflüssigkeit bei Straßburg gibt es hier sogar am Freitagabend bei Ferienbeginn keine Staus. Seit Jahren wird die französische A 35 um Colmar herumgeführt, Sie sollten diese weiter benutzen, bis Sie bei Mulhouse auf die A 36

Eguisheim - Elsass

stoßen. Für die schönere Strecke allerdings verlassen Sie die Autobahn bei Colmar, um dann über Eguisheim und Guebwiller auf der ebenfalls vierspurigen N 83 zur A 36 zu fahren, die Sie bei Burnhaupt erreichen.

Im Elsass genießen wir meistens die erste Nacht und manchmal auch noch einen ganzen Tag, ehe wir von dort sonntags nach Südfrankreich weiterfahren. Das Elsass glänzt mit idealen Wohnmobilbedingungen, von denen ich Ihnen in Band 6 der WOMO-Reihe, *Mit dem Wohnmobil ins Elsass,* berichte. Haben Sie diese Alternative erst einmal kennen gelernt, werden auch Sie nicht mehr bei Bruchsal, Rastatt oder Baden-Baden im Autobahnstau dahinkriechen und vielleicht Ihren nächsten Urlaub sogar ganz im Elsass verbringen.

Im Südelsass stoßen Sie auf die A 36 und später auf die A 39, die häufig gähnend leer sind. Dieser Zustand ändert sich erst, wenn Sie südlich von Lyon auf die A 6, die *Autoroute du Soleil*, treffen. Bei Orange oder Avignon, vielleicht auch schon nördlich davon, werden Sie Ihr erstes Provence-Ziel ansteuern und überrascht sein, wie schnell Sie angekommen sind.

Bei zügiger Fahrweise schaffen Sie es von Karlsruhe nach Avignon in weniger als 11 Stunden.

Das geht allerdings ins Geld. Die Preise will ich Ihnen erst gar nicht nennen, sie steigen ohnehin ständig. Rund 50 Euro Autobahngebühren müssen Sie für die einfache Strecke schon einplanen. Wenigstens ist das WOMO nicht teurer als ein Wohnwagengespann.

Das Geld können Sie sparen, wenn Sie den Weg nach Süden auf den **Nationalstraßen** suchen, die stärker als in Deutschland auf den Fernverkehr eingerichtet sind, wo Sie aber doch immer wieder kilometerlang hinter Lastzügen auf eine Überholmöglichkeit lauern. Sie brauchen bis Avignon mindestens drei Stunden länger. Für diese Strecke, auf der Sie ab Besançon die **N 83** über Lons und Bourg (ab da auf der Autobahn) nach Lyon wählen, habe ich Ihnen in Band 22, *Mit dem Wohnmobil durch Languedoc und Roussillon*, Übernachtungstipps gegeben.

Damit Sie auch ohne weitere Geldausgabe für dieses Buch in dem von mir geschätzten französischen Jura, unweit der Autobahn, ein Schlafplätzchen finden, nachfolgend eine ausgezeichnete Zugabe östlich von Besançon:

(A 1) WOMO-Stellplatz: Baume-les-Dames

GPS: N 47°20'25" E 06°21'25"; Quai du Canal; **max. WOMOs**: >5.
Ausstattung/Lage: Ver- und Entsorgung, Toilette, Dusche, Strom, Mülleimer, Brotverkauf / außerorts, aber nicht einsam, gut besucht.
Zufahrt: Verlassen Sie die A 36 zwischen Belfort und Besançon bei der Abfahrt *'Baume-les-Dames'* und folgen Sie unten in der Kleinstadt nach links dem Wegweiser zum Stellplatz für *Camping-Cars* (Richtung *Pont-les-Moulins*); nach einer Brücke biegen Sie rechts ab, um in der Nähe einiger Hausboote stimmungsvoll oberhalb eines Kanals zu nächtigen.
Parkgebühr: 6,50 € incl. Strom.
Hinweise. Der geräumige Platz ist gegen Abend oft belegt. Sie können dann noch unten an der Straße stehen (siehe nebenstehendes Bild). Vielleicht fahren Sie auch weiter auf den benachbarten **Campingplatz**.

Alternativ fahren Sie an der Kanalbrücke geradeaus noch 5 km nach Pont-les-Moulins, wo Sie in einem lieblichen Wiesental einen weiteren netten **Campingplatz** antreffen (Bademöglichkeiten - auch vorher seitlich der Straße) und in der ***Auberge***

des Moulins *(im Sommerhalbjahr kein Ruhetag)* einen guten Koch, dessen Produkte nicht überteuert sind; und dessen Frau uns auf den hauseigenen Parkplatz eingeladen hat.

Gerne übernachten wir auch in **Beaune**, einer der liebenswertesten Städte im Burgund, wo man die Notwendigkeit zu einem ausgewiesenen Stellplatz erkannt hat. Der Parkplatz könnte anheimelnder, aber kaum günstiger gelegen sein:

(A 2) WOMO-Stellplatz: Beaune

GPS: N 47°01'03" E 04°50'12"; Av. Charles de Gaulle; **max. WOMOs**: >5.
Ausstattung/Lage: Ver- und Entsorgung, Mülleimer, Gaststätten, Geschäfte / in der Stadt, sehr günstige Lage unweit der historischen Innenstadt.
Zufahrt: Verlassen Sie die A 6 bei der Abfahrt *'Beaune-Centre'*, Nr. 24.1, und fahren Sie immer geradeaus Richtung Innenstadt. Kurz vor Erreichen des Zentrums ist rechts beim Hotel *Mercure* der Stellplatz als Teil eines großen Parkplatzes beschildert. **Parkgebühr**: 3 €.
Hinweise. Offiziell sind nur 5 Plätze ausgewiesen, aber WOMOs stehen auf dem gesamten, großen Gelände einschließlich Busparkplatz.

Empfehlenswert ist in Beaune wegen seiner guten Lage auch der

(A 3) WOMO-Campingplatz-Tipp: Beaune (Les cent vignes)

GPS: N 47°01'58" E 04°50'20"; Rue Auguste Dubois; **Ortszentrum**: 1,2 km, problemloser Fußweg. **Zeiten**: 15.3. - 31.10.; keine Reservierung.
Ausstattung: Gaststätte mit Brotverkauf, kostenloses WLAN, preiswert.
Zufahrt: Biegen Sie im Norden von Beaune bei der Beschilderung von der Straße nach Dijon, der D 974 (ehemals N 74), nach Westen ab. Der Platz liegt dann bald rechts.
Hinweis: Der Platz ist am Wochenende oft schon am späten Nachmittag belegt.

Zwischen Beaune und **Meursault** kennen wir einen weiteren, sehr schönen **Campingplatz** (**A 4** - nördlich von Meursault, Richtung Volnay; N 46°59'11" E 04°46'09") und einen idyllischen Stellplatz mit Blick über die Weinberge:

(A 5) WOMO-Stellplatz: Volnay

GPS: N 47°00'04" E 04°46'55" **max. WOMOs**: 3-4.

Ausstattung/Lage: Toilette (neben der Telefonzelle), Wasser (neben der Tür der Mehrzweckhalle), Gaststätte, Geschäft, Wanderwege.

Zufahrt: Verlassen Sie bei Beaune die Autobahn und einige Kilometer südwestlich von Beaune die D 973, um bergauf zur sichtbaren Kirche des kleinen Dorfes Volnay zu fahren; am besten wählen Sie die südliche Zufahrt, die schnurgerade direkt zum Platz mit dem Aussichtsbalkon vor der Kirche führt.

Hinweise: Am Freitagabend parken hier bis etwa 22 Uhr die Mitglieder des örtlichen Orchesters; gelegentlich ist bei Veranstaltungen ein Teil des Platzes abgesperrt.

So Sie zu den Liebhabern der Landstraße gehören, werden Sie die einzige echte Alternative zur Rhônetal-Strecke bevorzugen, die **Route-Napoléon**, oder deren westliche Schwester. Sie wählen damit den landschaftlich schöneren Anreiseweg: Auf der Autobahn zunächst durch die Schweiz über Basel (oder Zürich), Bern und Genf (Genève) und dann in Frankreich über Annecy nach Grenoble. Südlich dieser ehemaligen Stadt olympischer Winterspiele endet die Autobahn am Beginn zweier Landstraßenalternativen, der östlichen Route-Napoléon und der westlicheren Route d'Hiver. In Sisteron treffen die beiden fast gleich langen Strecken wieder zusammen, von denen ich nicht sagen könnte, dass die eine empfehlenswerter wäre als die andere. Ich nehme immer die westliche (die im Bau befindliche und nur im Ansatz fertige Autobahn folgt eher der Route-Napoléon).

In Sisteron ist man dann schon in der Provence, und trifft spätestens dort auf die Autobahn nach Aix-en-Provence. Die Route-Napoléon führt weiter über Digne, Castellane – sehr kurvenreich – ans Meer bei Nice (Nizza). Wer als erstes Urlaubsziel den östlichen Teil der Provence, zum Beispiel den Verdon, ansteuert, wird sich meist für diesen Weg entscheiden, die Schweizer Autobahnvignette (ca. 25 Euro) ist aber hier un-

verzichtbar. Ich kam auf der Landstraße zwischen Grenoble und Sisteron immer recht zügig voran. Wegen des kurzen französischen Autobahnstücks ist dieser Weg auch eindeutig der billigste. Dennoch braucht man wegen der etwas verwinkelten Routenführung in der Schweiz und dem langen Landstraßenstück in Frankreich mehr Zeit als man vorher schätzt (Karlsruhe – Verdon rund 13 Stunden).

Die **Kraftstoffpreise** kann man bei der Routenauswahl vernachlässigen, so groß sind die Preisunterschiede in Deutschland, der Schweiz und Frankreich nicht mehr, allerdings sind auch in Frankreich die Autobahntankstellen am teuersten.

In ganz Frankreich hören Sie **Verkehrsfunk** auf der Frequenz 107,7.

Und nun sind Sie hoffentlich voller Tatendrang. Den brauchen Sie nämlich, wenn Sie uns auf einigen der 13 Touren folgen möchten.

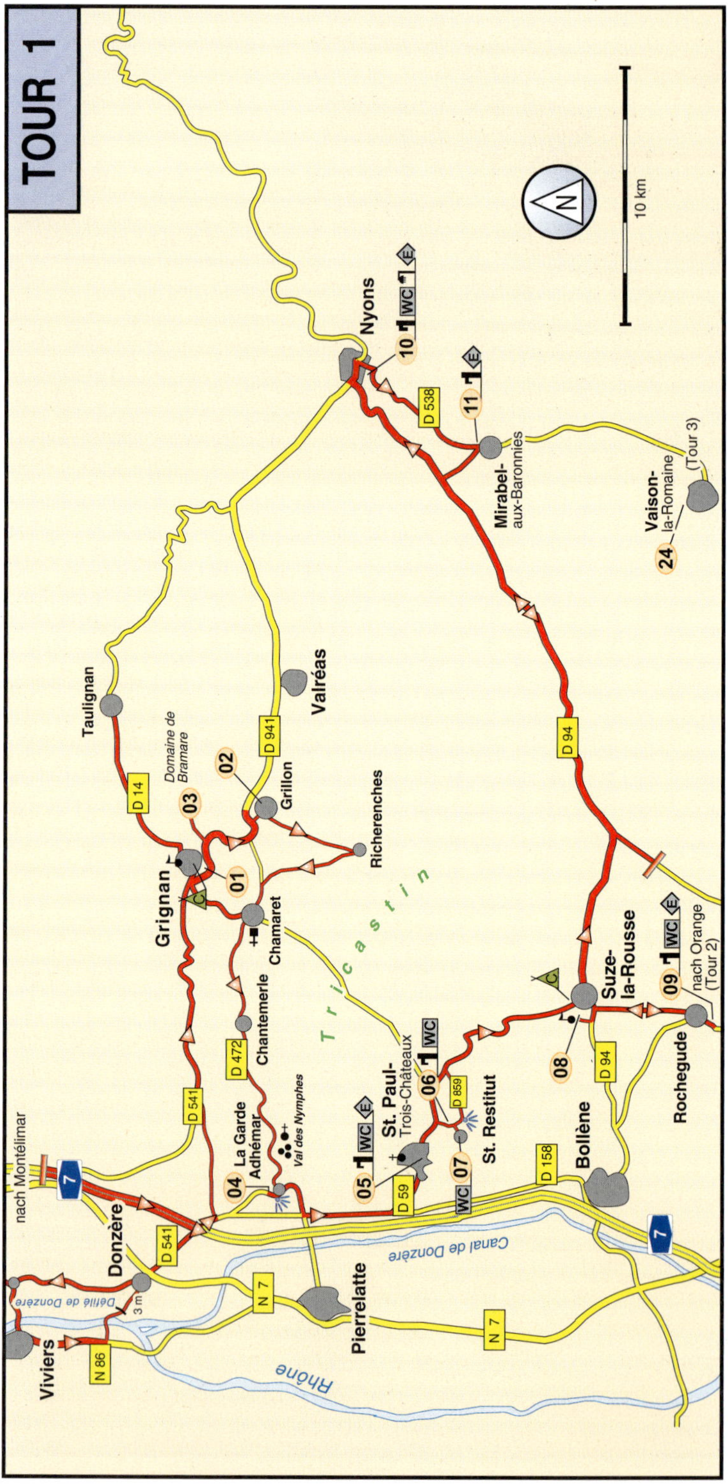

TOUR 1
10 km
Nyons
10
WC
E
11
D 538
Mirabel-
aux-Baronnies
Vaison-
la-Romaine
(Tour 3)
24
Taulignan
Domaine de
Bramare
Valréas
D 941
D 14
02
03
Grillon
Richerenches
Grignan
01
Chamaret
Tricastin
D 94
Suze-
la-Rousse
09
nach Orange
(Tour 2)
Rochegude
08
Chantemerle
D 472
St. Paul-
Trois-Châteaux
06
D 859
St. Restitut
07
05
D 59
La Garde
Adhémar
04
Val des Nymphes
D 541
nach Montélimar
7
Donzère
D 158
Bollène
Canal de Donzère
Défilé de Donzère
3 m
Viviers
N 86
N 7
Pierrelatte
Rhône

Tour 1: Drôme und Provence

Grignan - La Garde-Adhémar - St. Paul-Trois-Châteaux
Suze-la-Rousse - Nyons

Stellplätze:	bei Grignan, in Grillon, in La Garde-Adhémar, in St. Paul-Trois-Châteaux, in St. Restitut, in Suze-la-Rousse, in Rochegude, in Nyons, in Mirabel-aux-Baronnies
Campingplatz:	in Grignan, in Suze-la-Rousse
Besichtigen:	Schloss von Grignan, La Garde-Adhémar, Kirchen von St. Paul-Trois-Châteaux und St. Restitut, Schloss und Weinuniversität von Suze-la-Rousse, Nyons
Essen:	Restaurants *L'Eau à la Bouche* in Grignan, *Logis de l'Escalin* bei La Garde-Adhémar, *Le Petit Caveau* in Nyons

Früher, als man überall las, **Lyon** sei das *,Tor zum Süden'*, musste man sich die Ferien im »Land des Lichts« durch einen Dauerstau erkämpfen. Unaufhaltsam zwängte sich damals eine nie endende Autoschlange fast mitten durch die Stadt. Wer einem stinkenden Tunnel entkommen war, atmete südlich davon erst einmal tief durch und war froh, Frankreichs drittgrößter Stadt den Rücken gekehrt zu haben. Aber irgendwie kribbelte es stets, wenn wir die Rhône erreicht hatten und neben ihrem meist grauen Wasser dem Zug nach Süden folgen durften. Noch fehlten blühende Gärten oder Zypressenreihen. Doch in Lyon erlebte man schon einen Hauch von Süden, das Klima wendete sich dort meist zum Warmen.

Zugegeben, Südfrankreich beginnt hier noch nicht, aber eine Ahnung vom Süden hat mich dennoch stets beschlichen. Bei jeder Fahrt in den Süden nehme ich schon im Burgund, spätestens aber nördlich von Lyon den Fuß vom Gas. Soll ich einmal wieder mitten durch die Stadt fahren anstatt mich auf der Autobahn großräumig an ihr vorbei leiten zu lassen? Und in Erinnerungen schwelgen? An meinen allerersten Urlaub ohne Eltern, im Sommer 1968. Ich war 17, mit einer Jugendgruppe unterwegs, und der Busfahrer musste in Lyon eine Ruhepause einlegen, während der ich den Hauch des Südens und den unverwechselbaren Geruch einer französischen Stadt einatmen konnte. Seitdem lag für mich während mehrerer Jahre das Paradies in der Provence, dem damaligen Reiseziel. Wie oft habe ich später, als ich den Führerschein besaß, davon geträumt, mit meiner *Zündapp-Bella*, einem uralten Motorroller, in das Midi zu reisen. Von Weißbrot, Käse und Rotwein zu leben, mit meiner ersten Spiegelreflexkamera, einem russischen Modell, römische Altertümer zu fotografieren und bei den Boules-Spielern zu kiebitzen. Mein Roller gab jedoch den Geist auf, noch ehe ich einen Mitfahrer gefunden hatte. Und ein Jahr später musste ich den Zündverteiler meines VW-Käfers mehrfach zerlegen, bevor ich mir am Strand einen kräftigen Sonnenbrand eingefangen habe. Zu diesem Zeitpunkt waren die »alten Ruinen« in meiner Welt schon wieder aus der Mode gekommen, und als ich nach zwei Wochen im Zelt am Strand von Saintes-Maries mein Auto zehnmal frei gegraben hatte, konnte ich keinen Sand mehr sehen. Danach war dann auch Südfrankreich zu nahe, die damals noch bruchstückhafte Autobahn war nur noch lästiger Zweck, um nach Spanien und Marokko zu gelangen. Ich reiste später nach Griechenland oder in die Türkei, und wenn mir jemand berichtete, er werde seinen Urlaub in Südfrankreich verbringen, tat er mir fast leid. Aber alte Liebe rostet bekanntlich nicht, was Sie schon an der Existenz dieses Buches und seiner Brüder sehen.

Meist nehme ich es gerne an, dass die Autobahn heutzutage einen großen Bogen um Lyon macht und erst ein gutes Stück weiter im Süden auf die Rhône trifft. Ich kann mich vom Autobahntempo einlullen lassen, die Gedanken um den heißen Sommer des Jahres 1968 kreisen lassen (nur die Leser an der Schwelle zum Großelterndasein werden mich verstehen) und mich insgeheim fragen, ob ich nun im Wohnmobil, mit Klappstühlen und einem großen Wasservorrat, wirklich glücklicher bin als mit Hundehüttenzelt und Luftmatratze im Sand von Les Saintes-Maries. Während ich über die Zeiten sinniere, in denen meine beiden Töchter (die in dem Buch noch öfters vorkommen) noch gerne im WOMO mitgefahren sind, bin ich bei Valence angekommen, wo ich nicht selten die Autobahn verlasse. Bis hierhin reichte einst die römische *Provincia*, so dass sich diese Stadt, historisch gesehen, mit Recht als *‚Tor zur Provence'* bezeichnen darf.

Unverkennbar sind wir nun im Süden Frankreichs. Obstplantagen und dazugehörige Großmärkte säumen unseren Landstraßenweg, auf dem wir zügig vorankommen. **Montélimar** weist sich auf dem Ortsschild als *Porte de Provence (Tor der Provence)* aus, zudem als Stadt des *Nougats*, dessen weiße, süßliche und mit Mandeln durchsetzte Masse wenig mit der uns bekannten Schokolade gemeinsam hat (aber weniger als befürchtet in den Zähnen klebt).

Nach wenigen Kilometern erreichen wir dann die geologische Öffnung zum Midi, den ***Défilé de Donzère***. Die Rhône, zweitlängster und zugleich wasserreichster Fluss Frankreichs, hat sich hier an einem gebirgigen Engpass vorbei gearbeitet. Ein paar Kilometer weiter im Norden hat man den parallel zur Rhône gegrabenen Kanal schon in den 30er Jahren des 20.

Jahrhunderts an einem gewaltigen Wasserkraftwerk gestaut, wodurch der Fluss nicht nur schiffbar wurde, sondern auch zur Energiegewinnung beitragen konnte. Ein Tropfen auf dem heißen Stein, wie man an mehreren gigantischen Atomkraftwerken sehen kann.

Um den *Engpass von Donzère* zu betrachten, sollten Sie in dem kleinen Städtchen Châteauneuf-du-Rhône auf der D 73 in Richtung Viviers abbiegen, 3 km auf der N 86 nach Süden fahren, um danach wieder den Fluss auf einer Hängebrücke zu überqueren (3,5 to). Ihr WOMO darf dazu aber nicht höher als 3 m sein, sonst bleibt es an einer Bahnunterführung stecken. Bis zu dieser kann man aber auch aus entgegengesetzter Richtung, von Donzère aus, fahren, um die letzten 300 m zur Brücke zu Fuß zu bewältigen.

Bei Bollène zweigt in westlicher Richtung die Straße zur Ardèche-Schlucht ab (siehe meine Tour 14 in Band 22 der WOMO-Reihe, *Mit dem Wohnmobil durch Languedoc und Roussillon*). Jetzt, in der Vorsaison, lockt uns mehr der **Tricastin**, ein lieblicher und von Touristen sorgsam gemiedener Landstrich östlich der Rhône, der bei präziser Betrachtung zur Teilregion Drôme-Provencale gehört. Wenige Kilometer südlich von Donzère verlassen wir die Hauptstraße.

im Tricastin

Über die D 541 biegen wir nach Osten ab, zum Städtchen **Grignan** (1.300 Einwohner). In allen Vorauflagen hatte ich den kleinen Ort als ideales Etappenziel empfohlen, bis ich im Mai 2009 selbst mit ansehen musste, wie man gerade flächendeckend Verbotsschilder angeschraubt hat. Der Teufel muss die Gemeindeverwaltung geritten haben, als sie sich entschlossen hat, Wohnmobilen nicht nur die Nacht, sondern sogar das

Halten zu verbieten. Die grundlegende Gemeindesatzung war überall angeschlagen, mit Hinweis auf den örtlichen **Campingplatz** – geöffnet nur im Juli und August, dann allerdings wegen seiner schönen Lage sehr empfehlenswert, mit kommunalem Schwimmbad, das montags und dienstags erst gegen Mittag öffnet und am 31.8. wie die meisten französischen Freibäder, wieder schließt.

Schlechter kann die Recherche-Tour für mein Update kaum beginnen! Aber ich habe noch eine Möglichkeit gefunden, für welche die Verbote vermutlich nicht gelten; weder hängt dort ein Schild, noch ist das Parkgelände beim Sportplatz vom Wortlaut der Satzung erfasst:

(001) WOMO-Stellplatz: Grignan

GPS: N 44°24'55" E 04°54'22"; D 541; **max. WOMOs**: höchstens 5.
Ausstattung/Lage: Mülleimer, klappstuhlgeeignet, schöner Blick aufs Schloss; im Ort Geschäfte, Gaststätten / außerorts, ganz leicht einsam.
Zufahrt: Fahren Sie auf der D 541 westlich um den Ort, Richtung Nyons; erst kommen Sie an der Abzweigung vorbei, wo gegenüber dem Friedhof früher unser Stellplatz lag. Sie biegen von der Umgehungsstraße aber nicht ab, sondern fahren weiter Richtung Nyons und sehen nach einer lang gezogenen Linkskurve links und unterhalb der Straße den Parkplatz beim Sportplatz.
Hinweis: Im Juli/August ist der kleine, einfache und ortsnahe **Campingplatz** am Fuß des Schlosses die eindeutig bessere Alternative.

Das ist auch eine der wenigen Möglichkeiten, um überhaupt anhalten zu dürfen. Am liebsten hätte ich Grignan aus diesem Buch gestrichen, zumal es genau genommen auch noch gar nicht in der klassischen Provence liegt, sondern noch im Departement **Drôme**. Aber das imposante **Schloss**, welches sich hoch und weit sichtbar über die kleine, verwinkelte Stadt erhebt, ist eine der großen Sehenswürdigkeiten im Norden Südfrankreichs. Auch weil das Château auf einen

Grignan - Dorf und Schloss

Felsklotz gebaut ist, der für die ausladende Schlossterrasse zu schmal war, weshalb diese auf das Dach der Kirche gesetzt werden musste. Hiermit konnten die Erbauer in voller Absicht ihre Macht über die religiöse Welt demonstrieren. Die Anlage wurde so ähnlich im 16. Jahrhundert errichtet, dann aber in der Französischen Revolution zerstört und im 18. Jahrhundert notdürftig repariert. Das heutige *Château (Schloss)* ist der Erfolg eines originalgetreuen Wiederaufbaus, aus der Zeit kurz vor dem 1. Weltkrieg. Berühmt wie das Bauwerk, das zu den schönsten seiner Art in Südfrankreich zählt, ist auch eine Dame, die hierher über 1.000 Briefe verschickt hat. Es war die **Marquise de Sévigné** (1626 - 1696), eine Witwe, die am königlichen Hofe von Versailles (bei Paris) mit dieser Unzahl an Episteln vermutlich Hunderte von Briefboten beschäftigt hat. Ihre Tochter war mit dem Grafen von Adhémar-Grignan verheiratet und wurde von der Mama über den Alltag des höfischen Lebens im Schloss von Versailles, besonders über die dortigen Intrigen und den Tratsch, auf dem Laufenden gehalten. Die Tochter hat die Briefe gut aufbewahrt, so dass derzeit noch eine stattliche Sammlung vorhanden ist, die zudem nachträglich durch die Korrespondenz der Mutter mit anderen Persönlichkeiten ihrer Zeit angereichert werden konnte. Die Briefekollektion ist heute ein unschätzbares Zeugnis des aristokratischen Lebens des 17. Jahrhunderts *(freie Besichtigung oder einstündige Führungen; 9.30-12 und 14-18, im Winter dienstags geschl.; 5,50 €, unter 18 Jahren kostenlos; für den Garten gibt es eine billigere Karte).*

Dieses Schloss überlagert nicht nur die Kirche, sondern den ganzen Ort. Dagegen scheinen sogar die ehrgeizigen Stadtgärtner machtlos, die Grignan mit prächtigen Rosenstöcken geschmückt haben, die Ende Mai/Anfang Juni in voller Blüte stehen. Und es ist kaum übertrieben, wenn ich Ihnen in dieser Jahreszeit alleine wegen der Rosen die Fahrt nach Grignan empfehle. Als wir in Grignan noch besser frei stehen durften, haben wir auch gerne die dörfliche Wirtschaft gefördert und uns im Restaurant ***L'Eau à la Bouche*** an den *Crêpes* mit Trüffelsauce erfreut *(montags und dienstags mittags geschl., Tel. 04 75 46 57 37)*. Am liebsten würde ich inzwischen auch diesen Tipp streichen.

Eine Übernachtungsalternative zu Grignan finden Sie im östlichen **Grillon**, einem typischen südfranzösischen Dorf mit schattigen Platanen und überschaubarem Parkplatz:

(002) WOMO-Stellplatz: Grillon

GPS: N 44°23'35" E 04°55'49"; Rue du 11. Nov.; **max. WOMOs**: 3-4.
Ausstattung/Lage: Gaststätte, Geschäfte/ im Ort.
Zufahrt: Fahren Sie von Grignan kommend erst Richtung *,Centre'* und folgen Sie dann dem Wegweiser zum Busparkplatz.
Hinweis: Für sehr große Fahrzeuge nicht geeignet.

Viele Leser fahren von hier direkt weiter nach Nyons. Wir wählen literarisch einen Zick-Zack-Kurs und schicken Sie zunächst ins nördlich gelegene **Taulignan**, einen Ort mit Mauerring und ohne touristische Verfremdung, sowie anschließend auf ein schmales Sträßchen nach Westen, vorbei am Dorf **Chamaret** und an dessen bizarrem Kirchturm. Im Winter werden Sie eher **Richerenches**, das südliche Nachbardorf von Grillon, ansteuern, zumindest samstags, weil dann dort von Mitte November bis Ende März einer der interessantesten **Trüffelmärkte** Europas stattfindet *(10-12 Uhr)* und am dritten Sonntag im Januar die **Trüffelmesse** *(Näheres unter www.richerenches.fr)*. Gegenüber der Post finden Sie einen **übernachtungsgeeigneten** Parkplatz, wo Sie sich hinter heruntergezogenen Rollos die edle Knolle vielleicht einmal im Leben Teller füllend über die Spagetti hobeln.

Wer zur Erntezeit, also im Winter, unterwegs ist, wird vielleicht gerne einen Trüffelsucher begleiten. Dieses Abenteuer wird Ihnen angeblich (wir haben es noch nicht getestet) nebst Stellplatz auf einer **Trüffelfarm**, östlich von Grignan, geboten:

(003) WOMO-Stellplatz: Domaine de Bramarel

GPS: N 44°25'05" E 04°56'07"; La Grande Tuilière; **max. WOMOs**: 3-4.
Ausstattung/Lage: Wasser und Strom nach Rückfrage, Trüffelprodukte / privater Stellplatz auf einem landwirtschaftlichen Anwesen; *www.ayme-truffe.com.*
Zufahrt: Biegen Sie knapp 2 km östlich von Grignan von der D 941 nach Norden zum Weiler La Grande Tuilière ab; nun ist die Domaine de Bramarel beschildert.
Hinweis: Meistens dürfen Sie den Besitzer sogar auf der Trüffelsuche begleiten.

Trüffelmärkte werden unter anderem auch in Grignan (dienstags) und Valréas (mittwochs) aufgebaut. Das restliche Jahr über werden Sie in Chamaret (Trüffelmarkt ist hier dienstags) nach Westen abbiegen, um über Chantemerle das ehemalige Quellheiligtum **Val-des-Nymphes** zu suchen. Zuerst fahren Sie vermutlich daran vorbei, denn die kleine Kapelle, die vor ein paar Jahren ein neues Dach bekommen hat, liegt zwar direkt seitlich der Straße, aber doch versteckt im Grünen. Sonntags wird die Entdeckungsreise erleichtert, dann ist die schattige Anlage mit einer in Stein gefassten Quelle ein beliebter Picknickplatz, an dem die Einheimischen neben einem kühlen Bassin dösen. Das Auto muss ein paar Meter abseits bleiben, am besten etwas oberhalb auf einer großen Wiesenfläche zwischen zahlreichen Büschen.

Val-des-Nymphes

Diese Buschwiese ist so ruhig und verschwiegen, dass wir Tisch und Klappstühle auspacken. Auf diese Weise füllt ein kurzer Zwischenstopp am Ende einen halben Urlaubstag. Es gelingt mir dort sogar, mit unerwarteter Gelassenheit unseren Kühlschrank zu reparieren, dessen Konstruktion darunter leidet, dass immer wieder Schmutzpartikel die Düse vor dem Brenner so verstopfen, dass nur noch ein mickriges Flämmchen bleibt und von Kühlung keine Rede mehr sein kann. Nach getaner Arbeit rauscht die Flamme wieder in voller Stärke, und wir können uns neuen Unternehmungen zuwenden.

Die enden aber schon wieder nach zwei Kilometern, in **La Garde-Adhémar**. Das Nest auf der Höhe über der Rhône kennt jeder, der auf der Autobahn gebraust ist. Ein großes Schild weist von dort nach oben zu dieser dörflichen Sehenswürdigkeit, die wir nicht derartig pittoresk erwartet haben. So darf sie sich mit einer Auszeichnung schmücken, nach der jeder französische Bürgermeister giert: *L'un des Plus Beaux Villages de France* (*Eines der Schönsten Dörfer in Frankreich*; siehe im folgenden, gelben Kasten). Die Anmut leidet allerdings etwas darunter, dass viele Häuser zum Zweitwohnsitz entartet sind. Die um die Mitte des 12. Jahrhunderts entstandene romanische Kirche ist allerdings noch im Urzustand und wird von Kunstkennern hoch gehandelt. Tritt man von dort ein paar Meter nach vorne an die Balustrade, hat man eine weite, bei klarem Wetter phantastische Sicht ins Rhône-Tal – und ist zugleich unangenehm berührt. Denn der Blick bleibt an den klotzigen Türmen der Atomkraftwerke *Pierrelatte* und *Tricastin* hängen. In deren Nachbarschaft war die Industrie zu Hause, in der ein Viertel des Weltbedarfs an angereichertem Uran produziert worden ist, ehe man 1996 die Anlage stillgelegt und inzwischen auch abgerissen hat.

Fast dieselbe schöne Vogelschau hat man vom Übernachtungsplatz am Rand von La Garde-Adhémar, der zu unserem festen Repertoire gehört. Sie können den Stellplatz nicht verfehlen, er liegt oberhalb des Ortes; so nahe an diesem, dass niemand Angst haben muss. Und die Getränke sind dank meiner Geduld am Nachmittag (und eines nicht zu karg bestückten Werkzeugkastens) schon wieder gut gekühlt:

(004) WOMO-Stellplatz: La Garde-Adhémar

GPS: N 44°23'39" E 04°45'13"; D 572; **max. WOMOs**: 5.
Ausstattung/Lage: Mülleimer, klappstuhlgeeignet, Gaststätte, Laden / Ortsrand.
Zufahrt: Fahren Sie auf schmaler Straße hoch nach La Garde-Adhémar (ab 8 m Länge möglichst auf der nördlichen Zufahrt), der Platz liegt dann seitlich der nördlichen Zufahrtsstraße; man kann auch eine Etage höher auf einer Wiese stehen.

Ab und an schreibt mir ein Leser, ich würde ihn mit zu vielen Restauranttipps nerven. Aber soll ich mit meinen Erfahrungen hinter dem Berg halten? Gar noch, wenn mir ein Abend besondere Gaumenfreuden beschert hat? Und wenn ich am nächsten Tag in der Zeitung erwähnt wurde, als Retter der Umwelt?

Das **Restaurant *Logis de l'Escalin*** *(Tel. 04 75 04 41 32; sonntags abends und montags geschl.; möglichst reservieren)* finden wir erst nach energischer Nachfrage (neuerdings gibt es am Stellplatz ein Hinweisschild) etwa 0,8 km nördlich von La Garde-Adhémar seitlich der kleinen Zufahrt

La Garde-Adhémar

zum Ort, und da wir erst am späten Nachmittag angerufen haben, gibt es an einem kühlen Sommerabend mit strammem Mistral nur noch einen Tisch auf der Terrasse, wo wir die einzigen Gäste sind, die dem Wind trotzen. Beim Hauptgang eines überzeugenden, relativ preisgünstigen Menüs sind wir froh, das Wohnmobil dabei zu haben (obwohl es besser ist, das WOMO auf dem Stellplatz zu lassen und entlang der Straße bergab zu laufen, da beim Restaurant der Parkraum knapp ist). So können wir uns warme Decken über die Beine legen und durch eine große Glasscheibe den Köchen zusehen, die in einer modernen Küche professionell werkeln. Während des Desserts werden wir stutzig. Hat der Küchenmeister hinter dem Haus einen Grill in Betrieb genommen und kräftig geschürt? Bald wird uns der Funkenflug immer suspekter. Ich schäle mich aus der Wolldecke, ich gehe um die Ecke und stehe vor der Feuerwand einer brennenden Wiese. Ich brülle: *»Feu, Feu«,* ich trommle an das Küchenfenster: *»Feu«!* Die gesamte Küchenbrigade lässt in der Pfanne, was dort gerade brutzelt, schaltet die Herde ab und rennt mit Eimern zum Löschen. Das Häuschen mit dem Gastank muss geschützt werden und der Parkplatz – mit unserem WOMO. Beängstigend schnell kommen die Flammen näher, genährt vom Wind, und Bäume lodern auf. Beherzt springe ich ins Auto (das richtig geparkt und abfahrbereit da steht – diesen Tipp wiederhole ich öfters) und zirkuliere es an der Feuersglut vorbei in den Windschatten. Unerwartet schnell ist die Feuerwehr präsent und leistet gekonnte Arbeit: Alle Autos und das Haus werden gerettet, Strauchwerk und Wiesen lässt man abfackeln. Nach einer Stunde ist der Spuk vorbei, und die Gäste werden weiter bekocht. Wir sind ja in Frankreich. Als ehrlicher Mensch mache ich mich nicht dünn, sondern zücke noch spät am Abend an der Rezeption die Kreditkarte. Die Chefin bedankt sich artig für unsere Umsicht, sie kassiert den Rechnungsbetrag – und wünscht gute Nacht. Einen *Café* oder einen *Cognac* ‚auf Rechnung des Hauses' hätten wir schon genommen. Aber die Ehre widerfährt uns am nächsten Morgen bei der Zeitungslektüre, als wir lesen, dass aufmerksame Touristen eine größere Katastrophe verhindert haben. Schon bei der nächsten Tour werde ich mich fragen, ob mein WOMO oder ich eine besondere Beziehung zu Bränden in der Provence haben.

Les Plus Beaux Villages de France

Wer mit meinen Büchern unterwegs ist, wird immer wieder auf eines der *Schönsten Dörfer Frankreichs* hingewiesen und sich fragen, weshalb nicht jeder Bürgermeister seiner Gemeinde diese Attribut verpasst und mit dem markanten, grün-roten Blechschild am Dorfeingang zur Schau stellt. Bei einer solchen Selbstherrlichkeit würde die 1984 mit nur vier Dörfern gegründete Vereinigung schnell ihre Advokaten in Marsch setzten, weil Label wie auch Logo markenrechtlich geschützt sind (weshalb wir uns hier nicht trauen, das Logo ungefragt zu reproduzieren) und erst nach dem Bestehen rigoroser Auswahlkriterien der dörflichen Geschäftswelt einen Umsatzzuwachs bescheren.

Der Schultheiß muss auf seinem Gemeindegebiet wenigstens zwei *monuments protégés* vorweisen können. Das sind Baudenkmäler oder bewegliche Objekte, an denen ein öffentliches Interesse besteht und die deshalb ihrerseits aufgrund strenger gesetzlicher Regeln vom Kultusministerium in ein Verzeichnis aufgenommen werden (die Liste umfasst ca. 44.000 *monuments*).

Außerdem dürfen in dem Dorf nicht mehr als 2.000 Menschen leben, denn Ziel sind in erster Linie nicht die Förderung des Tourismus (weshalb eine touristische Infrastruktur auch nicht Aufnahmekriterium ist), sondern der Erhalt und die Entwicklung lebendiger Dörfer durch Eindämmung der Landflucht. Das funktioniert nach unseren Erfahrungen allerdings nur unzureichend, denn gerade die prämierten Dörfer im Süden Frankreichs sind Magnete der Zweithausbesitzer.

152 Dörfer haben den Sprung auf die Liste geschafft und mühen sich seither, davon nicht wieder gestrichen zu werden. Jährlich kommen nur ein bis drei neue Mitglieder dazu. Das Renommée der Marke wächst ständig, wie Sie schon an meinem Beitrag sehen, und die Idee wurde in weiteren Ländern, unter anderem in Italien, übernommen.

Die *Schönsten Dörfer Frankreichs* unseres Zielgebietes kommen alle in diesem Buch vor und sind:

La Garde-Adhémar (Tour 1), Séguret (Tour 3), Venasque (Tour 4), Gordes (Tour 5), Roussillon (Tour 5), Ménerbes (Tour 7), Ansouis (Tour 8), Lourmarin (Tour 8) und Les Baux-de-Provence (Tour 12). Eine vollständige Liste finden Sie auf einer speziellen Karte von *Michelin*, in verschiedenen Büchern und unter *www.les-plus-beaux-villages-de-france.org.*

Die beschaulichen Ortschaften liegen hier, im Tricastin, dicht beieinander, nach **St. Paul-Trois-Châteaux** (6.800 Einwohner) sind es nur 5 km. Kelten, Griechen und Römer haben dort schon gesiedelt, sie waren im Gegensatz zu neuzeitlichen Feinschmeckern hier aber noch nicht auf der Suche nach Trüffeln. Selbst ein paar Kunstgenießer verschlägt es ab und zu in die **romanische Kirche** (12. Jahrhundert), wo jene

St. Paul-Trois-Châteaux - romanische Kirche

dann in Ihren Reiseführern die passenden Worte nachlesen: »Die dreischiffige Basilika mit ihrer meisterhaften Steinmetzarbeit gebietet auch dem eiligen Reisenden diesen kleinen Umweg«.

Damit wäre auch ein Anliegen meines Buches getroffen: Sind doch die bekannten baulichen Sehenswürdigkeiten der Provence – es gibt wahrlich nicht wenige – schon sattsam breitgetreten. Die Kirche von St. Paul-Trois-Châteaux, sie darf sich Kathedrale nennen, weil der Ort einst Bischofssitz war, fällt dabei aus dem Rahmen. Man erlebt sie frei von Postkartenständern und Reisebussen, aber frisch restauriert. Weil uns außer dem Gotteshaus auch das Städtchen so gut gefällt, haben wir auch einen Stellplatz gefunden. Der wird nie einen Schönheitspreis gewinnen, aber er ist ein geräumiger, ruhiger Etappenplatz und wurde für unsere Neuauflage sogar deutlich aufgefrischt:

(005) WOMO-Picknickplatz: St. Paul-Trois-Châteaux

GPS: N 44°20'52" E 04°46'12"; Av. du Dr. Fontaine; **max. WOMOs**: >5.
Ausstattung/Lage: Ver- und Entsorgung, Toilette, Mülleimer, Picknickbänke, Spielplatz, Gaststätten, Geschäfte / im Ort.
Zufahrt: Der Platz liegt am Stadion südlich der Altstadt und ist von der D 59, der Hauptdurchgangsstraße, als offizieller Stellplatz und mit weißblauem *,P'* beschildert.
Hinweis: Donnerstags ist Markt, der Platz ist dann vermutlich nicht nutzbar.

Auch das 3 km entfernte Bergdorf **St. Restitut** hält ein bemerkenswertes romanisches **Gotteshaus** aus dem 12. Jahrhundert bereit sowie zwei hervorragende Stellplätze:

WOMO-Stellplätze: St. Restitut

(006) D 859
GPS: N 44°19'53" E 04°47'27"; D 859; **max. WOMOs**: >5.
Ausstattung/Lage: Großflächiger Parkplatz, Toilette, Wasser, Mülleimer, klappstuhlgeeignet, Geschäft, Gaststätte / Ortsrand, nicht einsam.
Zufahrt: Der Platz liegt nach dem Ortsschild des nördlichen Dorfeingangs, an der D 859. Sie finden seitlich der Straße eine Toilette mit Wasser, gegenüber einen geräumigen Parkplatz (für WOMO-Riesen).

(007) im Ort
GPS: N 44°19'54" E 04°47'26"; **max. WOMOs**: 3.
Ausstattung/Lage: Toilette, Wasser (wie Platz 006), Geschäft, Gaststätte / im Ort.

Zufahrt: Fahren Sie genau gegenüber Platz 006 steil bergauf, und parken Sie bei der *Mairie* deutlich schöner.
Hinweis: Nur für die allmählich aussterbenden Wohnmobile mit zivilen Maßen, von denen wir dort höchstens drei sehen möchten.

Fährt man weiter südwärts, kommt man in der Nähe eines *Belvédère* an seit dem 2. Weltkrieg nicht mehr ausgebeuteten Steinbrüchen vorbei, mit in den Stein gehauenen, riesigen Weinkellern einer Winzergenossenschaft, den *Caves-Cathédrales*. Tausende von Flaschen werden dort staunenden Touristen gezeigt, und einige werden von März bis September zur Verkostung auch geöffnet (schöne Wanderwege).

Hier drängt sich ein weiterer Abstecher auf, weil man un-

Suze-la-Rousse

weigerlich Geschmack am Tricastin bekommen hat und weil er zur *Université du vin (Weinuniversität)* führt. Im 10 km südostwärts gelegenen **Château** von **Suze-la-Rousse** ist in einem markanten, auf einem Fels erbauten Schloss seit dem Jahre 1978 die erste Weinhochschule der Welt zu Hause *(Besichtigung nur während ¾ stündigen Führungen; 9.30-11.30 und 14-17.30 Uhr; im Winter dienstags geschlossen; Besichtigung des Schlossparks bis 20 Uhr; 8 €).* Auch wer nicht das Diplom als Weinkundler erwerben möchte, kann hier mit Hilfe von Simultanübersetzungen ein Wochenendseminar besuchen und beim Schlosstor dabei sogar im WOMO übernachten:

(008) WOMO-Stellplatz: Suze-la-Rousse

GPS: N 44°17'20" E 04°50'17"; D 94; **max. WOMOs**: 3-4.
Ausstattung/Lage: Gaststätte, Geschäft, Unterlegkeile erforderlich / Ortsrand.
Zufahrt: Fahren Sie von der D 94, westlich des Ortes dem Wegweiser zum *‚Château'* hinterher und bleiben Sie auf dem Parkplatz zwischen dem Weinberg und dem Wäldchen.

Auf der Nordostseite des Ortes, an der D 59, finden Sie Wasser und einen möglicherweise sogar ganzjährig geöffneten, auf jeden Fall aber ortsnahen kleinen und bescheidenen städtischen **Campingplatz**.

Auch als Reiseführerautor fährt man gelegentlich durch ein unbekanntes Dorf. Gar nicht so selten reibt man sich dann die Augen, weil man völlig unerwartet einen kleinen Schatz gehoben hat. **Rochegude**, 5 km südlich von Suze-la-Rousse, ist ein solcher Ort, am Hang gelegen, mit winkligen Gassen, Kirche und Schloss. Nicht wirklich spektakulär, aber so anziehend, dass man hier gerne einmal übernachten würde. Die Voraussetzungen könnten kaum besser sein:

(009) WOMO-Stellplatz: Rochegude

GPS: N 44°14'49" E 04°49'48"; Av. des Côtes du Rhône; **max. WOMOs**: >5.
Ausstattung/Lage: Ver- und Entsorgung, Toilette, Mülleimer, Gaststätte, Geschäft, Spielplatz / Ortsrand.
Zufahrt: Der Platz ist unterhalb und seitlich der D 117, der Straße nach Orange, nicht zu verfehlen.

Sie können ab Suze-la-Rousse auf landschaftlich abwechslungsreicher Strecke Vaison-la-Romaine ansteuern (Tour 3) oder zunächst über die D 94, weiter im Osten, **Nyons** (6.700 Einwohner), ein vor allem bei älteren

in Nyons

Nyons

Franzosen beliebtes Provinzstädtchen mit **malerischem Altstadtkern** und einer **romanischen Brücke** aus dem 11. Jahrhundert, deren kühner hoher Bogen den Fluss am Rande eines erstaunlich mächtigen Gebirges, ebenfalls einer Pforte zum Süden, überspannt. Im sich südlich davon ausbreitenden, flacheren Hügelland wachsen, gegen die kalten Winde gut abgeschirmt, die ersten nördlichen Olivenbäume Frankreichs. Besonders die schwarzen Ölfrüchte sind von höchster Qualität.

Man sollte der Gemeindeverwaltung von Grignan Betriebsausflüge ins 24 km entfernt Nyons verordnen, jährlich und zu Fuß, bis sich die Herrschaften dort angesehen haben, wie man mit Wohnmobilen umgeht. Weil im Sommer der Parkraum knapp wird, gilt an manchen Stellen Tag-Parkverbot (wie es sich gehört nur von Mai bis September), und nachts, wenn die Tagesurlauber abgereist sind, dürfen WOMOs auch auf den meisten öffentlichen Parkplätzen wieder abgestellt werden. Mit einer solchen Regelung könnte man auf einen Schlag aus ganz Südeuropa ein Reisemobil-Eldorado machen. Daneben hat man einen richtigen, rund um die Uhr nutzbaren Stellplatz eingerichtet, der in der Branche – und nicht ausschließlich unter den Rentnern – einen hervorragenden Ruf genießt. Was nicht nur daran liegt, dass man fast in der Stadtmitte das Areal eines ehemaligen Campingplatzes umfunktioniert hat.

Mit dem Automatenaufsteller müsste allerdings mal jemand reden. Der Stellplatz kostet nämlich Geld und ist deshalb mit einer Schranke bewehrt. Um diese in eine Aufwärtsbewegung zu versetzen, müssen Sie erst mehrfach die (auch deutsche) Bedienungsanleitung lesen, die sich seit der Vorauflage verändert hat, was die Sache nicht einfacher macht, wenn man unser altes Buch dabei hat. Deshalb hier die vermutlich aktuelle Vorgehensweise: Erst die Aufenthaltsdauer bestimmen, dann bestätigen – und dann nochmals bestätigen. Erst jetzt (!!) erscheinen auf dem Bildschirm Tastenfelder, Buchstaben und Zahlen, auf denen Sie Ihr Kennzeichen – ohne Leerzeichen – eingeben müssen. Das gelingt nicht beim ersten Versuch. Beim dritten Akt schieben Sie die EC-Karte ein. Wenn Sie das nicht richtig machen oder verkehrt herum, kommt die Meldung »zurück auf Los und von vorne anfangen«. Falls Sie die Karte richtig in den Schlitz gesteckt haben, müssen Sie auf einer anderen Tastatur und einem anderen Bildschirm Ihren EC-Karten-PIN eingeben, um dann zwei Parkscheine zu entnehmen, einen für das Armaturenbrett und einen weiteren, der Ihnen die Geheimzahl für die Bedienung des Schrankencodes verrät. Sollte jedoch im Automatenfach nur ein einziges Papierchen ausgeworfen werden, stochern Sie bitte mit Ihrem längsten Finger im Schlitz, wo sich das weitere Billet verklemmt hat. Bis Sie das bemerken, haben sich längst französische Urlauber mit Ratschlägen zu Ihnen gesellt (die Sie nicht verstehen), und auch Sie können danach bei der Beratung fremder Menschen (die Sie ebenso wenig verstehen) unterhaltsame Stunden verleben:

(010) WOMO-Stellplatz: Nyons

GPS: N 44°21'29" E 05°08'19"; Promenade de la Dique; **max. WOMOs**: >5.
Ausstattung/Lage: Ver- und Entsorgung, Toilette, Dusche, Mülleimer, klappstuhlgeeignet, Gaststätten, Geschäfte, großes Freibad mit Erlebnisrutsche direkt neben dem Stellplatz / in der Kleinstadt.
Parkgebühr: Erlernen Sie im vorstehenden Text die komplizierte Bedienung des Parkscheinautomaten; 4 €/24 Std.
Zufahrt: In Nyons am Flussufer Richtung Carpentras/Vaison gut beschildert. Sollte der Platz belegt sein (oder der Automat nicht funktionieren), dürfen Sie **alternativ** von 18-10 Uhr (nicht umgekehrt) oberhalb am Rand des Flusses stehen oder, ohne zeitliche Beschränkung, auf dem Parkplatz zwischen moderner und romanischer Flussbrücke, links vor der Straßenbrücke, wenn Sie aus der Stadt herausfahren (aber nicht unten am Fluss).
Hinweise: Höchstens 48 Stunden; donnerstags ist Markt, der Stellplatz ist dann trotzdem nutzbar.

Falls Sie auswärts essen möchten, werden Sie in der großen **Pizzeria** am zentralen Platz seitlich der Durchgangsstraße auf angenehme und Haushaltsmittel sparende Weise satt. Falls Sie gleich auf der ersten Tour eine richtig gute Adresse kennen lernen möchten, wo Ihnen für 25 Euro ein perfektes Menu serviert wird, sollten Sie das **Restaurant *Le Petit Caveau*** suchen, sofern diesem Tipp ein besseres Schicksal widerfährt als unserer Restaurantempfehlung aus der Vorauflage, der die Kunden das erfreuliche Niveau nicht gedankt haben, weshalb wir dort vor endgültig verschlossener Tür standen. Die Kochkünste im *Le Petit Caveau* haben uns derart überzeugt, dass Sie sicherheitshalber reservieren sollten *(Tel. 04 75 26 20 21; sonntags abends und montags geschlossen; wir bekamen in der Rue V. Hugo, die bei dem großen italienischen Lokal abzweigt, auch ohne Voranmeldung Platz)*.

Nyons finden Sie ganz nett, aber Sie schlafen lieber in der Natur, am Rande eines Dorfes, dessen Kirche nachts lila (!) angestrahlt wird? Endlich hatte sogar mal jemand für diese, sagen wir Vorliebe, Verständnis und hat Ihnen nur 7 km südlich von Nyons einen schönen Stellplatz gebacken, der auch den normal veranlagten Wohnmobilisten offen steht:

(011) WOMO-Stellplatz: Mirabel-aux-Baronnies

GPS: N 44°18'46" E 05°05'60"; Chemin des Grottes; **max. WOMOs**: 7.
Ausstattung/Lage: Ver- und Entsorgung, Mülleimer, Gaststätte, Geschäfte, schöne Umgebung / Ortsrand.
Zufahrt: An der D 538 zwischen Nyons und Vaison nördlich von Mirabel-aux-Baronnie beschildert.
Hinweise: Vergessen Sie nicht Ihre **freiwillige Spende** in einen Geldschlitz seitlich der Entsorgungsstation.
Eine Seite des Platzes ist für Wohnmobile gesperrt, was manchen flüchtigem Leser zu der Meldung veranlasst hat, der ganze Platz käme nicht mehr in Frage. Die Wirklichkeit ist aber umgekehrt.
Der Platz ist sehr beliebt, weshalb kleine, eingeschweißte Hinweisschilder einen klappstuhlgeeigneten **Ausweichplatz** nördlich der Durchgangsstraße signalisieren: auf der D 538 aufwärts und sofort zweimal rechts bis zu einer nett aussehenden Wiese hinter einem Spielplatz;
GPS: N 44°18'51" E 05°05'47".

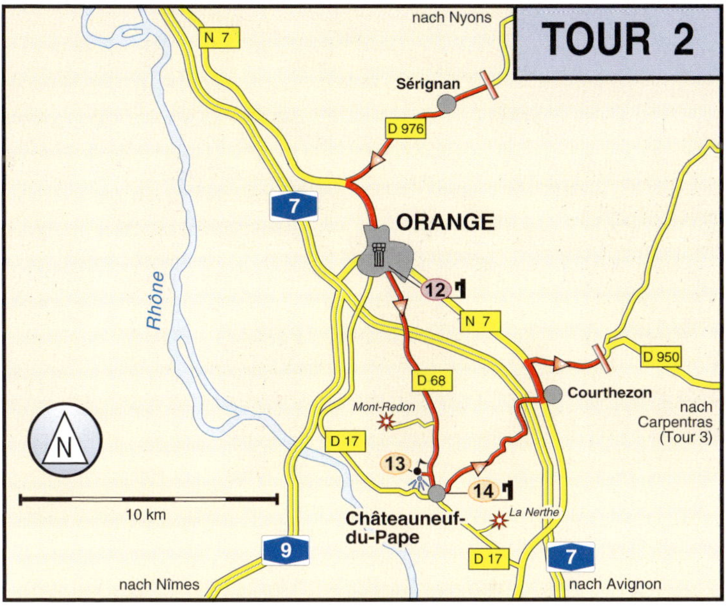

Tour 2: Römer und Päpste

Orange - Châteauneuf-du-Pape

Stellplätze:	in Orange, in Châteauneuf-du-Pape
Besichtigen:	in Orange: röm. Stadtgründungstor, röm. Theater, Museum, Altstadt
Essen:	Restaurant *La Garbure* in Châteauneuf-du-Pape

Von Nyons nach Orange ist es nicht gerade ein Katzensprung, und vielleicht fahren Sie auch gar nicht von da nach dort. Aber unsere Tourenabfolge muss weiter geführt werden.

Sie fahren also bitte nach **Orange** (28.000 Einwohner) und stehen dort bald vor dem **'Arc de Triomphe'**. Der heißt zwar heute so, aber ein 'Triumphbogen' ist er trotzdem nicht. Nur ein so genanntes 'Stadtgründungstor'. Es wäre ein *Fauxpas*, würde ich mich nicht den gelehrten Kollegen anschließen und es jedem Banausen mit auf den Weg geben: Triumphbögen kannten die Römern nur in Rom, Stadtgründungstore hingegen im ganzen Imperium. Zumindest in St. Rémy und Orange. Welchen Sinn aber hatte solch ein Portal? Es diente Propagandazwecken und tat, in Stein gemeißelt, von der Macht römischer Truppen kund und, mit Verlaub, auch von deren Triumphen. Aber wer versonnen auf dem ungepflegten Rasenstück vor dem Bauwerk in Orange gedanklich phantasiert, sich gar inmitten eines römischen Triumphzugs fühlt und das unabläs-

Orange - Arc de Triomphe

sige Tosen des vorbeirauschenden Verkehrs für Beifallsstürme hält, hat mehr von solchen Stätten als der belesene Tourist, der einen Triumphbogen von einem Stadtgründungstor unterscheiden kann.

Und sehenswert ist der Stadtgründungstriumphtorbogen allemal! Insbesondere auf den gut erhaltenen Ost- und Nordseiten (die Westseite wurde 1949 teilweise restauriert) sind plastisch die Stärke und Macht römischer Krieger dargestellt, denen die nackten und in Ketten gelegten Gallier nichts entgegenzusetzen hatten. Die besaßen aber auch nicht solche modernen Waffen, die Ihnen zu Abschreckungszwecken bildhaft vorgeführt werden. Die Wissenschaft nimmt an, dass das Tor nach der Niederwerfung des Gallieraufstandes im Jahre 21 nach Christus ge- oder wieder aufgebaut worden ist, und dass die Skulpturen über eben diese Revolte berichten, der eigenen, in Orange kasernierten Garnison als Vorbild und den gallischen Barbaren als Warnung.

Denn damals kam jeder an dem Monument vorbei, der von Lugdunum (Lyon) nach Arausio (Orange) fuhr. So ähnlich wie heute, denn der Verkehr auf der N 7 strömt ohne Unterlass.

Vorbei sind auch die Zeiten, in denen man auf dem Parkplatz daneben nächtigen oder parken durfte. Eine Barriere gebietet beidem heute Einhalt. Es gibt bedauerlichere Entwicklungen. Sie können weiter in der Nähe parken. Die alten Römer waren nämlich so klug, ihr Propagandator den Stadtbewohnern und nicht den Bauern vor die Tür zu setzen. Die Wegstrecke in die Stadt ist demnach kaum der Rede wert, aber in der Innenstadt sind für größere Wohnmobile über 3,5 to Parkplätze nur schwer zu finden (am erfolgreichsten sucht man auf dem baumbestandenen Platz bei der Touristeninformation). Wer nicht ausführlich durch die Gassen schlendert, verpasst eine der schönen Seiten dieser Stadt. Der man Unrecht tun würde, erwähnte man sie nur der antiken Bauwerke wegen. Der **Wochenmarkt**, der donnerstags in den Gassen aufgebaut wird, gilt sogar als einer der interessantesten der Provence.

Orange - antikes Theater

Wenngleich ich einräumen muss, dass die römischen Bauten – sie stehen auf der UNESCO-Liste des Welterbes – unbestreitbar die Attraktion der Stadt sind, das **antike Theater** noch mehr als der ‚Arc de Triomphe'. Beim Gang durch die Altstadtgassen stehen wir plötzlich vor einer riesigen Mauer, der Rückseite der Theaterstirnwand. Ludwig XIV. soll sie als »schönste Mauer in meinem Königreich« gepriesen haben. Nicht weniger eindrucksvoll ist die Vorder-, also die Büh-

Orange - Rückseite der Theaterstirnwand

nenseite, welche in römischer Zeit mit Marmor, Säulen und Statuen geschmückt war. Außerdem hatte man am oberen Ende der Bühnenwand zur Optimierung der Akustik ein Holzdach montiert. Jene ist aber auch so keinesfalls schlecht, wie Sie heute noch bei der Besichtigung feststellen dürfen; oder während der Festspiele, die schon seit dem vorletzten Jahrhundert zelebriert werden, und bei denen so berühmte Künstler wie Caruso gefeiert wurden. Das Bauwerk, das einst 10.000 Besuchern Platz bot, ist das besterhaltene römische Theater in Europa und wird nur noch vom Theatergebäude im türkischen Aspendos übertroffen. Die Statue in der Mitte der Bühnenwand zeigt Kaiser Augustus, während dessen Regierungszeit das Schauspielhaus erbaut worden ist. Raten Sie mal, wie hoch die – stark restaurierte – Skulptur ist: Auf stolze 3,55 m hätten Sie bestimmt nicht getippt!

Das Theater kann man täglich zwischen 9.30 und 17.30 Uhr, im Sommer bis 18 oder 19 Uhr besichtigen, mit einer Eintrittskarte *(7,50 €)*, die auch in den Gymnasion-Ausgrabungen und im gegenüberliegenden **Museum** gilt, wo das berühmte **römische Marmorkataster** ausgestellt ist. Auf einer bei Ausgrabungen im Jahr 1963 entdeckten Marmortafel ist die Grundbesitzverteilung des Jahres 77 v. Chr. registriert, über 850 Quadratkilometer, von Bollène bis nach Auzon, mit Angaben über Eigentümer, Größe und Wert. Für die Archäologen sind deshalb gerade die soziologischen Erkenntnisse besonders wertvoll *(Öffnungszeiten wie das Theater)*.

Es wäre ein großer Fehler, die Theateranlage zu verlassen und sich gleich wieder ins Auto oder ins nächste Straßencafé zu setzen. Den Ausblick von der **Colline St. Eutrope**, dem Hügel, an den das Theater gelehnt ist, darf man sich keines-

Orange - auf der Colline St. Eutrope

falls entgehen lassen. Von hier oben, der ehemaligen Burg, schaut man in das Theater und über die Gassen der Stadt bis zum Mont Ventoux (Tour 3). Den Weg zum Hügel finden Sie zu Fuß, wenn Sie außerhalb des Theaters an der Bühnenwand rechts (die Bühne im Rücken, also östlich) bei nächster Gelegenheit die Stufen bergauf nehmen.

Oder Sie benutzen das Auto. Das empfiehlt sich besonders für eine Übernachtung, denn auf den Parkplätzen oben auf dem Hügel stehen Sie am Rand von Wiesen und neben einem lauschigen Park, in dem Sie ganze Urlaubstage vertrödeln können (wir parken hier auch immer):

(012) WOMO-Picknickplatz: Orange

GPS: N 44°07'49" E 04°48'33"; Descende des Princes; **max. WOMOs**: >5.
Ausstattung/Lage: Wasser, Mülleimer, Picknickbänke, klappstuhlgeeignet, Trimmgeräte, großer Spielplatz im Park, Freibad in der Nähe, genau genommen nur bis 3,5 to erlaubt, für WOMOs im Reisebusformat nicht geeignet, über 8 m habe ich auch Zweifel / Ortsrand, leicht einsam.
Zufahrt: Fahren Sie vom ‚Arc de Triomphe' Richtung Innenstadt, bei der Ampel nach rechts Richtung Autobahn bis zum großen, mit Bäumen bestandenen Parkplatz (Springbrunnen in der Mitte); hier fahren Sie links, danach am Kreisverkehr geradeaus auf den Hügel und das Opernhaus zu; Sie fahren an der Oper erst rechts und, nachdem Sie danach sofort links abgebogen sind, hinter dem Opernhaus vorbei; nun biegen Sie nach etwa 50 m zwischen zwei Gaststätten nach rechts auf die steile Zufahrtsstraße, die *Montée des Princes d'Orange* ein, mit Wegweiser zur *‚Ginguette de la Colline'*. Das sieht gefährlicher aus als es für WOMOs bis ca. 8 m Länge ist. Oben, auf dem Hügel, fahren Sie bei erster Gelegenheit links, danach aber bei der Weggabelung nicht nochmals links zur *Piscine (Schwimmbad)*, sondern weitere 150 m geradeaus und erst dann links, wo Sie hintereinander zwei Wiesen- und einen Asphaltplatz finden, stets Wegweiser *‚Ginguette'*.
Hinweis: Die schmale Straße muss Sie nicht schrecken, es gibt keinen Gegenverkehr. Achten Sie aber bei der Runterfahrt am Ende des Sträßchens auf den seitlichen Absatz und das in den Straßenraum ragende Verkehrsschild (!).

Auf jeden Fall kann man auf den Wiesen vor der Colline St.-Eutrope oder im Park selbst einen entspannten Nachmittag verbringen. Dabei betrachtet man sich auch die Reste des römischen Kapitols und der Burg, die hier die Herren von Nassau-Oranien im Jahre 1622 errichten ließen. Wilhelm I. von Nassau, der erste Statthalter Hollands und Vorfahr der holländischen Königsfamilie, gründete nämlich in der Stadt ein Fürstentum. Arausio hieß zu diesem Zeitpunkt längst Orange, was ja ein und derselbe Wortstamm ist (und mit der Südfrucht nichts zu tun hat, auch wenn die Stadt diese heute im Wappen trägt). So kam es, dass sich die holländischen Könige auch heute noch *'Oranier'* nennen.

Ähnlich schön gelegen ist der Übernachtungsplatz, den wir 10 km weiter südlich, bei **Châteauneuf-du-Pape**, finden. Auf einer Anhöhe am Nordrand des bekannten Weindorfes (2.000 Einwohner) ragt die Turmruine einer weiteren Burg steil in den provenzalischen Himmel. Der Bau diente den Päpsten während der Zeit des Exils in Avignon als Sommerresidenz. Sie hatten hier im Norden von Avignon schon den Rotwein schätzen gelernt, dem der kleine Ort seinen heutigen Weltruhm verdankt. Wir finden vor der Schlossruine (zuletzt von der deutschen Wehrmacht zerstört) einen besonders schönen und geräumigen Übernachtungsplatz, der außer einer Toilette alle Vorzüge eines ordentlichen Stellplatzes aufweist: großflächig, eben, wegen der nicht allzu weit entfernten Häuser einigermaßen sicher, aber trotzdem in freier Natur. Das Beste aber ist die Lage, denn von einer kleinen Anhöhe hat man einen weiten Blick, vorbei an der stimmungsvollen Ruine über endlose Weinfelder ins Tal der Rhône, hinter dem am Abend die Sonne untergeht. Genauso haben wir uns den Abend in der Provence vorgestellt:

(013) WOMO-Stellplatz: Châteauneuf-du-Pape (Ruine)

GPS: N 44°03'30" E 04°49'45" **max. WOMOs**: >5.
Ausstattung/Lage: Mülleimer, klappstuhlgeeignet, Gaststätten und Ge-

schäfte (beides in der Nähe), sehr schöner Blick / Ortsrand, weniger einsam als es scheint.
Zufahrt: Biegen Sie etwa 100 m nördlich der letzten Häuser des Ortes beim Wegweiser ‚*Château*' (*Schloss*) von der D 68 – das ist das schmale Sträßchen nach Orange – bergwärts ab, nach weiteren 200 m bei einem Tor links.
Hinweis: Zuletzt sahen wir einige Bauarbeiten. Hoffentlich wird der Platz nicht zu sehr umgestaltet oder gar gesperrt.

Auch für die ängstlicheren Gemüter ist in Châteauneuf gesorgt: Im unteren Teil des am Hang liegenden Dorfes gibt es einen Markt- und Parkplatz, der von Häusern umstanden ist:

(014) WOMO-Stellplatz: Châteauneuf-d.-P. (Marktplatz)
GPS: N 44°03'21" E 04°50'01"; Av. Baron le Roy; **max. WOMOs**: höchstens 5.
Ausstattung/Lage: Mülleimer, Gaststätten, Geschäfte, Freibad / im Ort.
Zufahrt: Sie müssen mitten in Châteauneuf nur den Wegweisern '*Salle polyvalente, Piscine*' in den unteren Ortsteil auf die Südseite des Schwimmbades folgen.

Oder sie orientieren sich am Gehör und dem Klacken der Boules-Kugeln, denn dem beliebten Spiel mit den Eisenkugeln frönt man auch auf diesem Platz, der unmittelbar hinter dem Schwimmbad *(Piscine)* liegt.

Wir haben auf beiden Plätzen schon mehrfach genächtigt. Eine Nacht war besonders erlebnisreich. Schauen Sie mal nach den Dachbalken des Kassenhäuschens am Schwimmbad! Die sind vielleicht immer noch sichtbar angekohlt. Und das kam so (ich erwähnte bereits, dass wir uns auf dieser und der vorigen Tour fast als Pyromanen fühlten):

Der Mistral, ein kräftiger Nordwind, rüttelte schon am Nachmittag so brutal an unserem WOMO, dass wir vom hoch gelegenen Platz bei der Schlossruine nach unten, in ruhigere Gefilde ans Schwimmbad, geflohen sind. Nach einem erfreulichen Abendessen (siehe unten) haben wir uns auf der Boules-Bahn noch ein Flutlichtspiel gegönnt (der Lichtschalter befand sich am Lampenmast) ehe wir uns, von den umstehenden Häusern (vermeintlich) gut behütet, aufs Ohr gelegt haben. Aber dann wurde ich mitten in der Nacht geweckt. Drei sichtlich betrunkene Männer torkelten laut palavernd die Dorfstraße herunter. Was macht der betrunkene Nachtschwärmer mit einem schlafenden WOMO? Er rüttelt daran, er klopft – und er freut sich. Tut er nicht! Er klettert stattdessen über den Freibadzaun, um sich jenseits desselben ein wenig zu erfrischen.

Es planschte und prustete. Das schien mir plausibel, und ich schlief beruhigt wieder ein. Die Ruhe war jedoch nicht von langer Dauer, denn bald vernahm ich das Klirren zerbrochenen Glases und ein ständiges Hantieren mit irgendwelchen Gerätschaften. Dann wurde ich durch den jähen Knall einer Explosion aus dem Halbschlaf gerissen. Fensterscheiben zerbarsten, und plötzlich loderten aus dem Gebäude des Schwimmbads Flammen. Die Nacht war leuchtend rot, das ganze Haus schien zu brennen – und unser Auto stand keine 30 m entfernt.

Was tut der verantwortungsbewusste Wohnmobilist in solcher Situation?

Er greift zum Bordfeuerlöscher und kämpft gegen die Flammen? Er unterstützt die örtlichen Gendarmen und schreitet zur Festnahme? Er weckt die Kinder, weil die schon immer mal ein brennendes Haus sehen wollten? Oder er setzt sich im Schlafanzug ans Steuer und sucht möglichst schnell das Weite!

Nichts wie weg hieß die Devise, wir fuhren bis zum Nachbarort, nach Courthezon, wo wir gleich einen kleinen Parkplatz fanden. Der lag zufällig genau gegenüber der Feuerwehrausfahrt, wo gerade schlaftrunkene Männer mit Blaulicht und viel Tatütata zum Löscheinsatz aufbrachen. Lange lag ich danach noch wach. Ich fühlte mich fast wie der Brandstifter und habe mich nicht mal getraut, am nächsten Tag nach dem Schaden zu sehen. Erst ein Jahr später konnte ich mich beim Anblick der schwärzlichen Balken davon überzeugen, dass ich nicht geträumt hatte.

Von der schönen Anhöhe und der Ruine abgesehen ist Châteauneuf-du-Pape uninteressanter als man es erwartet. Das gilt vor allem für den Weinkauf, obwohl der hier produzierte Rotwein weltberühmt ist. Wer sich nicht gut auskennt, kauft wegen des klangvollen Namens meist einen mittelmäßigen Wein überteuert ein. Ich kann kaum glauben, dass ausgerechnet hier, im Jahre 1929, die *Appellation Contrôlée;* das in Frankreich wegweisende Weinprüfsystem, geschaffen wurde. Wenn Sie unbedingt einen *Châteauneuf-du-Pape* trinken wollen, tun Sie das lieber im Restaurant, oder Sie besorgen ihn zu Hause beim Weinhändler. Der oder ein Wirt lassen sich nämlich nicht so leicht wie der unbedarfte Tourist einen schlechten Tropfen andrehen (ein kleiner Geheimtipp: meine besten *Châteauneufs* waren weiß). Ist der Urlauber ungewöhnlich blauäugig, kauft er im Weinmuseum *(Musée du vin – Cave du Père Anselme),* eigentlich eine Verkaufsstätte, eine merkwürdig verformte und auf alt getrimmte und deswegen besonders überteuerte Flasche.

Appellation Contrôlée

Die *Geschützte Herkunftsbezeichnung* bewahrt Sie nicht vor Wasser oder Glykol im Wein. Solchen und anderen Gaunereien bieten die allgemeinen Strafvorschriften Einhalt. Dass der Bauer hingegen nicht jeden Wein aus der Champagne *Champagner* nennen darf, ist keineswegs eine solche Selbstverständlichkeit wie das Verbot des Panschens, wenn auch längst in die Köpfe aller modernen Europäer vorgedrungen.

Es musste aber erst mal jemand auf die Idee kommen, dass bestimmte Produkte noch lange nicht Qualitätserwartungen erfüllen, wenn Hinz und Kunz ohne jede Kontrolle, jedoch wahrheitsgemäß, eine regionale Herkunft behaupten dürfen.

Man musste also die Erlaubnis zur Bezeichnung der Entstehungsstätte an die Einhaltung bestimmter Mindeststandards knüpfen. Schon im 15. Jahrhundert war die Erzeugung von Roquefort-Käse geregelt. Das war aber eine Ausnahme, bis im Jahr 1905 in Frankreich erste Maßnahmen zum Schutz der regionalen Herkunft getroffen wurden, die ab 1919 von den Gerichten überprüft werden durften. Qualitätsanforderungen waren damit noch nicht verbunden.

1923 ging die Winzervereinigung von Châteauneuf-du-Pape einen kleinen Schritt weiter und erlaubte ihren Mitgliedern nur noch unter bestimmten Bedingungen dem Wein den Namen des Ortes zu geben. Das war die Vorstufe einer gesetzlichen Regel des Jahres 1935, mit der das Institut INAO *(Institut national des appellations d'origine des vins et des eaux-de-vie)* installiert worden ist, das bis 1990 nur über die Qualität des Weins, danach auch über die einiger Käsesorten und inzwischen über weitere landwirtschaftliche Produkte wacht. Und das AOC-Rechte vergibt, wenn die Herstellung des Produkts durchgängig auf traditionelle Weise erfolgt ist, die Zutaten aus einem bestimmten geographischen Raum stammen und das Produkt in dieser Region hergestellt worden, zumindest teilweise gereift ist. Die Eigenschaften des Erzeugnisses müssen schließlich annähernd gleich bleibend sein und klar definierten Qualitätsstandards entsprechen.

Rund 400 Weine, das sind 30 Prozent der in Frankreich produzierten Menge, aber nur 43 von etwa 1.000 Käsesorten, sind derart geschützt. Das System der *AOC (**A**ppellation d'**O**rigine **C**ontrôlée)* wurde später von der Schweiz, von Italien (DOC), Spanien, Portugal, Österreich und sogar von der EU übernommen. Dort heißt es *PDO (Protected Designation of Origin)* und schützt, wenn auch nach einem anderen Kontrollverfahren, beispielsweise *Thüringer Rostbratwürste* und *Kölnisch Wasser*.

Alle diese Maßnahmen dienen heutzutage dem Verbraucherschutz. Das sagt man so, wenn man mindestens in gleicher Weise die wirtschaftlichen Interessen der Erzeuger und der Region fördern will. Im Jahr 1923 hat man vermutlich an den Endverbraucher am wenigsten gedacht.

Wenn Sie einmal durch Châteauneuf-du-Pape spaziert sind, werden Sie verstehen, weshalb auch heute noch der klangvolle Herkunftsname in erster Linie der Vermarktung dient. Aber ein gutes Restaurant kann ich Ihnen vorschlagen, falls das ***La Garbure***, das Sie mitten im Ort leicht finden, noch ein paar weitere Jahre durchhält. Der kleine Gastraum war bei zwei Testessen nur schwach besetzt, als uns ein einfallsreiches Menu zu nach wie vor reellen Preisen liebevoll serviert wurde. Und der von der Wirtin empfohlene (rote) *Châteauneuf-du-Pape* war derart gut, dass ich meine despektierlichen Bemerkungen über diese Weinlage fast bereue *(Tel. 04 90 83 75 08; im Sommerhalbjahr keinen Ruhetag, diverse Leser haben sich über diesen Restauranttipp gefreut).*

Damit sind wir mittendrin in der Provence, die wir uns bei der nächsten Tour von oben betrachten wollen.

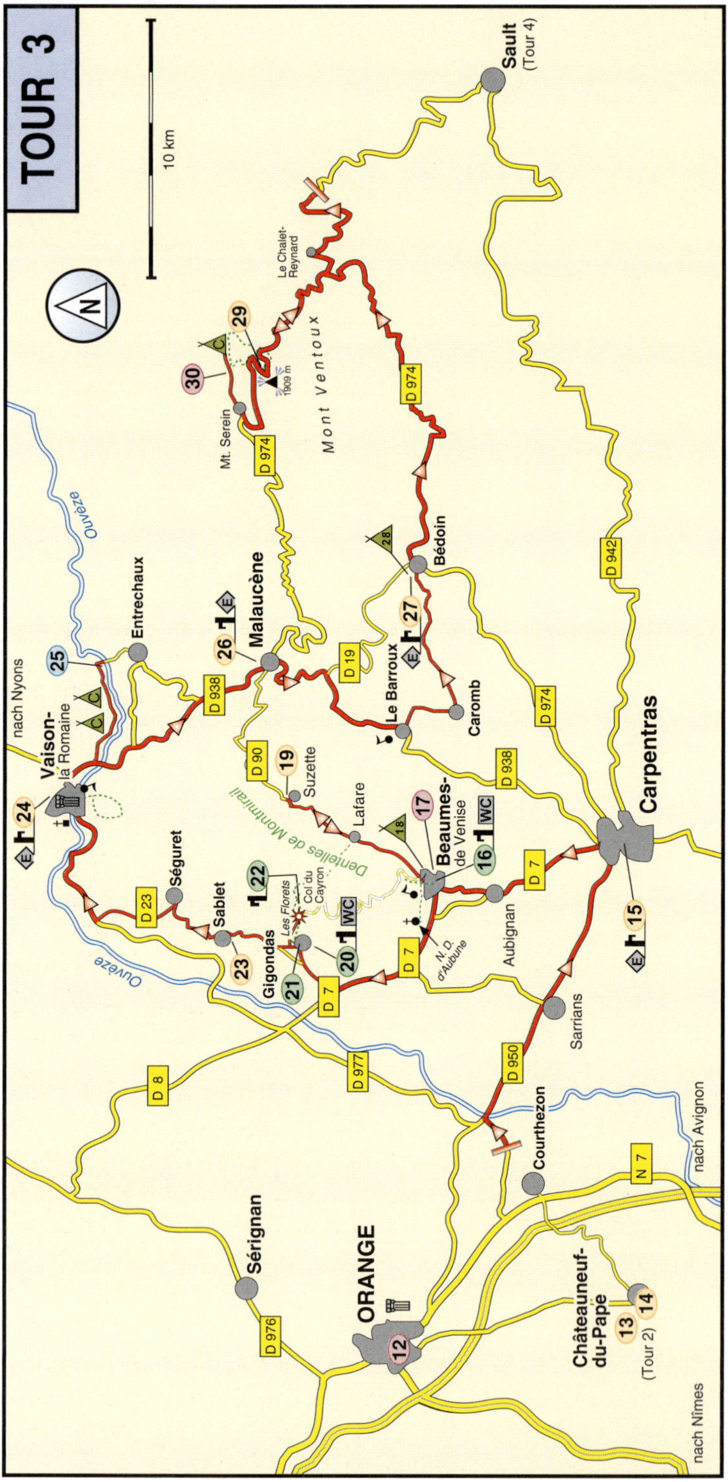

TOUR 3
10 km
N
Sault
(Tour 4)
Le Chalet-Reynard
Mont Ventoux
1909 m
29
30
Mt. Serein
D 974
Ouvèze
Entrechaux
Malaucène
26
25
nach Nyons
Vaison-la Romaine
24
D 938
D 19
Bédoin
28
27
Le Barroux
Caromb
D 942
D 974
D 938
Carpentras
15
D 90
19
Suzette
Lafare
17
18
Beaumes-de Venise
16
WC
Dentelles de Montmirail
Séguret
D 23
Sablet
22
Col du Cayron
Les Florets
WC
20
23
Gigondas
21
D 7
N. D. d'Aubune
Aubignan
D 7
Sarrians
D 950
D 977
D 8
Courthezon
nach Avignon
N 7
Sérignan
D 976
ORANGE
12
Châteauneuf-du-Pape
13
14
(Tour 2)
nach Nîmes

Tour 3: Der Berg ruft

Carpentras - Beaumes-de-Venise - Gigondas
Vaison-la-Romaine - Mont Ventoux

Stellplätze:	in Carpentras, in Beaumes-de-Venise, in Suzette, in oder bei Gigondas, in Sablet, in und bei Vaison-la-Romaine, in Bédoin, auf dem Mont Ventoux, bei Mont Serein
Campingplätze:	in Beaumes-de-Venise, Bédoin und Mont Serein
Besichtigen:	Markt und Altstadt von Carpentras; Gigondas, Séguret, Dentelles de Montmirail, Ausgrabungen, Oberstadt und Kathedrale von Vaison-la-Romaine; Château Le Barroux, Mont Ventoux
Wandern:	von Beaumes-de-Venise zur Kapelle Notre Dame d'Aubune, von Gigondas durch die Dentelles Sarrasines, südlich von Vaison, auf den Mont Ventoux
Essen:	*Auberge Saint-Roch* in Gigondas, Pizzeria *Du Vieux Vaison* oder *Bistro du'O* in Vaison-la-Romaine

Bevor Sie sich mit den markantesten Gebirgszügen der Provence beschäftigen, den Dentelles de Montmirail und dem Mont Ventoux, dürfen Sie einen Abstecher nach **Carpentras** (26.000 Einwohner) nicht versäumen. Vor allem freitags, wenn dort einer der größten **Märkte** der Provence aufgebaut wird. Alleine die Kleiderbuden verteilen sich auf mehrere Gassenzüge. Auch

Markt in Carpentras

wer sich mit Naturprodukten eindecken möchte, ist hier richtig: Olivenöl, Vollwertbrot, Ziegenkäse von der Farm, biologisch angebautes Gemüse; dazu die ganze Palette sonstiger französischer Marktköstlichkeiten – und im Winter frische Trüffeln.

Ähnlich berühmt ist die **Synagoge** im Altstadtkern (am Platz vor dem Rathaus, schwer zu finden), die älteste und ausgeschmückteste Frankreichs. Carpentras war übrigens der erste Aufenthaltsort des Papstes in Frankreich, bevor dieser nach Avignon umzog.

Am Markttag **parken** Sie am besten auf dem Platz bei der *Porte d'Orange* (beschildert); in die Altstadt sind es von dort nur wenige Schritte. Hier können und dürfen in der Nacht sogar WOMO-Elefanten stehen, aber es gibt in der Provence lauschigere Plätze:

(015) WOMO-Stellplatz: Carpentras

GPS: N 44°03'22" E 05°02'32", Cours de la Pyramide, **max. WOMOs**: >5.
Ausstattung/Lage: Ver- und Entsorgung, Mülleimer, Gaststätten, Geschäfte, etwas laut / in der Stadt.
Zufahrt: Folgen Sie in Carpentras dem Wegweiser zum *'P-Porte d'Orange'*, oder *'Pyramide'*, notfalls die Altstadt einmal umrunden, der offizielle Stellplatz liegt oben an der Straße. Ruhiger stehen Sie auf dem großen Parkplatz eine Etage tiefer, der nicht zu übersehen ist; dort bleiben Sie am besten hinten bei der Mehrzweckhalle.

Unter allen **Gebirgszügen** der Provence gefallen uns die **Dentelles de Montmirail** am besten. Vom Luberon abgesehen, aber der läuft sowieso außer Konkurrenz. Das kleine Gebirge zwischen Gigondas und Malaucène, auf halbem Weg zwischen Orange und dem Mont Ventoux, gleicht stellenweise den italienischen Dolomiten. Nur bewegt man sich in den *Dentelles (Klöppelspitzen)* lediglich auf einer Höhe zwischen 500 und 734 m. Hier kann man also schon zu eindrucksvollen Wanderungen aufbrechen, wenn anderswo noch Tiefschnee liegt. Die Kletterer unter unseren Lesern wissen ohnehin Bescheid, kennen sie nämlich die verschiedenen Schwierigkeitsgrade der zackigen Kalkfelsen in den Dentelles Sarrasines. Auch wir werden uns hier beim Wandern sportlich betätigen.

Dentelles de Montmirail - bei Suzette

Auf unserer Tour kommen wir von Carpentras und wählen unterhalb einer gewaltigen Felswand das Dorf **Beaumes-de-Venise** (1.800 Einwohner) als ersten Anlaufpunkt. Vielleicht haben Sie schon von dem natürlichen Süßwein gehört, der hier auf der Südseite des Berges im Windschatten reift. Viele haben ihn auch mal gekostet. Aber die Käufer zählen dann doch eher zu den Amateurtrinkern. Aus kleinen, süßen Muskateller-Trauben wird nämlich ein Tropfen gekeltert, den man jung als Aperitif trinkt, genaugenommen nippt; er ist süß und klebrig, aber mit natürlichem Zucker und dennoch hohem Kopfschmerzpotential. Sie können ihn in mehreren Probierstuben testen, am besten im *Café* unter der Platane im Dorfzentrum. Die Höhlen im Fels haben dem Weindorf zu seinem Namen verholfen, denn *Baumes* bedeutet *Höhlen* (aber wo das ‚e' nach dem ‚B' herkommt, hat man uns nicht verraten). Wir steigen auf einem Pfad zur Ruine des mittelalterlichen Schlosses und erfreuen uns an einer schönen Aussicht.

Unseren Fußweg verlängern wir gleich noch zur 1,5 km westlich des Ortes gelegenen **Kapelle Notre-Dame-d'Aubune**. Das Kirchlein aus dem 12. Jahrhundert (im 17. Jahrhundert restauriert und mit seitlichen Anbauten versehen) steht vor allem wegen seiner schönen Lage auf einer Terrasse und wegen seines schlanken, hohen Glockenturms in allen Reisebüchern. Obwohl man es im Normalfall nur von außen betrachten kann, weshalb den meisten Touristen die undefinierbaren, naiven Malereien im Inneren verborgen bleiben (den Schlüssel gibt es angeblich beim unterhalb der Kirche liegenden Haus). Mit sehr großen Wohnmobilen kann man nicht direkt bis zur Kapelle fahren. Parken Sie in Beaumes-de-Venise oder an der D 8.

Und lassen Sie sich Zeit für den kleinen Ausflug, denn in Beaumes-de-Venise können Sie ordentlich am Rande des riesigen Parkplatzes im Ortszentrum übernachten. Dabei werden Sie sogar von den Gendarmen bewacht. Augenscheinlich kommt auch ein nettes Picknick-Gelände am Bachufer in Frage (von uns noch nicht selbst getestet):

WOMO-Wanderparkplätze: Beaumes-de-Venise

(016) <u>**im Ort**</u>

GPS: N 44°07'15" E 05°01'39", Place du 8. Mai, **max. WOMOs**: >5.
Ausstattung/Lage: Toi-lette (neben dem Zeitungsladen), Wasser (in der Ecke unterhalb des Touristenbüros), Mülleimer, Gaststätten, Geschäfte, Wanderwege; nicht in der Nacht auf Dienstag (Markt) / im Ort.
Zufahrt: Der große Parkplatz im Zentrum ist nicht zu verfehlen.

(017) Picknickgelände
GPS: N 44°07'16" E 05°02'01" **max. WOMOs**: <5.
Ausstattung/Lage: Picknick-Bänke; Mülleimer, Gaststätten, Geschäfte, Wanderwege, schöne Lage unterhalb von Felsen mit Blick auf das Dorf / Ortsrand.
Zufahrt: Folgen Sie zunächst der Beschilderung zum Campingplatz; vor dem Campingplatz halten Sie sich aber rechts und fahren gleich danach links bergab (das Verbotsschild an der letzten Gabelung gilt nicht für diesen Weg); Sie überqueren den Bach auf einer kleinen Brücke.
Hinweis: Bei starken Unwettern Überflutungsgefahr.

Keine schlechte Wahl ist auch der angenehme und preiswerte Campingplatz. Sie brauchen zu Fuß ins Dorf nur fünf Minuten:

(018) WOMO-Campingplatz-Tipp: Beaumes-de-Venise
GPS: N 44°07'20" E 05°02'07"; **Ortszentrum**: 0,4 km. **Zeiten**: 1.3. - 31.10.; keine Reservierung. **Ausstattung**: Gaststätten und Geschäfte im nahen Ort.
Zufahrt: im Ort beschildert.
Hinweis: Sie müssen vor 19 Uhr anreisen, dann wird das Tor verschlossen, und Sie kommen nur noch mit einer Magnetkarte auf den Platz.

Ganz in der Nähe der beiden Stellplätze liegt die ***Auberge Saint-Roch***, wo zwar abends nicht das rege Treiben herrscht, wie unter den Platanen in der Ortsmitte, wo Sie aber deutlich besser und kaum teurer bekocht werden *(Tel. 04 90 65 08 21; mittwochs und donnerstags Ruhetag)*.

Den Stellplatz mit dem größeren Landschaftseindruck finden Sie am Rand von **Suzette** (130 Einwohner), im Zentrum der Dentelles auf 400 m Höhe. Die Fahrt ab Beaumes-de-Venise über Lafare (vielleicht sogar bis Malaucène am anderen Ende der Straße - Foto Seite 48) ist überaus lohnend:

(019) WOMO-Stellplatz: Suzette
GPS: N 44°10'06" E 05°04'08" **max. WOMOs**: keinesfalls über 5 – bitte pflastern Sie den Platz nicht mit weißem Blech!
Ausstattung/Lage:, Mülleimer, klappstuhlgeeignet, Gaststätte/Pizzeria im Ort, Wanderwege, teilweise Gefälle / Ortsrand, nicht einsam, aber deutlich in der Natur.
Zufahrt: Der einzige Parkplatz am nord-östlichen Rand von Suzette ist beschildert und nicht zu verfehlen.

Für die weitere Abfolge unserer Tour müssen Sie von Suzette wieder nach Beaumes-de-Venise zurückfahren, denn das 10 km nordwestlich davon gelegene Weindorf **Gigondas** (650 Einwohner) dürfen Sie auf keinen Fall auslassen. Es macht Spaß, durch die wenigen, malerischen Gässchen bis hoch zur kleinen Kirche zu streifen und sich danach in einem bescheidenen Café zu erholen. Und den ortsnahen Stellplatz darf man als einen der besseren Naturplätze in der Nordprovence bezeichnen, gutes Wetter vorausgesetzt, vor allem wenig Regen, denn der Untergrund wird schnell matschig:

WOMO-Wanderparkplätze: Gigondas

(020) offiziell
GPS: N 44°09'49" E 05°00'10" **max. WOMOs**: >5.
Ausstattung/Lage: Toilette (in der Ortsmitte), Wasser (auf dem Parkplatz direkt unterhalb der Post), klappstuhlgeeignet, Gaststätten, Geschäft, Wanderwege / Ortsrand.

Zufahrt: Fahren Sie durch Gigondas über die Brücke bis zum Postgebäude; dort stoßen Sie auf den großen, planierten und für WOMOs gekennzeichneten Platz. Kenner fahren gar nicht durch das Dorf, sondern biegen schon ein paar Meter südlich des Dorfes beim Wegweiser *'Poste'* ab.

(021) Ortseingang
Eine weitere Möglichkeit finden Sie in Gigondas am Eingang zum Dorf, rechts bei einer Art Jugendherberge und vor der Feuerwehr.
GPS: N 44°09'57" E 05°00'17".

Gigondas ist bekannt für seinen kräftigen **Rotwein**, der zu den gehaltvollsten Südfrankreichs zählt. Ich habe verschiedene durchprobiert, sie waren besser als die meisten anderen Côtes-du-Rhônes, aber eine echte Offenbarung habe ich immer noch nicht entdeckt, zumal die Weine sehr viel Gerbsäure enthalten und lange gelagert werden müssen. Sie können in Gigondas zu einem maßvollen Preis kaum einen trinkfertigen Tropfen finden.

in Gigondas

Aber die Freunde naturnaher Picknickplätze kommen auf ihre Kosten. Zur mittäglichen Pause (nachts sind die Plätze inzwischen gesperrt) könnten Sie ins Herzstück der Dentelles fahren, zum **Col du Cayron**. So heißt die Stelle, die man ansteuern muss, wenn man einen erstklassischen

am Col du Cayron

Eindruck von dem zackigen Gebirge gewinnen möchte. Folgen Sie dazu in Gigondas dem Wegweiser *'Les Florets'*. Das ist der Name eines Hotel-Restaurants, das ich Ihnen trotz seiner lauschigen Terrasse nicht mehr empfehle. Die Qualität der Küche rechtfertigt weder die Preise noch die Steifheit der Belegschaft. Ein kurzes Stück später endet der Asphalt, und nach weiteren 800 Metern ist die Passhöhe schon erreicht. Hätte man mich mit verbundenen Augen hier hochgeführt, wähnte ich mich auf wenigstens 1.500 Metern. In Wirklichkeit sind es gerade mal 400 Höhenmeter. Bei einem kleinen Parkplatz oder auf einem großen Felsen sollten Sie die Picknick-Sachen auspacken, denn prächtiger kann die Umgebung kaum sein. Die Zacken der gegenüberliegenden

Dentelles Sarrasines, zwischen denen bisweilen mutige Kletterer hängen, sind die bizarrsten des Gebirgszuges. Wählen Sie aber nur dann den kurzen, steilen Weg, wenn Sie sich und Ihrem Fahrzeug ein Stück geschotterten, aber unebenen Untergrund zutrauen (wir kamen bei trockenem Wetter auch mit Frontantrieb problemlos an).

bei der *Domaine des Florets*

Wer am Fuße dieser Berge schlafen möchte, findet auf dem privaten Parkplatz des Weingutes *Domaine des Florets* oder seitlich des Weges erfreuliche Gelegenheiten:

(022) WOMO-Wanderparkplatz: Gigondas (*Les Florets*)
GPS: N 44°09'41" E 05°01'02"; Route des Dentelles; **max. WOMOs**: 3.
Ausstattung/Lage: Wasser, Gaststätte, Wanderwege, Weingut / außerorts, nicht einsam.

Zufahrt: Fahren Sie von der D 7 Richtung Gigondas und etwa 800 m nördlich des Ortes zum Restaurant *Les Florets*; dort unterhalb vorbei und nach etwa 200 m auf den ausgewiesenen Privatparkplatz des Weingutes (das mit dem Restaurant nichts zu tun hat).
Hinweis: Das Weingut hat sich der Bewegung *France Passion* angeschlossen (siehe gleichlautendes Stichwort bei den Tipps). Besitzen Sie eine Plakette, müssen Sie nichts kaufen. Wir waren auch ohne Mitgliedschaft willkommen und haben trotzdem einige Flaschen gebunkert. Der Wein ist eindeutig besser als das meiste aus dem Supermarkt.

Alternativ konnte man bei unserer letzten Nachschau schräg gegenüber dem Weingut unterhalb der Straße sehr schön in freier Natur stehen. Ob das auf Dauer geduldet wird, weiß ich nicht. Bitte dort höchstens zwei Fahrzeuge!

Unsere nach den Vorauflagen neu recherchierte Wanderung kommt auf dem Rückweg hier vorbei:

Von Gigondas durch die Dentelles Sarrasines

Wir parken in **Gigondas** und starten am oberen Ende des kleinen Marktplatzes neben der *Mairie*. Links der Brücke führt uns dort eine rot-gelbe Markierung auf einem Fahrweg hinauf in die Weinberge, wo wir bei schönem Rückblick auf den kleinen Ort noch einmal Kraft für den weiteren Anstieg tanken. Bald zweigen wir mit der blauen Markierung nach links ab, erst auf einem Fahrweg, später auf einem Pfad, der unterhalb der Picknick-Stelle **Rocher du Midi** endet.

Auf einer breiten, geschotterten Straße wandern wir mit wenig Höhenverlust zum **Col du Cayron** und bleiben weiterhin auf dem für Autos freigegebenen Weg, der nun abwärts, Richtung Lafare, führt.

Kurz vor dem **Weingut *Cassan***, wir stiefeln wieder auf Asphalt, müssen wir aufpassen: Bei einer kleinen Brücke ist eine blaue Markierung zu sehen, die uns (nach rechts) zwischen Bach und Weinberg geradeaus zu den Bergen schickt, am Ende des Weinberges einige Meter nach links und dann in einem rechten Bogen ins Unterholz. Die Markierung weist nun deutlich einen zunächst breiten Weg aus, der bergauf bald in einen schmalen Pfad über geht, der aber durchgehend im Unterholz sichtbar bleibt. Wir müssen etwa 300 m steil aufsteigen und oben, am Fuß der schroffsten Felsen, mehrfach ein kleines Stück klettern. Das schien uns ungefährlich und in dieser Gehrichtung auch für Schwindelanfällige machbar. Der Weg windet sich auf der Südseite der Bergzacken und erfordert immer wieder ein wenig Handarbeit. Er bleibt aber bestens markiert, weshalb Sie sofort umkehren müssen, falls sie die blaue Zeichengebung verlieren. Die Strecke zieht sich nun, aber die Ausblicke sind phantastisch. An einer Scharte der **Dentelles Sarrasines** ha-

in den Dentelles Sarrasines

ben wir freie Sicht nach Norden und könnten hier auch auf die Nordseite absteigen (Foto Seite 53). Wir tun es nicht, steigen nochmals kurz an und wandern nach einer Weile wieder abwärts.

Nachdem wir mindestens 250 m deutlich abgestiegen sind (!), nehmen wir links einen Pfad bergab, wo die blaue Markierung stattdessen geradeaus zeigt. Wir wählen dennoch und nicht ohne Irritation den Abgang, um sehr steil durch Ginster, einen Weinberg und später auf einem Fahrweg den **Col d'Alsau** zu erreichen. Von hier ist es nicht mehr weit zum Rocher du Midi, wo wir auf den Hinweg treffen.

Sie können hier nach Gigondas gelangen oder Sie folgen uns erneut zum Col du Cayron und schlendern dort bequem zu Tal, vorbei an ***Les Florets*** (und unserem Stellplatz, wo Sie die Wanderung gut beginnen können) und bald danach markiert links durch ein Wäldchen nach Gigondas. *(auf dieser Variante 4,5 Std.; die Karte: 3040 ET ist unverzichtbar; von Mitte Juli bis Anfang September ist die Wanderung wegen Waldbrandgefahr zeitweise nicht möglich – bei Verstoß 750 Euro Strafe! Erkundigen Sie sich in Gigondas).*

in Séguret

Wer Freude an malerischen Dörfern hat, fährt ein paar Kilometer nordwärts, nach **Séguret** (900 Einwohner), einem Weiler mit engen Gassen, schönem Brunnen und einer Kirche, vor der sich ein weiter Blick auf die Dentelles öffnet. Kein Wunder, dass man sich *‚Eines der Schönsten Dörfer Frankreichs'* nennen darf. Diese Auszeichnung wird, ich bin boshaft, gerne verliehen, wenn besonders viele alte Dorfhäuser zu Feriendomizilen umfunktioniert wurden (weil man dann nicht mehr als 2.000 Einwohner hat und damit ein wesentliches Kriterium für dieses Attribut erfüllt – siehe Tour 1). Am Fuß des Dorfes gibt es Wasser und einen Notstellplatz.

Blick von Séguret nach Sablet

Nicht ganz so malerisch, dafür noch von leibhaftigen Einheimischen bewohnt, ist **Sablet** (1.200 Einwohner), zwischen Gigondas und Séguret, mit perfektem Stellplatz:

(023) WOMO-Stellplatz: Sablet

GPS: N 44°11'24" E 05°00'25"; Rue du Stade; **max. WOMOs**: >5. **Ausstattung/Lage**: Mülleimer, Gaststätten und Geschäfte im nahen Ort / Ortsrand. **Zufahrt**: Folgen Sie am südlichen Ortsende dem Wegweiser *,Salle des Fêtes'*; der Platz mit schöner Sicht auf das Dorf ist dann nicht zu verfehlen.

In **Vaison-la-Romaine** (10.000 Einwohner) hat man inzwischen die Verbotsschilder großzügig verteilt. Das gesamte Zentrum darf nicht mehr mit Wohnmobilen befahren werden. Halten wir den Stadtvätern zugute, dass sie ängstlich geworden sind, nachdem sich in Vaison ab September 1992 vieles verändert hat. Ein verheerendes Unwetter brach binnen kürzester Zeit über die Stadt herein und ließ das Flüsschen Ouvèze zu einem reißenden Strom anschwellen. Die Fluten haben vom nahen Campingplatz, auf dem wir noch wenige Wochen vorher selbst standen, Zelte und Wohnwagen weggeschwemmt, wobei viele Urlauber den Tod fanden. Sogar ganze Häuserzeilen stürzten zusammen (194 zerstörte und 2771 schwer beschädigte Gebäude), und insgesamt starben 34 Menschen, 8 blieben vermisst. Die Natur hat sich nach tagelangen Regenfällen am Menschen gerächt, der die das Wasser aufsaugenden Wälder abgeholzt, die Flüsse begradigt und ihre Ufer zubetoniert hat. Die Sintflut floss von den Hängen zu schnell ab, mit ihr gewaltige Schlammlawinen, die vor der Stadt wieder aufgestaut wurden, wo man das Bett des Ouvèze umgelenkt und von seiner natürlichen Breite auf die Hälfte von 10 Metern reduziert hatte. Den Campingplatz gibt es seit diesen Tagen nicht mehr, dafür andere, die wir nicht getestet haben. Das Flussbett wurde inzwischen nachhaltig verbreitert.

Die Restriktionen sind dennoch übertrieben, wenngleich verschmerzbar, weil man am Nordrand der Stadt einen wirklich lobenswerten, offiziellen Stellplatz eingerichtet hat, von dem man sogar ein Stück des antiken Theaters sieht und bequem zu Fuß in das Zentrum spazieren kann. Der Platz ist gut besucht und bisweilen schon am Spätnachmittag belegt. Ein pfiffiger Winzer hat sich auf die neue Kundschaft eingestellt und weist am Platz den Weg zu seinen Flaschen. Wir haben den

Rotwein der *Domaine Pierres Vieilles* verkostet und sicherheitshalber zu Hause das ausgezeichnete Preis-/Leistungsverhältnis nachgeschmeckt:

(024) WOMO-Stellplatz: Vaison-la-Romaine (Stadt)

GPS: N 44°14'47" E 05°04'27"; Av. André Coudray; **max. WOMOs**: >5;
Ausstattung/Lage: Ver- und Entsorgung, Waschbecken, Mülleimer, klappstuhlgeeignet, Gaststätten und Geschäfte etwa 15 Minuten zu Fuß entfernt, bisweilen frühzeitig belegt / Ortsrand.
Zufahrt: Der offizielle Stellplatz ist im Norden der Stadt gut ausgeschildert. **Parkgebühr**: 6 €.

Vaison-la-Romaine ist eines der sehenswertesten Ziele in der Provence. Trotz der vielen Touristen ist vor allem die **Oberstadt**, südlich des Ouvèze, erstaunlich wenig verkitscht. Erst nach dem zweiten Weltkrieg wurden hier die Häuser wieder

Vaison-la-Romaine - römische Brücke

aufgebaut, hauptsächlich als Ferienwohnungen. Auf dieser Seite des Flusses siedelten in vorrömischer Zeit die keltischen Vocontiner, die sich mit den römischen Besatzern jenseits des Gewässers arrangieren konnten. Im Mittelalter war dann nur noch der Felsen der Oberstadt bewohnt, ehe die Menschen im 18. Jahrhundert wieder nach unten in die Neustadt zogen. Die Oberstadt verfiel danach, bis die Touristen kamen. Und unten, nördlich der **römischen Brücke**, die das Hochwasser leicht beschädigt überstanden hat (neue Brüstung) und heute noch benutzt wird, begann ein elsässischer Zigarrenfabrikant namens Burrhus, der sich für einen Nachfahr des römischen Burrus hielt, mit den **Ausgrabungen** *(Ruines Romaines)*. Er hatte es hier einfach, denn wegen des nachantiken Umzugs aufs andere Flussufer waren die römischen Gemäuer nur teilweise überbaut. So können wir heute durch zwei Ausgrabungsgebiete links und rechts des großen Parkplatzes streifen, das *Quartier de la Villasse* (südlich), in dem heute noch gebuddelt wird, und das ***Quartier de Puymin*** (östlich), das Hauptgelände. Den römischen Mäuerchen sieht man ohne kundige Führung allerdings kaum an, wozu sie einst dienten. Aber das kleine Museum im Quartier von Puymin beherbergt einige schöne Mosaiken und Statuen, die noch eine Ahnung vom römischen Leben aufkommen lassen. Oberhalb des Mu-

seums gelangt man auch zum **Theater**, das aber eher noch eine Nachbildung der antiken Stätte ist, die 6.000 Zuschauer aufnehmen konnte und damit gar nicht so viel kleiner war als die von Orange. Am schönsten ist der Blick von den oberen Zuschauerrängen in die Landschaft; anregend und beruhigend zugleich *(ab 9 Uhr je nach Jahreszeit geöffnet bis 18.45 Uhr, Mittagspause 12.30-14 Uhr; 5,50 €, alle Sehenswürdigkeiten mit Sammelbillet nur 8 €)*.

Die nach meinem Geschmack größere Sehenswürdigkeit ist die **Kathedrale** Notre-Dame (11. Jahrhundert). Sie steht, was man noch gut erkennen kann, auf römischen Fundamenten und hat einen beachtlichen **Kreuzgang** aus dem 12. Jahrhundert. In frühchristlicher Zeit und im Mittelalter hatte hier sogar ein Bischof seinen Sitz. *(Mittagspause 12.30-14 Uhr; 1,50 €)*.

römische Fundamente

Vaison überzeugt auch mit kulinarischen Adressen: Wenn Sie nicht zu tief in die Tasche greifen oder Ihren Kindern etwas bieten wollen, werden Sie in der **Pizzeria *Le Vieux Vaison***, vor einem alten Stadttor der Oberstadt, im Freien oder bei schöner Aussicht sitzen und sich an den leckeren Pizzas auf hauchdünnem Teig erfreuen *(Tel. 04 90 36 19 45; kein Ruhetag, zu Fuß vom Stellplatz über die Römerbrücke)*. Die anspruchsvollere Küche wird drei Häuser weiter aufgetragen. Im trendigen ***Bistro du'O*** stehen viele gute Weine zur Auswahl, die Speisekarte, eine Tafel, ist klein, aber erstaunlich fein, und die Preise sind mehr als anständig. Das hat sich herumgesprochen, weshalb Sie abends frühzeitig und schon vor 19.30 Uhr kommen, besser sogar reservieren sollten *(Tel. 04 90 41 72 90; sonntags und montags mittags geschlossen)*.

Der Stellplatz von Vaison ist Ausgangspunkt einer netten, wenn auch wenig spektakulären Wanderung:

Wanderung bei Vaison

Wir überqueren den Ouvèze auf der neuen (!) Brücke bei der Kathedrale und wenden uns dann nach links bergauf (!). Am Rand der Altstadt geht es nun durch zwei Haarnadelkurven bis fast auf die Höhe, wo wir bei den letzten Häusern nach rechts auf eine Straße oberhalb eines Weinbergs abbiegen. Der asphaltierte Weg geleitet uns nun bald zwischen Weinstöcken

und Wiesen nach Süden bis uns bedrohliches Hundegebell aufschreckt. An einem einsamen Gehöft bleckt eine gefährliche Dogge ihre gewaltigen Zähne, als Beschützerin eines niedlichen Hündchens, das zwischen ihren Beinen wuselt. Wir kramen in der Schublade unserer Wander- und Lebenserfahrungen, gehen mit beruhigenden Worten auf das ungleiche Gespann zu, und das Knurren weicht freundlichem Schwanzwedeln. Aufatmend stiefeln wir weiter – und die Hunde mit uns! In meinem Toskana-Führer habe ich von einem ähnlichen Erlebnis berichtet, dessen Verlauf gleichermaßen war: Die Hunde weichen für den Rest der Wanderung nicht mehr von unserer Seite.

Mit Hilfe der Wanderkarte *(3040 ET)* suchen wir uns einen großen, südlichen Bogen (man kann hier nach Belieben unter verschieden langen Strecken wählen), um 3 Stunden später die Hunde mit vielfältigen Überzeugungsgesten wieder zu Hause abzuliefern. Die letzten 1.200 m entsprechen dann dem Hinweg, und wir fühlen uns ohne die beiden Begleiter, mit denen wir uns richtig angefreundet haben, ein wenig einsam.

Da der Urlaub nicht nur aus Besichtigungsrundgängen besteht, suche ich immer wieder für Sie Stellen, an denen Sie tagsüber entspannen können. Viele Leser erholen sich auf Campingplätzen, wenn sie dort die Stühle in Schrägstellung bringen. Viele tun dasselbe irgendwo auf Asphalt und träumen heimlich von einem All Inclusive-Urlaub in der Türkei. Suchen Sie lieber das Plätzchen in freier Natur, ein wiesenähnliches Gelände oberhalb eines Stauwehrs des Ouvèze, wo Sie baden, wahrscheinlich aber nicht schwimmen können:

(025) WOMO-Badeplatz: Vaison-la-Romaine (Fluss)

GPS: N 44°13'44" E 05°08'09"; D 205; **max. WOMOs**: >5.
Ausstattung/Lage: Flache Badestelle im Fluss, direkt am Wasser, klappstuhlgeeignet / außerorts, einsam.
Zufahrt: Fahren Sie in Vaison auf der schmalen D 205 (Wegweiser *,Camping Bon Crouzet')* direkt nördlich des Flusses nach Westen (siehe Michelin-Karte) und vorbei am Camping *,Bon Crouzet'*. Bald nach dem Campingplatz biegen Sie nach rechts zum Fluss ab und parken vor einer schmalen Brücke.
Hinweise: Bis zur Brücke (2 m breit), das heißt auf den Platz, können auch die größten WOMOs fahren, trotz Verkehrsschild mit Breitenbegrenzung; im Sommer tagsüber bisweilen gut besucht und etwas schmutzig, Überschwemmungsgefahr bei starkem Regen. Am Wochenende bisweilen Jugendtreff.

Der Stellplatz im nahen **Entrechaux**, einem Dorf mit Burgruine und eigentlich auch viel Flair, ist einem unverständlichen Regulierungseifer zum Opfer gefallen.

Im oben erwähnten **Malaucène** (2.600 Einwohner) hingegen hat die Gemeinde eine Entsorgungsstation und Stellplätze eingerichtet. Aber außer der guten Absicht ist an den unschönen Parkbuchten nichts zu loben (**026** - an der D 938 Richtung Vaison in der Nähe der Gendarmerie; **GPS**: N 44°10'38"

E 05°07'46"). Schade, denn die freundliche Kleinstadt ist fast vollständig von einer Platanenallee umgeben, mit altem Stadttor und Wachturm.

Wahrscheinlich unterbrechen die meisten Touristen ihre Fahrt zum Mont Ventoux erst in **Le Barroux**, weil das Dorf von einem beachtlichen **Schloss** überragt wird, einem viereckigen, von Rundtürmen eingefassten Bau, der nach dem 2. Weltkrieg unvollkommen restauriert worden ist, nachdem er von deutschen Truppen in Brand gesteckt worden war. Interessent sind vor allem die Lage und der schöne Blick von der Terrasse *(im Sommer täglich ohne Mittagspause, im Juni nur nachmittags, Frühling und Herbst nur am Wochenende 10-19 Uhr; 3,50 €).*

Bédoin

Wenn Sie dort nach Osten abbiegen und über das unverfälschte Dorf Caromb nach **Bédoin** (2.900 Einwohner) weitergefahren sind, wird Ihnen eine kleine Belohnung für den Kauf dieser Neuauflage zuteil. Bédoin kam unverständlicherweise in unseren Beschreibungen bislang nicht vor, obgleich der Montagsmarkt, zumindest der nach Pfingsten, und die malerischen Straßenzüge mit der diese überragenden Kirche typische Beispiele für ein noch relativ unverfälschtes Ortsbild sind. Stell- und Campingplatz liegen nebeneinander und scheinen sich sogar zu vertragen:

(027) WOMO-Stellplatz: Bédoin

GPS: N 44°07'29" E05°10'20"; Chemin d. Sablières; **max. WOMOs**: >5.

Ausstattung/Lage: Ver- und Entsorgung, Mülleimer, klappstuhlgeeignet, Schwimmbad, Gaststätten und Geschäfte im nahen Ort / Ortsrand.

Zufahrt: Folgen Sie dem Wegweiser zum Campingplatz. Direkt vor dem Campingplatzeingang fahren Sie nach links auf ein Wiesengelände mit jungen Bäumen. Auf dem Platz daneben gilt wie auf allen anderen Plätzen des Ortes Nachtparkverbot.

(028) WOMO-Campingplatz-Tipp: Bédoin (La Garenne)
GPS: N 44°07'30" E 05°10'22"; **Ortszentrum**: 0,5 km; **Zeiten**: 1.4.-31.10.; **Tel.** 04 90 65 63 05. **Ausstattung**: Schwimmbad, sehr schöne Hanglage, Gaststätten und Geschäfte im nahen Ort.
Zufahrt: Folgen Sie dem Wegweiser zum Campingplatz westlich des Ortes.

Ob Sie auf dem Stellplatz weilen oder auf der anderen Seite des Zauns, der Berg ruft unüberhörbar. Und Thema der Gespräche Ihrer Nachbarn ist, wie man ihn mit dem Fahrrad angeht. Vor allem aber, wie man ihn bezwungen hat. Den Radfahrern geht es um den inneren Schweinehund, Ihnen hingegen um die Sicht.

Nicht selten werden Sie deshalb am Fuß des **Mont Ventoux** umkehren, weil die Sichtverhältnisse nicht gut genug sind. Im Sommer entsteht nämlich häufig schon bald nach Sonnenaufgang starker Dunst, und in den Übergangszeiten verschwinden die obersten der 1910 Meter oftmals gerade dann in dicken Wolken, wenn Sie in der Nähe des Gebirges angekommen sind, dessen weiße Kuppe von fast der ganzen Provence aus zu sehen ist. Ob man in der Nähe von Orange steht, in Avignon, auf dem Plateau de Vaucluse oder dem Kamm des Luberon, man sieht von überall den heiligen Berg, den Berg des Windes, dem die Römer den Namen *ventosus (der Windige)* gaben. Anfang April besteht seine weiße Haube wirklich zum Teil noch aus Schnee. Im Sommer sieht jenem der Kalkstein zum Verwechseln ähnlich, der Schnee bleibt aber häufig bis in den Mai hinein.

Bis zur Vorauflage konnte ich dem Berg außer der unbestreitbar beeindruckenden Sicht nicht viel abgewinnen. Das lag daran, dass wir stets, wie ich inzwischen weiß, die falsche Zufahrtsroute genommen haben. Wir haben den Gipfel auf der Nordroute, ab Malaucène, erstürmt. Wesentlich spektakulärer ist aber die Südseite, wenn man die weißen Geröllhalden vor sich hat. Aber dennoch ist die Fernsicht letztlich der einzige Grund der Bergtour. Sie kann bei guten Bedingungen bis nach

Mont Ventoux - Alpenblick

Korsika oder zu den Pyrenäen reichen. Außerdem sieht man ein breites Spektrum von Alpengipfeln und Provencelandschaften.

Dieser freie Rundblick trieb auch den italienischen Dichter Francesco Petrarca auf den Gipfel des Ventosus, des Windumtosten. Am 24. April 1336 erfüllte sich Petrarca einen lang gehegten Wunsch und bezwang mit seinem Bruder den fast Zweitausender. Das war zu dieser Zeit eine Sensation. Es gab nämlich weder Karten noch gepflegte Wege, und wer konnte, mied die unheimliche Bergregion schon wegen der vielfältigen Gefahren. Petrarca ist aber nicht nur geklettert, er hat den Trip auch literarisch festgehalten und gilt deshalb heutzutage als »Vater des Alpinismus« und als Begründer der nachantiken Reiseschilderungen (es böte sich hier an, den Bogen von Petrarca zur WOMO-Reihe weiter zu spannen, wir wollen Ihnen das aber lieber ersparen). Freilich war der Poet nicht der erste Gipfelstürmer, denn schon die Römer unterhielten hier oben ein Heiligtum, das man entdeckte, als die Wetterstation errichtet wurde. Und genau genommen wurde eine Gottheit schon vor den Römern verehrt, es war der keltische Gott der Winde.

Mont Ventoux - Südseite

Im Laufe der Jahrtausende hat sich einiges getan am Ventoux: Wetterwarte, Fernsehsender und Militärstation sind unübersehbar. Genauso wie die Süßigkeits- und Andenkenbuden sowie die Skilifte. Sogar der Wald ist wieder da. Der Holzbedarf der Schiffswerften in Toulon verschlang einst alle Bäume. Aber schon im 19. Jahrhundert begann eine planmäßige Wiederaufforstung. Selbst bis dato fremde Baumarten (was sich allerdings als Fehler erwiesen hat) wurden angesiedelt - und Trüffeleichen zum Wohle der Feinschmecker in ganz Frankreich. Die naturale Wiederbelebung sieht zwar schon ganz gut aus, sie ist aber noch nicht vollends gelungen, wie das schlimme Hochwasser im Herbst 1992 beweist.

Bei einer Höhe von 1.600 m, der natürlichen Baumgrenze, endet der Forst. Man fährt ab da auf der Südseite, durch eine weißliche Geröllhalde, die in der Sonne von Ferne Schneefeldern gleicht, und man sieht fast nichts anderes. Es sei denn, man wäre Botaniker. Dann könnte man in der Gipfelregion noch Flechten und Moose entdecken, die sonst nur in Grönland oder im Polargebiet wachsen.

Oder man ist Radfahrer. Genauer, ambitionierter Sportradler mit rennradmäßigem oder mountainbikeartigem Zweiventiler. Dann ist die Qual über den Gipfel die Herausforderung unserer Zeit, der sportliche Höhepunkt des Urlaubs, der Beweis der Fitness oder gar der Männlichkeit (die Frauen sind deutlich in der Unterzahl). Jedenfalls begegnen uns an einem glutheißen Tag im Juli mehr Radler als Autofahrer. Aber nicht jeder überlebt die Strapazen. Anlässlich der Tour de France des Jahres 1967, man kam ebenfalls von Süden, starb der englische Radprofi Tom Simpson kurz unterhalb des Gipfels und löste damit im Sport die erste große Doping-Diskussion aus. Radfahrer aus ganz Europa legen immer noch am Denkmal des Unglücks südlich des Gipfels (beschildert) Ehrenbeweise nieder: vom Fahrradreifen bis zum Handschuh. Autorennen führen heute nur noch selten durch diese Region, die aber von den Machern der Tour de France wieder entdeckt und zum Ziel einer schweren Bergwertung auserkoren worden ist (zuletzt 2009 am vorletzten Tag der Tour). Von den Radlern abgesehen, ist der touristische Zuspruch im Sommer ruhiger, als ich es befürchtet habe. Im Winter, das heißt von Mitte November bis Ende März, ist die Straße über das steinerne Haupt zwischen den Skiorten Le Chalet-Reynard und Mont Serein ohnehin gesperrt, bis Ende April auf der Nordseite sogar von Mont Serein zum Gipfel. An kalten Tagen herrscht hier oben auch schon mal Frost bis 30 Grad minus.

Auch im Sommer ist es mindestens 10 Grad kälter als im Tal, weshalb man hier nicht so gerne ein Schlafplätzchen sucht, auch wenn der Wind nicht bläst, der allerdings fast immer dem Namen des Berges Ehre macht. Mir wäre es zu kalt hier oben. Wer aber auch im Sommer ohne Dunst, also gleich nach Sonnenaufgang, die Fernsicht genießen möchte, kann

Bonbons am Gipfel des Mont Ventoux

am Gipfel schlafen, was erstaunlicherweise nicht verboten ist und meist in nachbarlichem Gebibber stattfindet. Sie werden sich auch wundern, wie spät der letzte Radler noch schnaufend vor Ihnen absteigt:

(029) WOMO-Stellplatz: Mont Ventoux

GPS: N 44°10'24" E 05°16'42"; D 974; **max. WOMOs**: 3-5.
Ausstattung/Lage: Gaststätte (tagsüber); Supersicht / außerorts.
Zufahrt: Fahren Sie auf den Gipfel des Mont Ventoux, und zwar auf die obere der beiden Straßen am Gipfel, und stellen Sie sich auf die Südseite des weißen Gebäudes, das Sie vor Nordwind schützt (die Bonbon-Verkäufer gegenüber packen abends ein - und Sie schauen in die Weite wie der Herr auf obigem Foto).

Falls es Ihnen zu einsam wird, weil sich doch kein anderer Fernsichtsüchtiger zu Ihnen gesellte hat, können Sie auf die Nordseite zum **Campingplatz von Mont Serein** hinunterfahren, immerhin noch auf 1.400 m Höhe und mit Blick zum Mont Blanc (15.4. - 15.9.). Davor finden Sie eine weitere freie Alternative:

(030) WOMO-Picknickplatz: Mont Serein

GPS: N 44°11'05" E 05°16'26"; D 164 A; **max. WOMOs**: >5.
Ausstattung/Lage: Bänke und Tische, Mülleimer, Gaststätten (zeitweise), Wanderwege / außerorts, je nach Öffnung des nahen Campingplatzes und Benutzung der Ferienhäuser mehr oder weniger einsam.
Zufahrt: Biegen Sie auf der Nordroute, der D 974, etwa 5 km unterhalb des Gipfels nach Mont Serein ab; stellen Sie sich dann, am besten nach etwa 800 m und kurz vor dem Campingplatz, an den Straßenrand.

Hier starten wir unseren Gipfelsturm zu Fuß:

Von Mont Serein auf den Mont Ventoux

Wir wandern auf der Asphaltstraße am **Campingplatz** vorbei. Nach etwa 500 m schickt uns ein Wegweiser rechts bergauf, und bald leitet uns die rot-weiße Markierung bis zum Gipfel (wenn Sie kurz unterhalb der Bergspitze die Straße erreichen, nicht auf ihr, sondern scharf links gehen). Da wir uns Anfang April auf die Socken gemacht haben, müssen wir mit zunehmender Höhe immer größere Schneefelder queren, was aber kein Problem ist, solange das Wetter stabil bleibt (bei schlechtem Wetter lässt man die Wanderung sowieso sein).

Für den **Heimweg** nehmen wir zunächst die Autostraße, die wir etwa 1,3 km unter dem Gipfel jenseits einer deutlich sichtbaren Kiesrinne nach rechts auf einem breiten Weg verlassen, der dann aber schon bald im eben erwähnten Kies endet. Nach einem kurzen, beschwerlichen Teil, stiefeln wir querbeet über die Wiese und zwischen den Liftanlagen zurück zum WOMO *(3 Stunden, Karte 3140 ET ist nicht erforderlich, da der Hinweg bestens markiert ist und man auf dem Rückweg auf Sicht marschieren kann; sollte das Wetter umschlagen, kann man zur Not auf der Autostraße heimwärts eilen).*

Ob mit dem Auto oder per pedes, irgendwann werden Sie von oben lange in die Weite oder die Waschküche starren und, wenn die obligatorischen Fotos im Kasten sind, auf der Südroute – jedenfalls bei unserer Streckenführung – wieder ins Tal zurückkehren. Damit stehen Sie am Anfang unserer vierten Provence-Tour.

Lavendelfeld südlich des Mont Ventoux

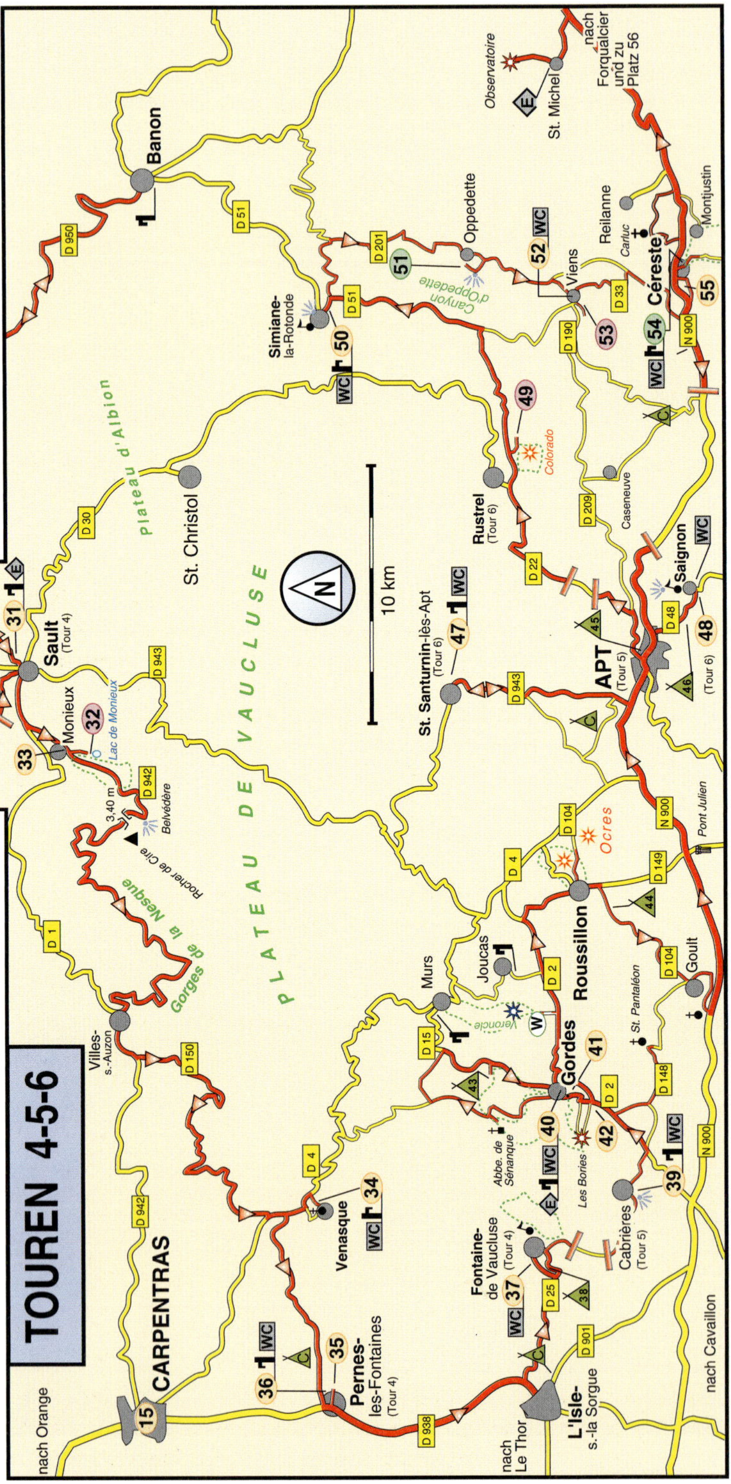
TOUREN 4-5-6
CARPENTRAS
nach Orange
Pernes-les-Fontaines (Tour 4)
Venasque
Villes-s.-Auzon
Gorges de la Nesque
Rocher de Cire
Belvédère
Monieux
Lac de Monieux
Sault (Tour 4)
(Tour 3)
Banon
Plateau d'Albion
St. Christol
PLATEAU DE VAUCLUSE
10 km
Simiane-la-Rotonde
Canyon d'Oppedette
Oppedette
Observatoire
St. Michel
nach Forqualcier und zu Platz 56
Reillanne
Carluc
Céreste
Montjustin
Viens
Colorado
Rustrel (Tour 6)
Caseneuve
Saignon
APT (Tour 5)
St. Santurnin-lès-Apt (Tour 6)
Ocres
Roussillon
Pont Julien
Goult
Joucas
Murs
Véroncle
Gordes
St. Pantaléon
Abbe. de Sénanque
Les Bories
Cabrières (Tour 5)
Fontaine-de Vaucluse (Tour 4)
L'Isle-s.-la Sorgue
nach Le Thor
nach Cavaillon

Tour 4: Plateau de Vaucluse

Sault - Venasque - Pernes-les-Fontaines
Fontaine-de-Vaucluse - L'Isle-sur-la-Sorgue

Stellplätze:	in Sault, am Lac de Monieux, in Venasque, in Pernes-les-Fontaines, in Fontaine-de-Vaucluse
Campingplätze:	in Fontaine-de-Vaucluse und L'Isle-sur-la-Sorgue
Besichtigen:	Nesque-Schlucht, Venasque, Pernes-les-Fontaines, Fontaine-de-Vaucluse, L'Isle-sur-la-Sorgue, Le Thor und die Grotte de Thouzon
Essen:	Restaurants *Les Lavandes* in Monieux, *La Fontaine* in Venasque, *Au Fil du Temps* in Pernes-les-Fontaines
Wandern:	zur Nesque-Schlucht, Spaziergang zur Sorguequelle bei Fontaine-de-Vaucluse, Wanderung bei Fontaine-d.-V.

Unser Wohnmobil wird zum Verkehrshindernis. Im zweiten Gang machen wir uns die Bremswirkung des Motors zu Nutze, als wir uns vom Mont Ventoux behutsam abwärts winden. Wir sind zu langsam für viele Radsportler, die uns in halsbrecherischer Talfahrt überholen. Erst als wir bei Chalet-Reynard von der D 974 auf die D 164 abbiegen, wird es ruhiger. Bald tritt auch der Wald zurück, und die ersten violetten Teppiche der Lavendelfelder breiten sich aus. Fast unmerklich ist die alpine Landschaft in eine Hochebene übergegangen, in das **Plateau de Vaucluse**.

Wir kurven nun durch ein karges, dünn besiedeltes Gebiet: Hier und da ein Gehöft, ein paar Schafe, viel Brachland mit aufgelassenen Feldern und wildem Lavendel. Dazwischen wieder sorgsam gezogene Reihen dieser blauen Pflanzen – und Lavendeldestillerien. Ab und an sieht man auch einen Touristen.

in Sault

Aber der ist in diesem Teil der Provence schon eher eine Seltenheit. Wenn man dann in **Sault** einfährt, wähnt man sich in einer Kleinstadt. Doch im Ort und in den umliegenden Weilern wohnen zusammen gerade 1.200 Menschen. Das reicht schon, um ein kleines Zentrum zu schaffen, für Lavendel, seinen Honig und dessen Verarbeitung zu (französischem) Nougat. Aber das und die wenigen Touristen können das Dorf kaum ernähren. So kommt man beim Gang durch die verwinkelten Gassen des alten Viertels häufig an leer stehenden Häusern vorbei. Und nicht mal die Zweithausbesitzer haben flächendeckend zugeschlagen. Das Land ist unspektakulär und dennoch, jedenfalls zur Lavendelblüte ab Anfang Juli, unglaublich schön. Wem die Landschaft zu langweilig wird, der geht ins kleine **Museum** von Sault. Dort gibt es neben keltischen und gallorömischen Funden sogar eine ägyptische Mumie zu bestaunen *(Juli/August täglich außer Sonntag 15-18 Uhr, Eintritt frei).* Oder man kommt mittwochs, wenn Markttag ist. Die meisten Fremden suchen aber nur den Lavendel, für den hier in 800 m Höhe ideale Wachstumsbedingungen herrschen. Auf die größten Lavendeläcker stößt man beim nordöstlich gelegenen Dorf Ferrassières (Näheres zum Lavendel in Teil 2, *Der Osten*).

Manch einer sucht auch noch die französischen Atomraketen, die 7 km weiter im Süden seitlich des Weges nach St. Christol in unterirdischen Röhren für ihren unseligen Einsatz bereitgehalten wurden. Das ist zum Glück Geschichte, denn im Herbst 1996 hat Frankreich die landgestützten Atomwaffen abgeschafft.

Vielleicht sucht auch mal jemand ein Übernachtungsplätzchen, in dem Glauben, in einem solchen touristischen Notstandsgebiet werde der Bürgermeister jeden Fremden mit

Handschlag begrüßen. Aber das Stadtoberhaupt scheint seine Energie lieber beim Austüfteln verschwendet zu haben, welcher der örtlichen Parkplätze am ungastlichsten ist. Der wurde dann mit *‚P 3'* beschildert und ist nachts als einziger für WOMOs zugelassen:

(031) WOMO-Stellplatz: Sault

GPS: N 44°05'38" E 05°24'49"; Ancienne Chemin de Trinit; **max. WOMOs**: >5.
Ausstattung/Lage: Ver- und Entsorgung, Sanitärgebäude, Mülleimer, klappstuhlgeeignet, Gaststätten und Geschäfte in einiger Entfernung, bei Regen matschig / Ortsrand.
Zufahrt: In Sault ist der Parkplatz mit *‚P3'* als WOMO-Stellplatz beschildert, am oberen Ortsrand beim Friedhof und nahe der D 950.
Hinweis: Wesentlich besser ist die nächst genannte Alternative bei Monieux.

Man kann von Sault weiter nach Osten vorstoßen, nach Forcalquier, zum Endpunkt unserer 6. Tour, und von dort zu unseren Touren in Teil 2. Auf diese Weise wird man die provenzalische Lavendelstraße abfahren. Oder man wendet sich nach Süden und trifft bei St. Santurnin-lès-Apt auf die 6. Tour dieses Buches. Wenn Sie es aber einrichten können, gönnen Sie sich zur Zeit der Lavendelblüte noch einen Abstecher ostwärts wenigstens bis nach Banon.

Es ist nicht nur die blaue Duftpflanze, die diese Fahrt lohnend macht, sondern auch der Landschaftseindruck insgesamt. Wenn man ehrlich ist, sind die Lavendelfelder sogar weniger häufig als manch blumige Reisebeschreibung verspricht. Sie kommen dann auch durch das Dorf **Banon**. Nicht um es zu besichtigen. Sie werden vielleicht einen Kaffee trinken und weiterfahren. Aber Sie werden an den *Banon de Banon* denken, einen Ziegenfrischmilchkäse, der in Blätter verpackt auf den Markt kommt. Kenner halten diesen *Chèvre* für einen der besten, dessen Bezeichnung seit dem Jahr 2003 auch Herkunftsschutz genießt, eine AOC, die, wie beim Wein, das traditionelle Herstellungsverfahren verspricht (siehe Tour 2). Versuchen Sie den Käse in unterschiedlichen Reifegraden. Sie können Ihn bestens am Dienstagmorgen kaufen, dann ist in Banon Markt. Außerdem kommt Ihnen in Banon Pierre Magnan in den Sinn, falls Sie sich literarisch schon mit seinem Inspektor Laviolette beschäftigt haben, was eine Frage der Liebe zur Provence, also nur eine Frage der Zeit ist (siehe Stichwort *Literatur*).

Vielleicht werden Sie aber in Sault nicht weiter nach Osten fahren, sondern die **Gorges de la Nesque** ansteuern. Die Fahrt auf der Aussichtsstraße oberhalb der Nesque-Schlucht empfehlen wir besonders denjenigen, die keine Zeit mehr für die bekanntere Verdon-Schlucht (Teil 2) haben. Den schönsten Blick hat man am *Belvédère* gegenüber der 350 m hohen Wand des *Rocher de Cire*. Höhere Fahrzeuge müssen hier umkehren.

Inzwischen passen aber fast alle WOMOs, wenn sie nichts auf dem Dach befördern, durch die Tunnels, die an der höchsten Stelle auf 3,40 m Höhe vergrößert wurden (vor einem Tunnel hatte man vor unserer letzten Visite vergessen, ein altes Höhenbegrenzungsschild für 2,40 m abzumontieren – seien Sie trotzdem behutsam, normale Alkovenfahrzeuge passen gerade durch, Sie verderben sich aber keine Urlaubstage, wenn Sie umkehren und außen herum fahren).

Gorges de la Nesque

Idealerweise verbringt man an der Nesque-Schlucht gleich mehrere Urlaubstage: Während des ersten döst man am Ufer des kleinen **Lac de Monieux**, in dem man leider nicht baden kann, weil das wegen der vielen Enten gesundheitlich bedenklich wäre und weil der See auch wirklich nicht zum Bad einlädt. Am Rand des Sees, einem Stausee der Nesque, dürfen Sie aber wunderbar stehen:

(032) WOMO-Picknickplatz: Lac de Monieux

GPS: N 44°03'28" E 05°21'21" **max. WOMOs**: >5.
Ausstattung/Lage: Picknickbänke, Spielplatz, Mülleimer, klappstuhlgeeignet, Gaststätte (zeitweise), Wanderweg / außerorts, aber Sie haben meistens Nachbarn.
Zufahrt: am westlichen Ende von Monieux von der D 942 zum See abbiegen (beschildert *'Plan d'eau'*).
Hinweise: Im Sommer sonntags morgens provenzalischer Markt, deshalb sind dann die Plätze etwas eingeschränkt; im Frühjahr lautes Froschgequake.

(033) Falls es Ihnen zu einsam wird, stellen Sie sich auf einen **weiteren Platz**, an den Rand des nahen **Dorfes Monieux**: Von der Dorfumgehung, der D 942, die breite, neu gebaute Rampe hochfahren und oben an deren Rand, etwas uneben, aber mit schönem Blick; **GPS**: N 44°04'05" E 05°21'35".

Dazu passen das einen Kilometer vom See entfernte malerische Dörfchen **Monieux** und dort das **Restaurant *Les Lavandes*** *(Tel: 04 90 64 05 08; sonntags abends und montags geschlossen)*, wo Sie freundlich bedient werden, preiswert sowie reichlich zu Abend essen und, wenn es sein muss, auch bodenständig. Dann haben Sie sich für Trüffeln entschieden, die zu sammeln – und auch außerhalb der Trüffelzeit zu servieren – sich der Patron so sehr zum Hobby gemacht hat, dass das Etikett des Hausweins den Chef abbildet, mit Trüffeln in der Hand (die Beurteilungen der Leser über die Qualitäten von Patron und Küche waren allerdings unterschiedlich).

Am zweiten Tag starten Sie dann am Lac de Monieux zu einer wunderbaren Wanderung durch die Nesque-Schlucht:

Durch die Nesque-Schlucht

Sie spazieren vom Lac de Monieux nach **Monieux** und finden am westlichen Ortsrand noch vor der Bäckerei einen Wegweiser nach links zum GR 9. Rot-weiß markiert zieht sich nun der Weg bis zum **Schluchtrand**, wo Sie die Autostraße erreichen und steil absteigen. Sie werden von der phantastischen Landschaft begeistert sein, mehr als von der Überquerung der Nesque bei einer kleinen **Kapelle** (siehe Foto).

Je nach Wasserstand balancieren Sie über Baumstämme, um auf dem anderen Ufer bald wieder aufzusteigen (Achtung, nicht der blauen Markierung auf Bachniveau folgen). Wenn Sie wieder Höhe gewonnen haben, wendet sich der Weg von der Schlucht und an einer Abzweigung wählen Sie den gelb markierten Pfad zurück zum **Lac de Monieux**.

Bald stiefeln Sie noch eine Weile direkt neben der Nesque und erreichen wieder den See *(3,5 Stunden, bei Regen nicht zu empfehlen, Karte nicht erforderlich; 3140 ET)*.

Nach der hautnahen Bekanntschaft mit der Nesque-Schlucht folgt die motorisierte, die, wie erwähnt, bis 3,40 m Höhe unproblematisch ist und auf der wir bei Villes-s.-Auzon wieder auf die D 1 stoßen. Von dort fahren Sie auf schmalen, aber für alle Fahrzeuge möglichen Sträßchen nach **Venasque**, das zur Vereinigung ‚*Eines der Schönsten Dörfer Frankreichs*' zählt (siehe dazu bei Tour 1). Dabei sollten Sie unbedingt (!) die östliche Zufahrt von der D 4 wählen (Sie müssen die Straße nehmen, an deren Beginn kein Verkehrsschild mit Höhenbeschränkung steht und die nicht am Friedhof vorbei führt)!

Dem auf einem Bergrücken hoch über der Nesque liegenden bezaubernden, kleinen Ort sieht man heute beim besten Willen nicht mehr an, dass hier einst ein Bischof residierte. Das

Venasque

war zwar schon in der Merowingerzeit, und seit die Wissenschaft sich einig ist, dass das berühmte so genannte **Baptisterium** gar nicht aus dieser Zeit, dem 6. Jahrhundert, stammt, scheinen die Bildungshungrigen an diesem Ort vorbeizufahren. Während unserer Visite, immerhin kurz vor Ostern, können wir die ausländischen Autos mit einer Hand zählen. Was mich wirklich wundert, denn in Venasque wohnen der schönen Lage wegen besonders viele Fremde. Eigentlich ist es auch gar nicht so wichtig, ob die kleine Kapelle seitlich der romanischen Kirche ein Taufhaus oder eine Grabstätte war. Der Verwendungszweck ist zwar, namentlich für die Betroffenen, ein ungleicher, der schlichte Raum beeindruckt uns dennoch, zumal die Erbauer antike Säulen recycelt haben, wobei sie es nicht so genau nahmen (oder nicht besser wuss-

ten) und diese im 11. Jahrhundert - und nicht, wie manche behaupten, im 6. Jahrhundert - verkehrt herum aufgestellt haben. Die Vertiefung in der Mitte der Kapelle, die man lange Zeit für das Taufbecken gehalten hat, wurde, wie man nun weiß, erst nachträglich ausgehoben. Achtung: Die Kapelle ist mittwochs geschlossen, dann muss man mit den im Vorraum aufgehängten Bildern vorlieb nehmen *(im Sommerhalbjahr 10-12 und 15-19 Uhr; mittwochs und sonntags vormittags geschl.; 2,50 €).*

Parken Sie außerhalb der Tordurchfahrt auf einem der kleinen, zur Übernachtung geeigneten Parkplätze:

(034) WOMO-Stellplätze: Venasque

GPS: N 43°59'39" E 05°08'53" **max. WOMOs**: höchstens 5.
Ausstattung/Lage: Toilette, Wasser (beides links unterhalb des Tores), Mülleimer, Gaststätten, Geschäft, teilweise nicht für WOMO-Riesen / im Ort.
Zufahrt: Biegen Sie östlich (!) von Venasque von der D 4 auf die Straße ohne Höhenbeschränkung nach Venasque ab; am Anfang des Ortes, kurz vor dem Stadttor finden Sie mehrere Parkplätze mit teilweise schöner Sicht, der größte Platz ist auf der untersten Etage bei der Toilette.

Zum guten **Restaurant *La Fontaine*** *(Tel. 04 90 66 02 96; mittwochs geschlossen- Foto Seite 72)*, das von einem Schweizer betrieben wird und wo man wahlweise auch in einem Bistro preiswert speisen kann *(sonntags abends und montags geschlossen),* sind es nur wenige Schritte.

Unsere Tour führt uns nun nördlich, bzw. westlich um das Plateau de Vaucluse herum, genau so gut könnte man aber auch von Venasque quer über das Plateau oder zunächst durch eine Schlucht nach Apt weiterreisen. Vorbei an dem Dörfchen **Murs** (*Mauern*), dessen Name an die letzte große Pestepidemie des Jahres 1720 erinnert. Quer durch das Plateau de Vaucluse hat man damals eine Mauer gezogen, von der Rhône bis nach Sisteron. Mit ihr sollte die Pest aufgehalten werden, weshalb sogar Wachsoldaten entlang des Walls patrouillierten. Murs war eine solche Wachstation. Die Mauer konnte nicht verhindern, dass damals mehr als 100.000 Menschen allein in der Provence starben. Wer in dieser Gegend bei Wanderungen auf Mauerreste trifft, steht vielleicht vor diesem Zeugnis der Verzweiflung. Bei der 5. Tour lotsen wir Sie auf einer Wanderung nach Murs.

Wer von Venasque nach Murs fährt, darf sich zuvor einen Abstecher nach **Pernes-les-Fontaines** (8.000 Einwohner) nicht verkneifen, auch wenn das handgeschriebene Schild mit der freundlichen Einladung zur Übernachtung im *Camping Car* längst verschwunden ist. Der nette Stellplatz am hier kanalisierten Bachlauf der Nesque ist geblieben, und sein größerer Bruder auf der anderen Bachseite ist dazu gekommen:

WOMO-Stellplätze: Pernes-les-Fontaines

(035) **<u>südliche Bachseite</u>** (Quai de Verdun)
GPS: N 43°59'55,6" E 05°03'25,8" **max. WOMOs**: höchstens 5.
Ausstattung/Lage: Mülleimer, Wasser, Toilette (auf der nördlichen Bachseite), Gaststätten, Geschäfte / im Ort.
Zufahrt: Biegen Sie in Pernes <u>südlich</u> der Nesque-Brücke von der D 938 auf den *Quai de Verdun* nach Osten ab und parken Sie dort nach 200 m unter riesigen Platanen.
Hinweis: Wegen des Marktes **nicht in der Nacht auf Samstag**; dann alternativ auf dem genau gegenüberliegenden Parkplatz auf dem nördlichen Nesque-Ufer.

(036) **<u>nördliche Bachseite</u>** (Cours Frizet)
GPS: N 43°59'56,6" E 05°03'25,2" **max. WOMOs**: >5.
Ausstattung/Lage: Wie bei Nummer 28 beschrieben, im Sommer wird nachts Ihr WOMO, falls es am Rasenrand parkt, von der Bewässerung auf der Unterseite geduscht, was sehr stört / im Ort.
Zufahrt: Biegen Sie in Pernes <u>nördlich</u> der Nesque-Brücke von der D 938 in östlicher Richtung ab und fahren Sie nach ca. 200 m auf einen geräumigen Parkplatz.

Auch das Städtchen muss man sich unbedingt näher betrachten. Sofern man überhaupt dazu kommt. Denn unterhalb der Stellplätze liegt der Boules-Platz. Wenn Sie auf dem schattigen Mäuerchen seitlich des *Boulodromes* von Pernes-les-Fontaines sitzen und einer Spielerin sowie fünf *Boulisten* zuschauen, werden Sie nicht nur alle diejenigen Lügen strafen, die in unzähligen Abhandlungen behaupten, *Boules* sei eine reine Männersache.

Boules - Pétanque

Sicher bleiben auch Sie immer wieder fasziniert stehen, wenn gegen Abend in Südfrankreich die Eisenkugeln *(boules)* gestreichelt, gerollt oder geschossen werden. Nirgendwo anders sind die Gesichter charakteristischer als auf dem *Boulodrome*, dem staubigen Spielfeld, auf das kein südfranzösisches Dorf verzichten kann. Fast jeder von uns könnte Stunden damit zubringen, den Kugelwerfern zuzuschauen.

Nur muss man fürs Kiebitzen die Regeln kennen:

Es spielen immer zwei Parteien gegeneinander, wobei zu jeder Partei ein bis drei Spieler gehören, natürlich müssen es gleich viele sein. Jeder Spieler wirft zwei, meistens drei Eisenkugeln. Sinn des Spieles ist es, möglichst viele *Boules* näher als der Gegner an die kleine Holzkugel, den *Cochonnet*, heranzubringen. Das *Schweinchen* ist eine arme Sau, ist es doch Ziel sämtlicher Attacken. Der Werfer der Holzkugel setzt seine erste Eisenkugel möglichst nahe. Jetzt kommt die andere Partei an die Reihe und muss versuchen, dem *Schwein* noch näher auf die Pelle zu rücken. Dabei muss die Gegenpartei solange werfen, bis sie eine Kugel dichter am Ziel hat als die andere Partei. Das wird häufig erst durch pedantisches Nachmessen und lange Diskussionen über die Messtechnik ermittelt. Touristen outen sich meist dadurch, dass sie an einer Linie werfen und nicht aus einem in den Sand gezogenen Kreis. Aus ihm heraus wirft, solange seine Partei noch Kugeln hat, immer der Spieler, dessen spezielle Fähigkeiten gerade gefordert sind. So gibt es in jeder Mannschaft meistens einen *Tireur*, dessen Aufgabe darin liegt, die unerwünscht nahe *Boule* des Gegners wegzuschießen. Geschickte Spieler können dem Eisen einen derartigen Effet verleihen, dass die fremde Kugel meterweit weg fliegt, dass aber die eigene genau an der Stelle der fremden liegen bleibt. Sind alle Kugeln gespielt, bekommen die Kugeln einen Zählpunkt, die näher am Ziel liegen als die beste Kugel des Gegners. Das Spiel gewinnt die Mannschaft, die auf diese Weise als Erste 13 Punkte erreicht hat.

Ursprünglich wurde in Südfrankreich auf größere Distanz gespielt, wobei die Zielkugel bis zu 21 m weit geworfen wurde. Die Akteure mussten dann die Spielkugel mit Anlauf oder auf einem Bein stehend zum Ziel bringen. Im Jahre 1910 bahnte sich aber auf dem *Boulodrome* der Hafenstadt La Ciotat ein Boules-Drama an: Ein begnadeter *Boulomane* litt unter Rheumatismus, an die Einbein-Wurf-Technik war nicht mehr zu denken, an den Anlauf schon gar nicht. Jules hieß der Bedauernswerte, der bald nur noch traurig den anderen zusehen konnte. Jules hatte aber einen Freund mit Namen Ernest, bei dem es an einem warmen Juniabend funkte: Um *Boules* zu werfen, braucht man doch nur einen gesunden Arm, viel Fingerspitzengefühl und noch mehr Köpfchen. Warum also müssen wir anlaufen oder auf einem Bein stehen? Er kreierte den Abwurfkreis und ließ die Zielkugel auf eine kürzere Distanz rollen. Fortan boulten die Herren stehend und mit *geschlossenen Füßen*, auf Französisch also mit *Pieds tanqués* (prov.: *péd tanco*). Bald nannte man diese Art des Boules-Spieles nur noch *Pétanque*. Eine Gedenktafel in La Ciotat erinnert an den denkwürdigen Sommer.

Das Spiel ist aus Südfrankreich nicht mehr wegzudenken, und vier Boules-Fabriken machen nach wie vor beste Geschäfte, bessere als die Zahnbürstenhersteller, denn in Frankreich werden mehr Boules-Kugeln verkauft als Zahnbürsten (das ist eine Behauptung, die man überall liest und abschreibt, weil sie den Leser amüsiert; sie wird dadurch aber nicht bewiesen). Und kein südfranzösisches Eisenwarengeschäft kann darauf verzichten, verschiedene Qualitäten der etwa 750 g schweren Kugeln im Schaufenster auszustellen.

Längst ist das *Pétanque* keine reine Männersache mehr, geschlechtlich gemischte Mannschaften nehmen zu. Und auf den nackten Po von *Fanny* küsst man heute auch nicht mehr. *Fanny* war nämlich ein Pin-up-Girl mit einem auffälligen, womöglich sogar nackten Hintern, das irgendwo am Rande der Boules-Plätze aufgehängt war. Wenn eine Mannschaft mit 0:13 verloren hatte, durften sich die Spieler damit trösten, *Fanny* auf den Allerwertesten zu küssen – zum Gespött der Gewinner.

Aber nach Pernes-les-Fontaines fährt man natürlich nicht nur wegen der Spieler. Der Ort hat ein interessantes Stadtbild, dem man noch ansieht, dass Pernes ehemals Hauptstadt der dortigen Grafschaft Venaissin (benannt nach Venasque) war. Für den Namenszusatz *les Fontaines* gibt es gute Gründe, nämlich **33 Brunnen** *(Fontaines)*, die großenteils heute noch in Betrieb sind. Kein wasserspeiendes Maul gleicht dabei dem anderen. Aber auch kein Urlauber außer uns schlendert von *Fontaine* zu *Fontaine*. Ebenso wenig wie zum mittelalterlichen Wohnturm, der **Tour Ferrande**, die uns an San Gimignano in der Toskana erinnert. Wobei es bestimmt auch eine Rolle spielt,

In Pernes-les-Fontaines

dass im dritten Stockwerk des Turmes, im Jahre 1275, Bilder *al fresko* auf die Wände gepinselt wurden. Man öffnet Ihnen für 2,50 Euro bereitwillig die Tür, wenn Sie bei der Touristen-Information (an der Nesque-Brücke) nachfragen. Es lohnt sich! Pernes-les-Fontaines hat nichts Spektakuläres und ist doch eines der angenehmen provenzalischen Städtchen, das von den Zweithausbesitzern noch nicht entdeckt worden ist. Eine Besonderheit sieht man ihm gar nicht an, der Ort ist bekannt für seine Backwaren und versorgt ganz Frankreich mit Hostien. Auch das kleine **Restaurant *Au Fil du Temps*** muss erst gefunden werden (beschildert), wenn man in einem der besten in diesem Buch beschriebenen Lokale speisen möchte; gemessen an seinem Michelinstern (!) nicht überteuert und bescheiden, meist aber nur nach Reservierung *(mitten in der Altstadt, Place Giraud; Tel. 04 90 66 48 61; mittwochs und, außer Juli/August, auch dienstags geschlossen).*

Am nächsten Abend steht unser WOMO an einem noch schöneren Flussufer (aber nicht in einem schöneren Ort), in **Fontaine-de-Vaucluse**. Ich sehe schon manchen Leser die Nase rümpfen, denn Fontaine-de-Vaucluse gehört zu den umstrittenen Zielen der Provence. Was schon damit anfängt, dass es keinen passenden Oberbegriff für diesen Endpunkt traditioneller Ausflugs- und Busreisen gibt. Das unbeschreibbare Etwas ist keine Stadt, dazu ist es viel zu klein. Es ist auch kein Dorf, dafür fehlt die erforderliche Infrastruktur. Fontaine-de-Vaucluse ist im Grunde nichts anderes als eine Zusammenballung von drei kleinen Museen, einer Papiermühle, von ein paar Ruinen, von Parkplätzen sowie von Imbisstheken, Kneipen und Restaurants; von Postkarten- und Kitschläden, einschließlich einer langen, unterirdischen Passage, in der bis zum Überdruss aneinander gereiht ist, wofür man in der Provence sinnlos Geld verschwenden kann.

Aber dann gibt es noch diesen unsagbar grünen, vor Wasser strotzenden **Fluss**, die bemoosten Wasserräder und die unglaublich schöne Lage in einem Talkessel. Mir gefällt es hier, wenn auch nur für eine Nacht und zum richtigen Zeitpunkt.

Das Etwas zählt zu den beliebtesten Ausflugszielen in Südfrankreich. Grund dafür sind nicht die Firlefanzläden, die vielmehr die Folge des täglichen Ansturms sind. Das Geheimnis des Erfolgs liegt in der schönen Naturlage, der verkehrsgünstigen Erreichbarkeit und dem kraftvollen, farbenfrohen und auch im Sommer erfrischenden Flusslauf. Und vor allem im Vorteil, dass man die Hauptsehenswürdigkeit von der Ortsmitte aus in ziemlich genau 15 Minuten zu Fuß erreichen kann. Dort stöckeln und flanieren am Sonntagnachmittag Ausflügler jeden Alters, und alle sind stolz, sich in guter Luft ohne Anstrengung bewegt zu haben. Ich wette, nicht wenige glauben, der Spazierweg ende an der *Quelle der Vaucluse* (*Fontaine de Vaucluse*). Dabei heißt der Fluss **Sorgue**, der am Ziel der Ertüchtigung aus einem Felstrichter quillt. Und die Bezeichnung **Quelle** ist für das, was die Natur hier ausspuckt, eine gelinde Untertreibung: Im Frühjahr sprudeln aus dem Felsloch bis zu 200.000 Liter pro Sekunde (das sind in der Sekunde 2.500 Badewannen voll Wasser, in der Stunde 9 Millionen Badewannen; und am Tag?).

an der Sorgue

Die gigantische Karstquelle ist die ergiebigste in Europa, und noch ist ihre Entstehung unerforscht. Der französische, 1997 verstorbene Tauchexperte Cousteau konnte im dritten Versuch bis auf eine Tiefe von 106 m vordringen, und mit einem ferngesteuerten U-Boot kam man sogar bis auf 308 m, ohne jedoch das Ende des Schachtes wirklich zu erreichen. Vermutlich sammelt sich in unterirdischen Wasseradern Regenwasser, das auf dem Plateau de Vaucluse versickert ist, vielleicht kommt auch noch Wasser der Nesque hinzu. Das Seltsame ist aber, dass wir nie auf den Gedanken einer solchen Wassereruption kämen, während wir an einem Nachmittag Anfang April das glasklare, aber kalte Quellwasser durch unsere Hände rinnen lassen. Gemessen an der Menge, die hervorbricht, geht es im Quell-Loch nämlich eher beschaulich zu, was sich aber sehr schnell ändert, wenn das Wasser über den Quellrand zu Tal geströmt ist. Und im Sommer, wenn man den Ort am Wochenende meiden sollte, ist der Quelltopf nicht einmal randvoll. Im Gegensatz zum Fluss, der auch dann breit und satt dahin fließt, weil er zusätzlich von anderen Quellen gespeist wird.

Ein Fluss, wie geschaffen, um an seinem Rand zu nächtigen. Dafür gibt es in Fontaine-de-Vaucluse auf dem Nordufer wegen seiner breiten Wiese einen sehr schönen freien und ausgesprochen beliebten Stellplatz. Leider ist die zweite Möglichkeit auf dem Südufer zeitweise gesperrt, und das Wasser ist mit ganzjährig 10-15° C zu kalt zum Baden. Auch der Campingplatz liegt am Fluss:

(037) WOMO-Stellplatz: Fontaine-de-Vaucluse

GPS: N 43°55'12,0" E 05°07'11,2"; D 25; **max. WOMOs**: >100. **Ausstattung/Lage**: Toilette, Entsorgung (zuletzt außer Betrieb), Wasser, Mülleimer, klappstuhlgeeignet, Gaststätten, Geschäfte, Wanderwege, zeitweise etwas staubig / Ortsrand. **Zufahrt**: Seitlich der D 25 auf dem Nordufer beschildert, zugleich der Busparkplatz und wahrscheinlich der von Ihnen vor dem Ort angesteuerte; es kommt aber darauf an, welche Zufahrt man benutzt (die Michelinkarte klärt die etwas verwirrende Situation). **Parkgebühr**: 5 €. Der zeitweise auch in Frage kommende Platz auf dem Südufer kostet ebenfalls 5 €.
Hinweise: Offiziell ist seit Jahren *'Camping et caravaning interdit'*, weil es sich um ein Picknickgelände handelt, aber WOMOs werden geduldet. Am Wochenende oft überfüllt.

(038) WOMO-Campingplatz-Tipp: Fontaine-de-Vaucluse

GPS: N 43°55'13" E 05°07'23"; **Ortszentrum**: 0,7 km.
Zeiten: März bis Ende Oktober. **Ausstattung**: Schwimmbad.
Zufahrt: Auf dem südlichen Ufer.

Biberratten in der Sorgue

Als ich beim Stellplatz versonnen die vorbeiströmenden Fluten betrachte, taucht er plötzlich auf. Ein Kerl so groß wie ein Hund, allemal größer als eine Katze. Possierlich greift er sich den Stängel einer Grünpflanze und schiebt diesen genüsslich zwischen die Nagezähne. »Kinder, ein Biber!« Schnell stehen auch die Familien aus den Nachbarwohnmobilen neben mir und betrachten das muntere Nagen. Später haben wir den schwarzbraunen Burschen noch mehrfach wieder entdeckt, nur mit dem Biber habe ich mich wohl geirrt:

Nach meinen häuslichen, zoologischen Recherchen muss es sich um einen in Südfrankreich heimisch gewordenen Sumpfbiber (Nutria) gehandelt haben. Der erreicht fast die Größe des richtigen Bibers und unterscheidet sich von diesem äußerlich nur dadurch, dass die Nutria einen langen, runden und spitz zulaufenden Schwanz besitzt, während der Biber ein brei-

tes, flaches Teil hinter sich durchs Wasser zieht. Der Biberratte begegnet man heutzutage in Südfrankreich an vielen Stellen, beispielsweise in der Camargue, aber auch an diversen Flüssen der Provence, in einer Umgebung, in der das Tier vor einigen Jahrzehnten noch nicht heimisch war. Damals lebte es fast nur in Südamerika, von wo es wegen seines Pelzes in europäische Zuchtanstalten verschleppt worden war. Dort haben dann im Laufe der Zeit einige Artgenossen den Weg in die Freiheit gefunden, wo sie sich stark vermehren konnten und offenbar ideale Lebensbedingungen vorgefunden haben – zur Freude der mit Kameras bewaffneten Touristen, die nun genauestens die grünen Wasserpflanzen in der Mitte des Flusses aufs Korn nehmen.

An Sonn- und Feiertagen würde ich im Sommer freiwillig keinen Fuß nach Fontaine-de-Vaucluse setzen. Dann allerdings ist die sehenswerte, kleine **romanische Kirche** genauso unbeachtet wie zu anderen Zeiten. Aber ansonsten herrscht Volksfeststimmung mit *son et lumière*, einer französischen Institution, die mit Hilfe bunter Beleuchtungseffekte und blecherner Lautsprechermusik Sehenswertes verkitscht. Dann ist die große Zeit an den Verkaufstischen der **Papiermühle**. In ihr muss der noch junge Fluss schon kurz hinter der Quelle auf traditionelle Weise bei der Herstellung von Büttenpapier helfen, was vor allem ein Geschäft für diejenigen ist, die in einer großen Halle allerlei Papiererzeugnisse losschlagen. Zugegebenermaßen ist das Schöpfen von Papier nicht ganz uninteressant. Dann freuen sich auch die Kassierer der drei **Museen**, des Museums der Widerstandsbewegung, des Petrarca-Museums und einer Art Höhlenmuseum. Das Musée d'Histoire 1935-1940 hat sich dem Kampf der *Résistance* (Widerstandsbewegung) gegen die nationalsozialistischen, deutschen Besetzer während des 2. Weltkrieges, aber auch dem Alltag dieser Epoche verschrieben *(10 – 18 Uhr, dienstags geschlossen, außer im Sommer Mittagspause von 13 - 14 Uhr)*. Die anderen beiden Museen habe ich mir bislang verkniffen, einschließlich der Kultstätte des italienischen Dichters Petrarca, der sich im Jahre 1337 hier niedergelassen hat. Ich verbringe meine Zeit lieber auf einer Wanderung:

Von Fontaine-de-Vaucluse zur Pestmauer

Nahe der **Jugendherberge** (*Auberge de Jeunesse* - man erreicht sie vom Ortsmittelpunkt über die Brücke in südwestlicher Richtung, vorbei am südlichen Parkplatz, wenn man nach links zur D 100 A - Richtung Gordes - abbiegt und an der Friedhofsmauer entlang wandert) zweigt der rot-weiß markierte Wanderweg nach links in ein weites Hochtal ab, dem Waldbrände mehrfach zugesetzt haben. Der Wald ist tot, und so schwitzen wir auf den eineinhalb Stunden bis hinauf zur Hochebene größtenteils in der prallen Sonne - weshalb sich diese Wanderung im Hochsommer nicht empfiehlt. Auch bei gemäßigten Temperaturen müssen wir uns vor dem zwar maßvollen, jedoch stetigen Anstieg an der Stelle erholen, wo der Weg in die Hochebene von Vaucluse übergeht. Ziemlich genau dort kommen wir an einer auffallenden Wegkreuzung vorbei, wo wir auch auf die Reste der alten **Pestmauer** stoßen (näheres zur Pestmauer siehe oben). An dieser Kreuzung kann man alternativ zu unserer Route rechtwinklig nach Süden abbiegen und auf markiertem Weg eine Weile entlang der Pestmauer wandern, um dann später von Süden wieder bei der Jugendherberge anzukommen. Wir folgen stattdessen weiter dem entweder rot-weiß oder blau markierten Weg nach Norden, wobei ständig die weiße Kuppe des Ventoux vor uns aufragt.

Bald wendet sich der Weg in westlicher Richtung nach links, und kurz darauf halten wir buchstäblich die Luft an: Vor uns breitet sich in leichtem Dunst das **Rhônetal** aus. Unser Blick reicht bis nach Carpentras, zu den

unverwechselbaren Kühltürmen der Atomkraftwerke an der Rhône und im Süden bis zur Kette der Alpilles bei Les Baux. Dieser Blick vom Hang des Plateau de Vaucluse gehört zu den unvergesslichen Erlebnissen unserer Provence-Wanderungen. Viel zu schnell müssen wir jedoch den breiten Fahrweg auf einem linksabbiegenden Pfad bergab verlassen. Schon bald ist von der schönen Aussicht nur noch wenig geblieben, und wir ärgern uns, dass wir uns nicht ganz oben eine Mittagsrast gegönnt haben. Häufiger müssen wir nun nach der auf Felsbrocken gepinselten Markierung suchen, ehe wir in einem breiten Wiesental auf verlassene Gehöfte stoßen. Durch den Wald geht es von dort auf einem Pfad seitlich des Fahrweges zurück nach Fontaine-de-Vaucluse. Interessant sind auf dem letzten Stück einige Bories. Das sind Häuser, die ohne Mörtel aus Natursteinen aufgeschichtet wurden. Man sieht sie in dieser Gegend der Provence fast auf jeder Wanderung und besonders gut auf der nächsten Tour, in der Nähe von Gordes *(ca. 15 km; Karte: 3142 OT, auf der die ganze Wanderung gut nachvollziehbar eingezeichnet ist).*

Man trennt sich ungern von der wasserreichen Sorgue, weshalb wir dann auch einige der WOMOs, die während der letzten Nacht neben uns standen, in **L'Isle-sur-la-Sorgue** wieder sehen. Die reizende Stadt (13.000 Einwohner) ist von mehreren Armen jenes Flusses durchzogen, und die aus frühindustriellen Zeiten übrig gebliebenen **Wasserräder**, die einst Papiermanufakturen, Mühlen und Webereien antrieben, sind noch größer und moosiger als in Fontaine-de-Vaucluse. Kenner kommen sonntags, dann sind vormittags unter Platanen an den Flussufern die Stände des Wochenmarktes aufgebaut, eines der berühmtesten in der Provence. Der (professionelle) Antiquitätenmarkt lockt sogar noch am Sonntagnachmittag die Kunden, die es aber auch nicht versäumen, sich in einem der vielen Cafés zu erholen, deren schönstes auf zwei Seiten von der Sorgue umspült wird. An Ostern und Pfingsten finden mehrtägige Märkte statt, dann wird das Städtchen zum Mekka der Antiquitätensammler.

Lieben Sie die Bücher des Engländers Peter Mayle? Dann sollten Sie sich die am Fluss gelegene Sparkasse genauer betrachten, die in seinem Roman *'Hotel Pastis'* eine Schlüsselrolle spielt.

Beliebt ist der ortsnahe **Campingplatz** von L'Isle-sur-la-Sorgue *(La Sorguette, 15.3.-15.10.)*, westlich der Stadt, an der D 901, der Route d'Apt.

Allein schon wegen seines schönen Turms mit mustergültigem Glockenkäfig sehenswert ist auch **Le Thor**, der Nachbarort. Die Kirche aus dem 12. Jahrhundert wird Sie ebenfalls nicht enttäuschen, und Höhlenfans kommen in der nahen **Grotte de Thouzon**, die im Jahre 1902 bei Sprengungen in einem Steinbruch zufällig entdeckt worden ist, ohnehin auf ihre Kosten. Selten sieht man ähnlich feine Stalaktiten *(im Sommer 10-12 und 14-18 Uhr, Juli/Aug. ohne Pause; 6 €).*

Tour 5: Das Tal von Apt

Gordes - Kloster Sénanque - Roussillon - Apt

Stellplätze:	in Cabrières-d'Avignon, in und bei Gordes
Campingplätze:	bei Gordes, bei Roussillon, in und bei Apt
Besichtigen:	das Dorf Gordes, Ölmühle bei Gordes, Kirche von St. Pantaléon, Steinhüttendorf *Les Bories* bei Gordes; Kloster Sénanque; Mühlen von Véroncle; Dorf und Ockerfelsen von Roussillon; Römerbrücke Pont Julien; Wochenmarkt, Altstadt und Kathedrale von Apt
Essen:	Restaurants *Le Provençal* in Gordes und *La Manade* in Apt
Wandern:	von Gordes zu den Steinhütten *Les Bories* und zum Kloster Sénanque; zu den Mühlen von Véroncle und nach Murs
Karte:	Seite 66

Das Tal selbst scheint eher gewöhnlich und vorwiegend aus der N 900 zu bestehen. Damit würde man aber nur den Talgrund erfassen, der allein ein Tal noch nicht zu einem solchen macht. Es sind die Hänge auf beiden Seiten der weiten Niederung des Flusses Calavon, die zu den schönsten Teilen der Provence gehören. Aller touristischen Verfälschung zum Trotz: eine meiner provenzalischen Lieblingsecken, in der ich, geographisch gesehen, aus einer Tour vier zusammenstellen musste. Denn genauso wie die Orte am Südhang des Plateau de Vaucluse gehören auch die Dörfer am Nordhang des Luberon zum Tal von Apt. Alles zusammen ist aber weit mehr als eine einzige Tour. Nicht einmal ein zweiwöchiger Urlaub reicht für dieses schöne Stück Frankreich; dabei sind die Tage des Wanderns noch gar nicht mitgezählt.

Nur das Wetter sollte passen. Verbringen Sie die Regentage in den Städten, wo es genug zu sehen gibt, und verderben Sie sich nicht mit grauem Himmel die Erinnerung an die Hänge des Tals von Apt.

Das Tal leidet aber unter dem Kontrast zwischen natürlicher Schönheit und geschäftiger Vermarktung. Dabei hat diese hier etwas Anspruchsvolles an sich, den Touch von Künstlern, Ästheten und der Schickeria. Was im Klartext heißt, man muss genauer hinsehen, um Kitsch von Kunst zu trennen. Die Grenze ist fließender als anderswo, und die Preise sind höher.

Eines der Topziele ist das Dorf Gordes, wohin viele Wege führen. Der schönste ist die so genannte *route touristique* von Fontaine-de-Vaucluse. Diese Strecke durchquert das Dorf **Cabrières-d'Avignon**, das für manchen ein schwer überwindbares Hindernis auf dem weiteren Weg nach Osten ist. Auch ich bin hier schon hängen geblieben. Es gibt dort nämlich einen schönen Stellplatz. Besser können Wohnmobile aller Größen kaum stehen, ortsnah, sicher und mit Blick auf das westliche Ende des gegenüberliegenden Luberon-Massivs:

(039) WOMO-Stellplatz: Cabrières-d'Avignon
GPS: N 43°53'22,5" E 05°09'01,6"; Cours Jean Giono; **max. WOMOs**: >5.
Ausstattung/Lage: Toilette und Wasser (beides zeitweise geschl.), Mülleimer, Gaststätte, Geschäfte, Spielplatz / Ortsrand.
Zufahrt: Am südlichen Ortsrand, bei der Post in Richtung Gordes.

Auf den weiteren sieben Kilometer nach **Gordes** war auch schon Hans Dobler unterwegs. Aber hätte der Held meines Romans auf seiner ersten Wohnmobilreise die heutigen Umstände angetroffen, wäre er vermutlich ähnlich schnell wie wir bei unserem letzten Besuch wieder abgereist und hätte die *,Gordische Lüge'* nie aufgedeckt. Auf dem schrägen Asphaltplatz hinter der Gendarmerie hätte er es nicht mehrere Nächte ausgehalten, um sich mit dem Bürgermeister und seinem Informanten, Robert Benoit, dort zu treffen, wo man seit Menschengedenken *Pastis*, *Orangina* und *Café* trank. In einer der schönsten Ecken der Provence wurden die hellgrünen Stühle grau überlackiert und animieren nur noch alternde Briten, die sich nicht lumpen lassen, für einen Milchkaffee knapp sechs Euro zu bezahlen. Das ist der Preis, den man hier und leider in ähnlicher Höhe auch in anderen Dörfern des Luberon für den touristischen Aufschwung bezahlen muss. Es wimmelt von reichen Menschen, darunter besonders vielen Engländern, als Folge der Romane von Peter Mayle. Aber auch prominente Franzosen besitzen in Gordes ein Zweit- oder Dritthaus. Einer von ihnen war der verstorbene Expräsident François Mitterand.

Dass ich den schönen Stellplatz an der Straße nach Murs erst in dieser Auflage streichen muss (Nachtparkverbot) ist, so gesehen, ein kleines Wunder, aber dennoch unverständlich, weil wir dort häufig die einzigen Schläfer waren. Sehen wir es positiv, ist der Parkplatz hinter der Gendarmerie an weniger heißen Tagen, wenn der Asphalt nicht dampft, sogar eine passable Alternative für die reine Übernachtung. Und an der schönsten Stelle, beim Blick auf die den Hang hinauf geschachtelten Häuser, über die auf der Spitze des Berges Schloss und Kirche wachen, wurde das Verbotsschild – noch – vergessen. Es ist nur eine Frage der Zeit, bis Sie sich auch nicht mehr auf einen von zwei ebenen Plätzen seitlich des **Aussichtspunkts** stellen dürfen, an dem Ihnen sonnenklar wird, warum sich Gordes in die Riege der *,Schönsten Dörfer Frankreichs'* einreihen darf, und weshalb auf diese Bildansicht kein Reiseführer verzichtet.

Gordes

Fast jedes Mal fotografiere ich die von der Abendsonne rosa beleuchteten Mauern (mit Abstand die beste Zeit für das unvermeidliche Foto). Was schert es mich, dass ich diese Aufnahme von ungezählten Postkarten kenne und dass sie schon zwanzigfach in meinem Fotoarchiv aufbewahrt wird.

Man muss das gesehen haben, genauso wie das Schloss von außen, aber man muss nicht in einem Dorf übernachten, welches einem gerade das derart erschwert. Man muss Ihnen auch kein Restaurant empfehlen, wo Sie nach dem Essen weiterfahren müssen. Wenn die ***Hostellerie Provençal*** *(Tel. 04 90 72 10 01)* hier dennoch viel Raum einnimmt, geschieht das überwiegend aus Gefühlsduselei, in Erinnerung an bessere Zeiten, und weil auch Herr Dobler hier einst ziemlich tief ins Glas geschaut hat. In guten Zeiten müssen Sie sogar reservieren. Und die Zeiten sind im Sommer meistens gut, weil der Wirt die lokale Preistreiberei kaum mitgemacht hat. Wer nicht rechtzeitig da ist, bekommt keinen Platz mehr in der *Hostellerie*, die zwischen den Mahlzeiten wenig einladend wirkt (nachmittags reservieren reicht, aber lassen Sie sich in der kühlen Jahreszeit auf keinen Fall im Anbau abspeisen). Mir scheint, dass sie aber auch das einzige Lokal in Gordes ist, wo vergnügliches und betriebsames Leben herrscht. So war ich oft bereit, durchschnittliche

Küchenleistungen zu verschmerzen (gute Salate, die fast satt machen, ordentliche Pizzen, beides aber nur bedingt preiswert). Ich saß schon in vielen anderen Lokalen von Gordes, manchmal bis zur Rechnung. Ich bin aber auch schon, wenn sich die Kellner anbiederten, wieder aufgestanden und reumütig in das *Provençal* zurückgeschlichen.

Ich schließe auch nicht aus, dass Sie, wenn Sie zum ersten Mal nach Gordes kommen, ähnlich begeistert sind, wie Herr Dobler und ich es einst waren und gerne das Stellplatzangebot annehmen:

WOMO-Stellplätze: Gordes

(040) Gendarmerie
GPS: N 43°54'55" E 05°11'52"; D 15; **max. WOMOs**: >5.

Ausstattung/Lage: Ver- und Entsorgung, Toilette, Gaststätten, Geschäfte, Wanderwege, tagsüber oft belegt, überwiegend schräg, Keile erforderlich / Ortsrand.
Zufahrt: Seitlich der D 15, etwa 300 m westlich und unterhalb des Schlosses beim beschilderten Busparkplatz und hinter der Gendarmerie.
Parkgebühr: 5 €, wer spät kommt, zahlt vermutlich nichts.
Hinweis: Das Nachtparkverbotsschild gilt nur für den vorderen Teil des Platzes (wir haben gefragt). Wenn der Platz belegt ist, fahren Sie am Schloss vorbei, Richtung Murs, auf einen anderen Parkplatz. Dort dürfen Sie bis 20 Uhr bleiben (diverse Leser sind unbeanstandet auch länger geblieben), meistens haben sich dann an der Gendarmerie die Reihen gelichtet.

(041) Geheimtipp
GPS: N 43°54'27,5" E 05°11'52,2"; D 15; **max. WOMOs**: 2.
Ausstattung/Lage: Tagsüber oft belegt, Supersicht / Ortsrand.
Zufahrt: Seitlich der D 15, etwa 250 m unterhalb des Ortsbeginns an einer Aussichtsstelle (Sie müssen zum Platz die D 15 kurz vorher verlassen. Da Sie das zu spät sehen, müssen Sie umkehren, wenn Sie an dem Aussichtspunkt - siehe Foto S. 84) vorbeigefahren sind).
Hinweise: Spät kommen und früh wieder fahren! Keinesfalls über Tag stehen bleiben. Am südlichen Ende des kleinen Platzes zweigt ein romantischer **Fußweg** ins Zentrum ab, der deutlich kürzer ist als der Weg entlang der Straße.

(042) D 2
GPS: N 43°54'03,4" E 05°11'34,8"
max. WOMOs: >5.

Ausstattung/Lage: Wanderwege, klappstuhlgeeignet, Gordes ist mit Mühe noch zu Fuß erreichbar, / außerorts, einsam, aber sehr beliebt.
Zufahrt: Direkt an der D 2, etwa 2 km m unterhalb des Schlosses von Gordes, als Parkplatz für den Fußweg zum Village des Bories beschildert.
Hinweis: Siehe Fußweg bei Platz 41.

Wer gerne in freier Natur unter Olivenbäumen nächtigen möchte, kann sich für den letztgenannten Stellplatz erwärmen. Der dient eigentlich als Ausgangspunkt für WOMO- und Wohnwagenbesitzer, wenn diesen den *'Village des Bories'* besichtigen (siehe weiter unten, 30 Minuten einfacher Weg), da die schmale Straße zwischen hohen Mauern jenseits des Stellplatzes nur 2,30 m Breite zulässt.

Im Hochsommer entscheiden wir uns meistens für den angenehmen Campingplatz, der seitlich der Straße nach Murs, 1,8 km nördlich des Ortes liegt, mit öffentlich zugänglichem und üppig dimensioniertem Schwimmbad, vermutlich dem schönstgelegenen Camping-Pool in der Provence. Das Gelände ist überwiegend naturbelassen mit von wenigen Stellplätzen grandioser Fernsicht. Leider gibt es inzwischen auch hier die offenbar unvermeidlichen Wohncontainer. Wenn Sie in diesem Teil der Provence für ein paar Tage völlig zur Ruhe kommen wollen, finden Sie trotzdem kaum eine bessere Möglichkeit. Im Sommer ist der Platz allerdings oft belegt, und größere WOMOs müssen auf die Äste der Bäume achten:

(043) WOMO-Campingplatz-Tipp: Gordes (des Sources)
GPS: N 43°55'36" E 05°12'01"; D 15; **Ortszentrum**: 1,8 km.
Zeiten: März bis Ende Oktober; **Tel.** 04 90 72 12 48.
Ausstattung: Schwimmbad und Restaurant mit Traumsicht, kostenloses WLAN.
Zufahrt: Nördlich von Gordes an der Straße nach Murs, ab dem Schloss beschildert.

Gordes ist ein Bilderbuchdorf, in dessen Souvenirläden von Jahr zu Jahr mehr Touristen einfallen. Doch obwohl hier rund 1.900 Bewohner leben, vermisst man eine gewachsene Dorfstruktur. Der Ort wurde im zweiten Weltkrieg von deutschen Truppen stark zerstört und danach von seinen Bewohnern weitgehend verlassen. In den 50er und 60er Jahren entdeckten Künstler diesen Teil der Provence und ließen sich unter anderem auch in Gordes nieder; Victor Vasarély war nur einer von ihnen, vielleicht der bekannteste. So wurden die verfallenen Natursteinhäuser nach und nach wieder hergerichtet und werden heutzutage, wie man im Schaufenster der Makler nachlesen kann, zu Preisen von bis zu mehreren Millionen Euro angeboten. Sie haben sich nach meinem Eindruck seit dem Jahr 1991, als ich mit den Recherchen für die erste Auflage dieses Buches begonnen habe, verzehnfacht. Insgesamt sind die Arbeiten jedoch gut gelungen, und am Hang von Gordes stören kaum Fremdkörper, wenn man einmal von den Swimmingpools und dem Umstand absieht, dass die Mehrzahl der Häuser Zweit- oder Drittvillen reicher Franzosen und Ausländer sind. Aber insoweit steht Gordes in diesem Teil der

Gordes - Schloss

Welt nicht alleine da, denn schließlich teilt nicht jeder unseren Wunsch nach einer Zweitwohnung auf Rädern.

In und bei Gordes gibt es aber auch richtige Sehenswürdigkeiten: Leider sind die noch in älteren Reiseführern gerühmten Werke des Malers Victor Vasarély aus dem **Schloss** verschwunden. 1996 wurde die Ausstellung nach dem Tod des Meisters wegen Steuerschulden beinahe über Nacht ausgeräumt. Man wird aber in Aix-en-Provence (siehe in Teil 2) entschädigt, und ein Besuch des aus dem 16. Jahrhundert stammenden Schlosses lohnt sich allein schon wegen des prachtvollen Renaissance-Kamins im 1. Stock (von 1541). In den Geschossen darüber können Sie die Arbeiten des belgischen Malers **Pol Mara** (1920-1998) bewundern, wenn sie einen künstlerischen Zugang dazu finden *(10-12 und 14-18 Uhr; 4 €).*

Sehenswert ist auch, 3,5 km südlich von Gordes (gut beschildert), der ***Moulin des Bouillons*** (das hat nichts mit Suppe zu tun, denn Les Bouillons ist der Name der kleinen Ansiedlung), eine **antike Ölmühle**. Man hat die Jahresringe des gewaltigen, 7 Tonnen schweren Eichenstammes der Mühle untersucht und vermutet, dass er aus der Zeit von Augustus stammt *(1.4 - 30.10. außer dienstags 10-12 und 14-18 Uhr; 5 €).* Fahren Sie von hier noch 2 km nach **St. Pantaléon**, um die kleine Kirche mit einem Mittelteil aus dem 5. Jahrhundert zu besichtigen, die von einer Fels-Nekropole umgeben ist, mit auffallend vielen Säuglings- und Kindergräbern.

Zu den Top-Sehenswürdigkeiten bei Gordes zählt auch die **Abtei von Sénanque**. Ein Kloster, das in den Bildbänden fest verankert ist und dessen schlichtes Gemäuer hinter violetten Lavendelbuschreihen in der ganzen Provence an keinem Ansichtskartenständer fehlt. Sie können die 4 km von Gordes hierher mit dem WOMO fahren (Vorsicht vor Dieben auf dem Klosterparkplatz, der übrigens nächtens gesperrt ist; die Rückfahrt verläuft für Fahrzeuge über 1,5 to auf alternativer Strecke), Sie können aber auch hin wandern. Weil das nicht nur gesünder ist, sondern auch eine der klassischen Provence-Wanderungen, betten wir Sénanque in einen Fast-Tagesmarsch. Wer nur ein wenig spazieren möchte, kann die Strecke ab Gordes auf dem kürzesten Weg in ca. 45 Minuten bewältigen:

Von Gordes zum Kloster Sénanque

Kurze Route

Sie verlassen in Gordes die D 15 südlich der scharfen Kurve, 250 m südlich des Stellplatzes 40 (Gendarmerie) und folgen nach rechts (bergauf) einfach der rot-weißen Markierung sowie den anderen Ausflüglern, die teilweise in Sonntagsschuhen spazieren. Der Rückweg ist identisch mit dem Hinweg – Sie wollten es ja nicht anders.

Noch näher ist der kurze Weg vom Campingplatz (es gibt auch noch einen weiteren in einem nördlichen Bogen, den ich schon ohne Orientierungsprobleme gegangen bin), welchen Sie mit Hilfe der Wanderkarte finden müssten – *3142 OT*, auf der beide Strecken eingezeichnet sind.

Lange Route (überarbeitet nach G. Henke, *DUMONT-aktiv Wanderführer*): Wir verlassen Gordes auf der D 15, der Straße, die am Stellplatz bei der Gendarmerie vorbeiführt, und marschieren bis zur spitzwinkligen Abzweigung zum Kloster Sénanque. Dort gehen wir rechts auf die D 177 (Richtung Kloster), wir zweigen aber schon nach wenigen Metern (!) wieder auf eine Asphaltstraße nach links (!) ab. Hier laufen wir zumeist zwischen hohen Steinmauern nach Westen, stets geleitet von einer gelben, meist auch einer blauen Markierung. Wir umrunden den Beginn eines Tales, weiterhin auf der Straße, bis wir kurz vor deren Ende links einen Hydranten sehen, bei dem ein Pfad nach links abzweigt, der nun nur noch blau markiert ist. Auf einer Art Hohlweg geht es abwärts, wir überqueren zwei andere Wege und kommen zum **Parkplatz von *Les Bories*** (Näheres dazu weiter unten). Es empfiehlt sich, jetzt die eigentümlichen Steinhäuser zu besichtigen, denn mit dem Wohnmobil können Sie nicht problemlos hierher fahren.

Kurz vor dem Eingang der *Bories* zeigt ein Wegweiser *(‚Sénanque')* auf einen weiterhin markierten Pfad nach links, der uns hinabführt in das weitgehend ausgetrocknete Tal des Baches Sénancole (*Sénancole* kommt von *sine aqua* und heißt *ohne Wasser*) - und auf der anderen Seite wieder hinauf. Bei einer steinernen Fläche gabelt sich der Weg, wir gehen rechts leicht aufwärts, laufen links an einer großen *Borie* vorbei und steigen rechts eines Ferienhauses wieder hinab ins Tal.

Der Weg ist fast vollständig markiert, wenngleich auf unserer Wanderkarte nicht ganz so eingezeichnet, wie er mit Wanderzeichen versehen ist (möglicherweise hat sich das in neueren Auflagen geändert). Jedenfalls spazieren wir im Bachtal allmählich nach Norden bis wir zu einer gut markierten, mit Wegweisern versehenen **Wegkreuzung** gelangen. Der direkte und scheinbar einfachere Weg zum Kloster Sénanque führt nun geradeaus, weiterhin im Tal der Sénancole. Wir entschließen uns für diese Strecke, was wahrscheinlich nicht die beste Entscheidung ist. Denn es gibt einige Stellen, an denen der Pfad etwas unwegsam wird, wo man sogar ein kleines Stückchen klettern und die Hände zu Hilfe nehmen muss. Das ist nicht gefährlich, und es sind auch nur zwei oder drei Stellen, aber es ist lästig und für Leute, die sich nur auf breiten Waldwegen ergehen, gar noch mit Hund, eher ungeeignet.

Besser scheint uns die im Wanderführer beschriebene Alternative, wonach Sie an besagter **Wegkreuzung** dem Wegweiser nach links folgen (wenn ich es mir richtig aufgeschrieben habe, steht dort *‚La Pouraque'*), um dann bei der nächsten Gabelung nach rechts zum Gehöft **La Débrous-**

séde abzubiegen. Nun kann nichts mehr schief gehen, Sie kommen automatisch zum **Kloster Sénanque**.

Für den restlichen Heimweg nehmen Sie, das Kloster im Rücken, den rechten, oberen Zugangsweg, wo bald der rot-weiß markierte Wanderweg den Hang hinauf führt. Sie folgen ein ganz kurzes Stück der Straße, um dann rot-weiß geleitet in Gordes einzutreffen.

Ohne Besichtigungen sollten Sie drei Stunden einkalkulieren, weil Sie im Tal der Sénancole langsamer vorankommen als Sie es erwarten *(Karte 3142 OT)*. Sie können die Wanderung ausdehnen, wenn Sie ab dem Kloster im nördlichen Bogen über den Campingplatz zurückwandern.

Für welche Route Sie sich auch entscheiden, der Weg von Gordes nach Sénanque ist völlig zurecht **eine der klassischen Wanderstrecken** in der Provence.

Abtei von Sénanque

Die wenigsten von Ihnen werden sich allerdings wandernd den klassischen Sehenswürdigkeiten in der näheren Umgebung von Gordes nähern, obgleich es selten Ziele gibt, bei denen man kulturelle und sportliche Ambitionen derart gut verbinden kann. Sie nähern sich also mit Motorkraft und stehen auf dem Parkplatz des Klosters Sénanque zumeist in der Gesellschaft von Reisebussen, womit auch klargestellt ist, dass Sie von Gordes aus relativ problemlos hinfahren können (siehe oben, auch zum Rückweg). Trotz des hohen Eintrittspreises sollten Sie sich das Innere der **Abtei von Sénanque** nicht entgehen lassen, auch wenn der ganz große Zauber mehr von ihrem Äußeren und ihrer Lage in einem abgeschiedenen, fast rauen Tal ausgeht *(das Kloster ist nur bei einer Führung zu sehen; die letzte am Vormittag beginnt um 10.30, die erste am Nachmittag wird um 14.30 angeboten; 7 €; die Kirche ist in der Regel sonntags morgens und am Morgen christlicher Feiertage geschlossen, jedoch über Mittag offen und kostenlos; die Zeiten ändern sich öfters)*. Besonders gut harmoniert hier die strenge Architektur der Zisterzienser mit der kargen Landschaft, wobei als freundliche Abrundung im Sommer die blauen Reihen der Lavendelfelder hinzukommen. Dem Kloster sieht man die religiösen Grundgedanken des Zisterzienserordens deutlich an.

Zisterzienserklöster

Im 11. Jahrhundert gründete eine junge Mönchsgemeinschaft in der Nähe von Dijon eine Bruderschaft, die sich vom bombastischen Pomp der damals mächtigsten Glaubensgemeinschaft, der Kluniazenser von Cluny, lossagen wollte. Denn in Cluny stand längst nicht mehr Gottesfürchtigkeit im Vordergrund, sondern kirchliche Pracht und Macht beherrschten die Szene.

Vor allem eine Mönchsgruppe um Bernhard von Clairvaux besann sich wieder auf Askese, Zurückgezogenheit und echte Religiosität. Die Mönche, die man später Zisterzienser nannte, siedelten daher an schwer zugänglichen Orten, in entlegenen Tälern, Sümpfen oder tiefen Wäldern, meist weitab größerer Städte, etwa 700 mal in Europa. Die Architektur war genauso schlicht und geradlinig, aber auch so streng, wie die Regeln des Ordens. Man hat auf jeden Prunk verzichtet; es gab nicht einmal Türme. Deren Funktion als Glockenträger wurde von einem Dachreiter übernommen.

Sénanque ist für alle diese Merkmale ein typisches Beispiel, wobei hier die klaren Linien ohne jedes überflüssige Schmuckwerk besonders anziehend wirken. Betrachten Sie sich die Mauerquader, die so sorgfältig behauen wurden, dass sie praktisch nahtlos aneinander gefügt werden konnten.

Der größte Teil des Klostergebäudes stammt aus dem 12. und 13. Jahrhundert, während einige Anbauten neueren Datums sind. Das Kloster verlor im 16. Jahrhundert an Bedeutung (die Mönche fielen der Waldensererhebung zum Opfer) und wurde in der Französischen Revolution aufgelöst. Mitte des 19. Jahrhunderts kehrten die Zisterzienser zurück, nachdem sie das Gebäude renoviert hatten. Aber im Jahre 1969 war der Konvent zahlenmäßig so klein geworden, dass die Mönchsgemeinschaft diesen stillen Ort erneut verlassen musste, ehe neuer Nachwuchs ermöglichte, die Abtei im Jahr 1988 wieder zu beziehen. Bis heute hat der Orden die Regeln weitgehend beibehalten, wonach die Zisterzienser nachts zweimal in der Kirche beten, weshalb in früherer Zeit der Schlafraum, das Dormitorium, unmittelbar mit der Kirche verbunden war.

Zum ***Village des Bories*** spaziert meistens auch, wer sonst nicht wandert. Wenn man nämlich südlich von Gordes an der D 2 dem Wegweiser zu den *Bories* folgt, kommt man gleich an einem geräumigen Parkplatz vorbei, auf dem zumeist schon mehrere Wohnmobile und Wohnwagen abgestellt sind und den ich oben schon als Stellplatz 42 empfohlen habe. Halten Sie deren Besitzer nicht für Wanderfans! Entgegen der von mir in einer früheren Auflage verbreiteten Behauptung, mit der ich mir viel Tadel eingehandelt habe, ist der Weg für WOMOs über 2,30 m Breite und 6 m Länge ein Horror! Sie müssen daher knapp 1,7 km zu Fuß gehen! Auch wenn ich beim letzten Besuch auf dem Parkplatz direkt bei den *Bories* wieder ein geräumiges Alkovenmobil sah und nicht annehme, dass es vor dem Heimweg zerlegt werden musste.

im Village des Bories

Nachdem wir den stolzen Eintrittspreis von 6 Euro pro Person bezahlt haben *(9 Uhr bis Sonnenuntergang)*, sind wir doch etwas enttäuscht. Vielleicht waren aber auch nur unsere Erwartungen zu hoch, denn wir haben von der »größten Siedlung im neusteinzeitlichen Stil im Mittelmeerraum« gelesen, von einem »Denkmal architektonischer Frühgeschichte«, von einer »bereits vor 4.000 Jahren angewandten Bauweise« und dadurch die Vorstellung entwickelt, wir würden hier uralte, steinzeitliche Hütten antreffen, die im Jahre 1969 freigelegt worden sind. Davon kann nicht die Rede sein. Zwar stimmen alle die eben angeführten Aussagen – wenn man sie sorgfältig liest, die hiesigen Steinhütten entstammen jedoch, was anhand von Münzfunden beurteilt werden konnte, dem 17. Jahrhundert. Die Siedlung war noch bis ins 20. Jahrhundert bewohnt, sie zerfiel aber, wucherte zu und wurde zum Teil auch verschüttet. Im Jahre 1969 hat man begonnen, die Dornen wegzuschneiden und die Gebäude zu restaurieren, 31 zumeist spitz zulaufende Hütten, die aus mörtellos aufeinander geschichteten, flachen Steinplatten errichtet sind. Hierbei kragt eine Steinschicht immer ein kleines Stück über die darunter liegende, wodurch das spitz zulaufende, so genannte »falsche« Gewölbe ausgebildet wird. Derartige Kuppelbauten gibt es an vielen Orten der Welt, wie man auf einer Karte innerhalb des Freilichtmuseums nachlesen kann. Nur die Bezeichnung ist überall anders: In Süditalien nennt man sie *Trulli*, in Sardinien *Nuraghen*, und in der Provence, wo man auf vielen Wanderungen an mehr oder weniger gut erhaltenen Einzelhütten vorbei kommt, heißen die Häuschen *Bories*. Hier, im Freilichtmuseum, ist der Backofen in der Mitte des Dorfes beachtenswert. Weniger schön finde ich den verrosteten Hausrat, den man in einzelnen *Bories* drapiert hat – als Rechtfertigung für die hohen Eintrittsgebühren. Wer bei verschiedenen Wanderungen schon mal durch die niedrige Öffnung einigermaßen gut erhaltener Bories gekrochen ist, kann sich das Geld sparen, auch wenn diese Dorfform mit einer so großen Anzahl von Hütten in Europa einmalig ist.

Da Sie sich auf dem Weg zu den Bories eingelaufen haben und eine zarte Liebe zur Landschaft zwischen Plateau de Vaucluse und Luberon zu keimen begonnen hat, begeistern Sie vielleicht eine zweite Wanderung oder ein kurzer, interessanter Ausflug zu den **Mühlen der Véroncle**. Vor wenigen Jahren war das noch ein echter Geheimtipp, inzwischen verzichtet kein Wanderbuch mehr auf die eigentümlichen Mühlenruinen, die man sich auch ansehen kann, wenn man nicht länger wandert (siehe den Beginn der nachfolgenden Wanderung).

Das Bächlein Véroncle war über in Stein geschlagene Wasserleitungen und Staudämme in kleine Mühlengebäude geleitet worden, wo es ein waagerechtes (!) Mühlrad antrieb, von dem eine Achse senkrecht nach oben führte. Auf dieser war im Obergeschoss der Mühle der Mühlstein, ebenfalls waagerecht, montiert. Während unseres Streifzuges können wir mehrere Ruinen dieser Mühlen bestaunen, die noch bis zur Mitte des 19. Jahrhunderts in Betrieb waren (es gibt auch eine Schautafel, auf der die Funktion dargestellt ist):

Zu den Mühlen der Véroncle

Biegen Sie etwa 2,5 km östlich von Gordes von der D 2 zu den Häusern von **Les Grailles** ab und parken Sie nach etwa 200 m auf der ersten Freifläche. Nun geht es zu Fuß im Prinzip immer geradeaus in die Schlucht zur ersten **Mühle** (vom Parkplatz allenfalls 30 Minuten).

Der Weg wird nun etwas schwieriger, weil man mehrmals das Wasser überqueren und eine kurze **Eisenleiter** erklettern muss (für mäßig Schwindelanfällige vermutlich kein Problem, solange sie keinen Hund tragen müssen).

Am Ende der Schlucht sieht man noch die Reste des früheren Stausees, ehe man auf bequemem Fahrweg **Murs** erreicht (zum Namen dieses Dorfes siehe bei der 3. Tour). Wir verlassen das Dorf auf der D 4, Richtung *‚Village des Vacances'* und gehen durch den Wald zum Auto zurück *(Dauer insgesamt 3 bis 4 Stunden; für die reine Mühlenbesichtigung höchstens 1,5 Stunden; Karte: 3142 OT)*. Sie können auch Gordes oder den dortigen Campingplatz zum Ausgangspunkt der Wanderung machen. Die Orientierung ist mit der Wanderkarte auf allen Strecken kein Problem.

Wenn Sie in **Joucas** (320 Einwohner), 5 km östlich von Gordes, zwischen den bestens restaurierten Häuser bummeln, werden Ihnen nur wenige Menschen begegnen. Einheimische gibt es so gut wie nicht mehr, und die Touristen sitzen an den Pools teurer Hotels in der Pampa oder unsichtbar hinter ihren Natursteinmauern. Meistens jedoch in den Praxen oder Kanzleien zuhause, um das Geld für das edle Gemäuer anzuschaffen. Aber es gibt auch keinen Andenkenladen und keine Postkarten; trotz eines malerischen Hofes vor Kirche und *Mairie*. Solch ein pittoreskes Dorf war in einer früheren Auflage einen Stellplatz wert, bis die Zweithausbesitzer dem Bürgermeister klar machen konnten, dass sie sich den Blick aus den Fenstern ihrer Millionenobjekte nicht weiterhin durch weißes Blech, Klappstühle und vereinzelte Markisen verschandeln lassen. Und dass sie auch vergessen wollten, wie es sein könnte, wenn man nicht in jedem Urlaub dasselbe sieht, riecht, hört und isst. Der Meister seiner Neubürger gab darauf mehrere Verbotsschilder in Auftrag.

Nach dem dennoch lohnenden Kurzbummel geht die Reise weiter, wie sie in Gordes aufgehört hat. **Roussillon** ist ziemlich genauso groß (1.300 Einwohner), es darf sich auch *‚Eines der Schönsten Dörfer Frankreichs'* nennen, beherbergt etwas weniger Künstler (und Kneipen), liegt aber insgesamt mit Gordes auf einer Wellenlänge. Das gilt auch für die Stellplätze. Bei meiner letzten Recherche im Mai 2009 durfte man in Roussillon das Wohnhaus auf Rädern allerdings nur noch für höchstens 4 Stunden (kostenpflichtig) abstellen. Leser haben bei späteren Visiten nachts auf dem Parkplatz P 1 gestanden. Ich kann mir nicht vorstellen, dass das legal war, weil eher ein WOMO durch ein Nadelöhr fährt als dass ein Nachtparkverbot wieder

Roussillon

aufgehoben wird. Sie müssen also wahrscheinlich mit dem allseits gelobten Campingplatz, der sich auf dem Weg nach Goult im Wald versteckt und von außen einen nicht zu reglementierten Eindruck macht, Vorlieb nehmen:

(044) WOMO-Campingplatz-Tipp: Roussillon (Arc en Ciel)
GPS: N 43°53'30" E 05°16'47"; D 104; **Ortszentrum**: 2,4 km.
Zeiten: 15.3 - 31.10.; **Tel.** 04 90 05 73 96.
Ausstattung/Lage: Schwimmbad, Laden, Restaurant, angeblich gibt es einen von uns noch nicht getesteten Fußweg in den Ort.
Zufahrt: An der D 104 südlich des Ortes, Richtung Goult.

Roussillon gehört trotz seines für WOMOs gesperrten Ortskerns und der mäßigen Übernachtungsmöglichkeiten in das Programm einer jeden Provence-Reise, weil das Dorf eine

Roussillon

fast einmalige Attraktion zu bieten hat: die **Ockerfelsen**. Genau genommen sind diese aber zu einem großen Teil gar nicht ockerfarben, jedenfalls wenn man sich unter Ocker das vorstellt, was im zweiten Töpfchen von rechts der oberen Reihe unseres Wasserfarbkasten so bezeichnet wird. Denn die zackigen Felsen bei Roussillon leuchten eher rot, stellenweise aber auch knallgelb. Sie werden die farbenprächtigen Klippen unschwer finden, größere Schwierigkeiten macht da schon die Parkplatzsuche, weil Sie eine für größere Wohnmobile freigegebene Fläche nur östlich des Ortes an der D 104 finden und nicht einfach dorthin fahren können, falls Sie sich Roussillon von Westen oder von Norden genähert haben. Sie müssen dann außen und unten herum fahren, um sich von Südwesten an den beschrankten Parkplatz heranzupirschen, den Sie aber spätestens nach 4 Stunden wieder zu verlassen haben.

Der »Ocker« ist ein Gemisch aus Ton, Sand und vor allem Eisenoxid, welches für die Färbung verantwortlich ist. Das rotgelb-braune Gestein ist sehr weich, weshalb man es einerseits leicht abbauen kann, weshalb aber andererseits durch Erosionsprozesse in vergleichsweise kurzer Zeit bizarre Zacken und Kegel ausgewaschen werden. Gerade diese Gebilde machen das Ganze so interessant. Vom Ort aus führt ein kleiner Spazierweg mitten rein in die Ockerbrüche, in denen auf Schautafeln viel Wissenswertes vermittelt wird (folgen Sie von der Durchgangsstraße aus dem Schild *'Falaises d'ocre'*). Ein gut 30-minütiger **Ocker-Rundgang** ist gut ausgeschildert *(2,50 €; nach Leserzuschriften für Hunde nicht geeignet oder sogar verboten)*.

Östlich von Roussillon gibt es an der D 104 noch eine ehemalige **Ockerfabrik**, die man besichtigen kann *(Conservatoire des ocres, Führungen von 10-12 und 14-18 Uhr, montags geschlossen; 5 €)*. Der Ocker dient inzwischen nur noch Künstlern, ökologisch orientierten Bauherren und der Kosmetikindustrie. Früher war das einmal anders. Angeblich haben hier schon die Römer Farbstoffe gewonnen. Ocker wurde auch bei den vorgeschichtlichen Höhlenmalereien verwendet. In nennenswertem Umfang hat man aber erst gegen Ende des 18. Jahrhunderts Ockersand abgebaut. In den Blütezeiten Roussillons, am Anfang des letzten Jahrhunderts, waren mehr als 1.000 Menschen im Ockerbergbau tätig. Heutzutage werden, wenn überhaupt, im Umkreis allenfalls noch etwa 2.000 Tonnen Ocker im Jahr produziert, angesichts ökologisch orientierter Lebensweise mit steigender Tendenz. Ich möchte allerdings nicht wissen, wie viele Zentner der 2.000 Tonnen abgefüllt werden, damit Touristen in den Andenkenläden bereitwillig die Portemonnaies öffnen. Es würde mich allerdings auch nicht wundern, wenn in diesen Gefäßen gar kein echter Ocker wäre. Aber für eine solche Mutmaßung fehlt mir jede reale Information – was nicht heißen soll, dass sie fern liegend ist.

Wenn Sie selbst die Farbkraft des Ockers testen wollen, ziehen Sie eine frische und weiße Sommerhose an, bevor Sie durch die Ockerbrüche streifen; oder Ihre Kinder dürfen nach der Ockerwanderung die Schuhe anbehalten, wenn sie anschließend auf den WOMO-Polstern turnen. Ihr Reisemobil-Vermieter wird dann später die Kaution einbehalten müssen. Haben Sie aber ältere Klamotten angezogen und vor der Weiterfahrt die Schuhe gut gesäubert, werden Sie vielleicht Spaß an anderen Ockerbrüchen bekommen. Dann folgen Sie uns – auf der nächsten Tour – zum *‚Colorado Provençal'* bei Rustrel. Auch in Roussillon werden mehrere Rundwege beschrieben (siehe im Touristenbüro den Führer *‚Sentiers de découverte')*.

Samuel Beckett in Roussillon

Auf einem der Wege kommen Sie am südlichen Ortsende von Roussillon vielleicht an dem Haus vorbei, in welchem sich der spätere Nobelpreisträger Samuel Beckett vor den deutschen Nazis versteckt hatte. Man stellt sich das heute romantisch vor. Der 1942 von Paris über Marseille hierher geflohene irische Dichter und Bühnenschriftsteller, der sich der *Résistance* angeschlossen hatte, muss es jedoch anders erlebt haben. Er war nach einem Verrat auf der Flucht und hielt sich im damals noch abgelegenen und zunächst von den Deutschen nicht besetzten Dorf als Tagelöhner bei Weinbauern über Wasser. Im November 1942 überschritten die Deutschen jedoch die Demarkationslinie, und es gab keine unbesetzte Zone mehr. Nur ein an Italien grenzender Streifen war nicht von den Nazis besetzt, sondern von den Italienern, die lange Zeit die nationalsozialistische Politik gegenüber den Juden nicht mitgemacht haben. Beckett schwor sich, als er 1944 den Ort wieder verließ, niemals dorthin zurückzukehren.

Becketts Theaterstück, das möglicherweise berühmteste des 20. Jahrhunderts, *‚Warten auf Godot'* handelt vom Warten auf Monsieur Godot, von dem man nicht erfährt, wer er eigentlich ist und warum man auf ihn wartet. Beckett hatte möglicherweise einen Schleuser im Sinn, der Juden zur Flucht in den italienisch besetzten Streifen Frankreichs verhelfen sollte. Roussillon hält Einzug in die Weltliteratur, wenn Wladimir sein Gegenüber Estragon daran erinnert, dass er mit ihm zusammen in Roussillon bei der Weinernte war und zur Gedächtnisstütze nachhilft: *»Da leuchtet doch alles so rot«*. In den deutschen Übersetzungen des Theaterstücks wurden (mit dem Einverständnis Becketts) aus dem *Vaucluse* der *Breisgau* und aus *Roussillon* das badische *Dürkweiler*. Aber das leuchtende Rot hat dabei seinen Sinn verloren.

Beckett hat übrigens erst 1948 mit dem Werk begonnen, das 1953 uraufgeführt worden ist.

Bei der Weiterfahrt nach Apt genehmigen wir uns einen kleinen Umweg über **Goult**, einem für die Gegend sehr typischen Dorf, wo allerdings auch die zugezogenen Neubürger nicht fehlen. Zu denen gehört der bekannte deutsche **Töpfer Uwe Krause**, bei dem Sie wunderbare, geschmackvolle Dinge kaufen können *(an der D 104 - beschildert - in der Senke nordöstlich von Goult).*

Nicht weit ist es auch hinunter ins Tal zum Wallfahrtsort Notre-Dame-de-Lumières. Mysteriöse Lichterscheinungen soll es hier gegeben haben und Wunderheilungen, weshalb man im 17. Jahrhundert eine Wallfahrtskirche gebaut hat. Die Pilger sind heutzutage zahlreich und natürlich motorisiert, wie man an den ausgedehnten Parkplätzen sieht; ich finde das ganze Ensemble ziemlich langweilig.

Ganz im Gegensatz zum so genannten **Pont Julien**, einer alten Römerbrücke, die man rechts der N 900 in Richtung Apt entdecken kann (beschildert). Genau 6,5 km hinter N.D.-de-Lumières zweigt ein kleines Sträßchen nach Bonnieux ab, dessen Verkehr erst seit ein paar Jahren an den drei steinernen Bögen der römischen Brücke vorbei geführt wird.

Pont Julien

Der weitere Verlauf der N 900 bis Apt entspricht ziemlich genau dem der römischen Via Domitia. Nur wurden die antiken Reisenden am Eingang von Apta Julia, dem heutigen Apt, noch nicht von den Werbebuchstaben der Welt größten Fabrik für kandierte Früchte beeindruckt. Die Stadt **Apt** (11.600 Einwohner) gilt nämlich als Welthauptstadt dieser Fruchtverarbeitungsindustrie, was einen einfachen Grund hat: Es gab hier ursprünglich fast ausschließlich Olivengärten, bis im Winter von 1956 die meisten Bäume erfroren sind. Bekanntlich kann aber erst die nächste Generation einen frisch angepflanzten Ölbaum wieder beernten, wofür schon die späten 50er Jahre zu schnelllebig waren. Also pflanzte man Aprikosen, Pfirsiche, Birnen, Äpfel und vor allem Kirschen. Die *fruits confits* waren eine konsequente Folge, Marmeladenfabriken eine weitere. Wenn Sie irgendwo einen englischen Kuchen kaufen, ist dieser mit 98-prozentiger Sicherheit mit kandierten Früchten aus Apt bestückt; bei jener prozentualen Größe liegt nämlich der dortige Anteil an der französischen Gesamtproduktion.

Bei der Ankunft in der schon zur Römerzeit mit 8.000 Einwohnern recht bedeutenden Stadt werden Ihre Erwartungen erst einmal deutlich von hässlichen Wohnblocks gedämpft, in denen einst die in der Nähe stationierten Soldaten der ehemaligen *Force de frappe*, der inzwischen verschrotteten landgestützten Atomraketen, gewohnt haben. Umso größer ist der Kontrast, wenn Sie am Rande der hübschen Altstadt ausgestiegen sind.

Der Wochentag der Anreise wird meistens auch nicht zufällig festgelegt, nach Apt kommt man wegen des belebten **Wochenmarktes** gerne freitags abends oder samstags morgens. Der Samstagsmarkt von Apt, besonders der vor Ostern, wird einmütig in den höchsten Tönen gelobt. Mit gutem Grund! Wenn man sich am Ende des Marktes wähnt, geht er erst richtig los. Und wo man allenfalls noch Parkplätze vermutet, stehen die Buden, in denen Rasenmäher, Werkzeuge und sogar Autoreifen feilgeboten werden. Der Wochenmarkt gilt als einer der interessantesten in der ganzen Provence, auch weil er ein Treffpunkt der Alternativkultur des Luberon geworden ist, von Künstlern, Pseudokünstlern und Freaks aller Schattierungen. Wer sich schon lange mal wieder mit frischen Landprodukten, ökologischem Honig oder feins-

tem Olivenöl eindecken möchte, wer gerne in altem Trödel stöbert oder rotgesichtige Provenzalen fotografiert, fahre samstags nach Apt und übersehe, dass auch dort, wie auf allen französischen Märkten, fernöstlicher Textilschrott und drittklassischer Ramsch feilgeboten werden.

Nebenbei werfen wir auch noch einen Blick in die **Kathedrale** Ste.-Anne, deren Uhrturm einem Stadttor ähnelt *(9 - 12 und 15.30 bis 18 Uhr; Führungen zum Kirchenschatz täglich außer sonntags um 11 und um 17 Uhr)*. Er stammt aus dem 16. Jahrhundert, während der älteste Teil, die untere Krypta, vermutlich noch von den Merowingern gebaut wurde. In einer Seitenkapelle werden die Reliquien der Heiligen Anna, der Mutter Marias, aufbewahrt. Wahrscheinlich fehlt dort ein kleiner Finger. Der nämlich wurde im Jahre 1623 auf Wunsch von König Ludwig XIII. nach Paris transportiert, um Ludwigs Ehefrau Anna von Österreich, die wie die Schutzheilige hieß, zur Fruchtbarkeit zu verhelfen. Ob dieser Finger wieder nach Apt zurückkam und was die Königin genau mit ihm gemacht hat, ist nicht überliefert. So groß kann seine Wunderwirkung auch nicht gewesen sein, denn Anna gebar erst 15 Jahre später den Thronerben, keinen geringeren als den späteren »Sonnenkönig«, Ludwig XIV. – nach 24-jähriger Ehe. Die Königin stiftete bei ihrer Dankeswallfahrt, im höheren Alter und 22 Jahre nach der Niederkunft, eine Kapelle, die so genannte Annen-Kapelle, und seitdem werden die Reliquien namentlich von kinderlosen Frauen zur Zeit der Wallfahrt in der ersten Juli-Woche verehrt. Dann wird auch ein riesiger Trödelmarkt in der Altstadt aufgebaut (zur *Kermesse Paroissiale* unter www.apt-cathedrale.com).

Wie gesagt, sinnvollerweise reist man schon freitags abends an und stellt sich die Übernachtungsplatzfrage. In Apt empfehle ich den stadtnahen Campingplatz. Zu dem preiswerten und beinahe lieblichen Wiesengelände am Ufer des meist ausgetrockneten Flussbetts gibt es keine sinnvolle »freie« Alternative. Es fehlt hier die Parzellen-Atmosphäre anderer Campingplätze, und viele kleine Zelte zeugen von jungem Publikum, das schon Ende März in dicken Pullovern um die Gaskocher hockt und bis spät in den Abend auf den Gitarren klampft. Man hört es fachsimpeln, über Radtouren, Wanderungen und Kletterfelsen. Außerdem sind es vom Zeltplatz nur 500 m in die Altstadt; Sie treffen also auf beste Bedingungen für eine Stadtübernachtung:

(045) WOMO-Campingplatz-Tipp: Apt (Les Cèdres)

GPS: N 43°52'40" E 05°24'14"; Rte de Rustrel¸ **Ortszentrum**: 0,5 km. **Zeiten**: 15.2. – 15.11.; **Tel** : 04 90 74 14 61. **Ausstattung**: Kleiner Laden, Gaststätten in der Nähe.
Zufahrt: Fahren Sie im östlichen Teil von Apt vom Stadtinneren auf der D 22 Richtung *,Banon/Rustrel'* und gleich nach der Bahnunterführung rechts hinunter zum beschilderten Platz.

Ein stadtnaher Campingplatz lädt zum abendlichen Ausgehen ein, und endlich kennen wir die dazu passende Adresse. An der geringen Anzahl der Tische im **Restaurant *La Manade*** könnte das Unterfangen aber scheitern, falls Sie nicht reserviert haben. Auf der kleinen Speisekarte stehen fantasievolle Gerichte wie Seeteufel auf Lebkuchenstückchen und Ingwer, was uns sehr gut geschmeckt hat und uns sogar ohne Voranmeldung serviert worden ist *(Tel. 0490047906; samstags mittags, dienstags abends und mittwochs geschlossen; das Lokal liegt in der Rue R. Cassin – verlassen Sie die schmale Hauptstraße in der Fußgängerzone beim Portal der großen Kirche in die Rue Ste. Anne, dann noch 150 m geradeaus).*

Einen für längere Aufenthalte im Sommer geeigneteren, leider aber fast 2 km von der Stadt entfernt gelegenen Campingplatz finden Sie bergauf, Richtung Saignon. Hier können Sie sich im Pool erfrischen:

(046) WOMO-Campingplatz-Tipp: Apt (Le Luberon)

GPS: N 43°51'58" E 05°24'45"; D 48; **Ortszentrum**: 1,5 km. **Zeiten**: Anfang April bis Ende September; **Tel**. 04 90 04 85 40. **Ausstattung**: Schwimmbad, Laden, Restaurant.
Zufahrt: Südlich von Apt, rechts der D 48 in Richtung Saignon.

Tour 6: Jenseits von Apt

St. Saturnin-lès-Apt - Saignon - Rustrel - Simiane-la-Rotonde
Oppedette - Viens - Céreste - Forcalquier

Stellplätze:	in St. Saturnin-lès-Apt, in Saignon, bei Simiane-la-Rotonde, bei Oppedette, in Viens, in Céreste, in Villeneuve
Besichtigen:	die Dörfer Saignon, Simiane-la-Rotonde, und Oppedette, den Colorado Provençal bei Rustrel, das Priorat Carluc, den Friedhof von Forcalquier
Essen:	*Auberge du Presbytère* in Saignon, Auberge *Aiguebelle* in Céreste
Wandern:	von Auribeau zum Mourre Nègre, Spaziergang oder Wanderung durch die Ockerbrüche von Rustrel, um den Canyon d'Oppedette, von Céreste zum Kamm des Luberon
Karte:	Seite 66

Wie Sie der Überschrift entnommen haben, bewegen wir uns auf dieser Tour überwiegend östlich von Apt. Wir bleiben in einem Teil Frankreichs, den der Kenner mit ***Luberon*** umschreibt, womit er nicht nur den lang gestreckten Rücken des gleichnamigen Höhenzuges meint, sondern ein weit größeres Terrain. So liegt Gordes im *Luberon*, obgleich gut und gerne 20 km vom Fuß desselben entfernt. Und Apt, tief unten im Tal, ist das geschäftliche und kulturelle Zentrum des *Luberon*. Was nun präzise zum nicht geologischen *Luberon* gehört, und warum der *Luberon*, also der *Luberon*, der ja eigentlich gar nicht der Luberon ist, *Luberon* heißt, weiß vermutlich niemand. Genauso wenig ist geklärt, ob sich der *Lub(é)eron* mit oder ohne Akzent schreibt (ich folge Michelin und P. Mayle). Sicher ist

In St. Saturnin-lès-Apt

aber, dass der Gebrauch des genau genommen nicht zutreffenden Begriffs stets eine liebevolle Umschreibung sein soll. Wer sich diesen Teil Frankreichs als Urlaubsziel ausgesucht hat, fährt nicht nur in die *Provence*, er fährt in den *Luberon*, was gleich bedeutend ist mit einer Reise ins Paradies. Und das endet nicht in Apt.

Nach dieser Definition liegt auch **St. Saturnin-lès-Apt** (2.300 Einwohner), obgleich 9 km nördlich von Apt, im Luberon. Zumindest stimmungsmäßig. Lange hat Ihnen dieser Reiseführer jenes noch fast unverfälschte Zeugnis kleinstädtischer Luberon-Kultur vorenthalten, mit Bäcker, Metzger und richtigen Einwohnern, die anscheinend sogar noch in der Überzahl unterhalb einer authentischen Windmühle leben. Spazieren Sie hoch zu der auf einem langen Höhenrücken dahingestreckten **Burgruine**, von der Sie einen phantastischen Blick auf den richtigen

Blick auf St. Saturnin und den Luberon

Luberon genießen, davor auf den Ort und die so liebenswerte Umgebung. An der höchsten Stelle des Burgberges stoßen Sie auf eine kleine Kapelle, vor der sich im Jahre 1850 ein Wunder ereignet haben soll: Als eine Gläubige den am Kreuz Hängenden in einem Anfall von Frömmelei umarmte, weinte der blutige Tränen. Und dann läuteten drei Tage später auch noch die Glocken der Kapelle von selbst. Die Geschichte, die der gottesfürchtigen Dame anstelle einer Heiligsprechung Kerker eingebracht haben soll, passt gut zu diesem magischen Ort, ähnlich wie der malerische Stausee, der auf der Rückseite des Bergrückens Angler und Fotografen gleichermaßen ergötzt.

Baden darf man dort allerdings nicht. Das müssten Sie in der Nähe des Stellplatzes erledigen, der ist nämlich der Parkplatz des Freibades und zugleich die Tribüne des *Boulodromes*, wo wir am Samstag vor Ostern einem *Concours des boules* zuschauen dürfen, mit überörtlicher Beteiligung und peniblem Nachmessen:

(047) WOMO-Stellplatz: St. Saturnin-lès-Apt

GPS: N 43°56'28,7" E 05°22'56,6"; Chemin de la Bruyère; **max. WOMOs**: 5.
Ausstattung/Lage: Schwimmbad, Toilette (am Dorfplatz), Wasser, Mülleimer, Gaststätten, Geschäfte, Wanderwege / im Ort.
Zufahrt: Biegen Sie bei der unübersehbaren *Bar-Tabak du Platane* ab und folgen Sie dem bergabwärts zeigenden Wegweiser *‚P - Piscine'* (nicht 100 m weiter östlich abbiegen, weil Sie sonst zu einem Parkplatz auf der Rückseite des Schwimmbades gelangen); der schönste Platz ist die Asphaltfläche unmittelbar vor dem Schwimmbad, Sie können aber auch seitlich unterhalb davon stehen.
Im Ort gibt es noch **weitere Parkplätze**, die ebenfalls in Frage kommen.

Genau gegenüber, auf der anderen Seite des Tals und 4 km südlich von Apt, thront auf einer Nase des richtigen Luberon das Dörfchen **Saignon** (1.050 Einwohner). Diese Beschreibung der Lage sagt Ihnen, auch wenn Sie gerade erst damit anfangen provenzalische Erfahrung zu sammeln, schon fast alles: Ureinwohner gibt es nicht mehr ganz so viele, dafür ist der Blick auf das verschachtelte Dorf umso schöner. Allerdings scheint der Zugang zum vorderen Festungsfelssporn dauerhaft gesperrt zu sein. Ich konnte mich dort nie satt sehen, wenn im Frühjahr die untergehende Sonne im Tal von Apt Tausende blühender Obstbäume in ein mildes Licht taucht (Seite 105). Heute muss man sich für diesen Blick an den Rand eines der schönsten Friedhöfe der Provence stellen, hoch über Apt und mit weitem Blick auf den Mont Ventoux.

Saignon

Und die Stellplatzbedingungen sind, positiv formuliert, zweifelhaft. Früher, als einer unserer Lieblingsplätze vor jenem Friedhof von Saignon lag, konnte man das Camping-Verbotsschild in der angrenzenden Toilette, es war wirklich sehr dezent, geflissentlich übersehen. Das taten viele, entsprechend dicht stand oftmals das weiße Blech. Wahrscheinlich hätte mich das auch gestört, wenn ich mit Wohnmobilen nichts am Hut hätte. So hat man hier, wie an einem weiteren Parkplatz des Ortes, ein größeres Verkehrsschild angebracht, auf dem steht, dass in der ganzen Gemeinde *,Camping et Caravanning'* verboten seien. Soweit, so schlecht. Nun hat man aber vor über fünf Jahren 100 m westlich von Saignon einen schönen und großen Wiesenparkplatz angelegt, den Sie auf unserem Foto sehen, wobei an dessen einziger Zufahrt, wie auch auf ihm selbst, jenes Schild fehlt. Nähert man sich also von Apt bergauf, biegt man mit seinem Wohnmobil beinahe zwangsläufig auf diesen Parkplatz ein und bekommt ein Verbotsschild nicht zu Gesicht. Man sollte meinen, dass die Schilderaufsteller, hätten sie den Parkplatz mit einbeziehen wollen, in der Lage gewesen wären, auch hier ihres Amtes zu walten. Und man fragt sich, ob mit dem Begriff *,Caravanning interdit'* das reine Übernachten im Wohnmobil ohne Markise, Klappstühle und schlimmere Untaten wirklich verboten ist (siehe Stichwort *Freies Camping*). Wir haben es getestet, die Nacht war wunderbar, niemand hat daran Anstoß genommen, und Leser haben Ähnliches berichtet. Außerdem sah ich bei jeder Nachschau französische Reisemobile und leider auch zunehmenden, einheimischen Fahrzeugschrott. Eines ist jedoch so klar wie die provenzalische Luft beim Mistral: Wenn auch auf dieser Wiese (inzwischen eher ein Acker) wieder ständig mehr als drei bis vier Wohnmobile stehen, stehen sie bald nicht mehr dort:

(048) WOMO-Stellplatz: Saignon

GPS: N 43°51'40,7" E 05°25'44,3"; D 48; **max. WOMOs**: höchstens 3.
Ausstattung/Lage: Toilette und Wasser (seitlich des Friedhofes), Gaststätten, Brotverkauf, Wanderwege / Ortsrand.
Zufahrt: Große Fläche an der Straße nach Apt, zwischen Straße und Dorf.
Hinweis: Möglicherweise verboten (siehe im vorstehenden Text). Wenn Sie sich unwohl fühlen, nehmen Sie einen anderen Stellplatz oder den schönen Campingplatz im Zentrum von Apt.

Das örtliche **Restaurant**, die ***Auberge du Presbytère***, in der man sich zum Essen anmelden sollte, macht einen urgemütlichen Eindruck *(Tel. 04 90 74 11 50; mittwochs geschlossen).*

Frühling im Tal bei Apt

Wir nächtigen gerne freitags in Saignon, um am nächsten Morgen den Markt von Apt anzusteuern. Dann empfiehlt es sich, noch ehe Sie richtig unten in der Stadt angekommen sind, den erstbesten Parkplatz zu nehmen.

In Saignon beginnt angeblich auch die klassische Wanderung zum **Mourre Nègre**, dem mit 1.125 m höchsten Gipfel des Grand Luberon; ich habe sie bislang auf spätere Urlaube verschoben und tue das weiterhin. Zum Kampfwandern fahre ich nämlich nicht in den Luberon. In dieser Disziplin rangiert aber jene Strecke mit einer Dauer von 7 bis 8 Stunden und einem Höhenunterschied von 750 m (siehe Karte vor Tour 7):

Von Auribeau zum Mourre Nègre

Wir wählen die kürzere Alternative ab dem Dorf **Auribeau** und kommen auf der D 48 von Saignon. Wir durchfahren Auribeau rechts bis zu einem kleinen, schattigen Parkplatz, wo wir auf eine gelbe Markierung treffen. Wer sein WOMO lieber behüteter parkt, bleibt in Auribeau und wandert bis zu diesem Parkplatz.

Auf schattigem Pfad mit vielen Ausblicken kreuzen wir mehrfach die Forststraße bis zur phantastischen Aussicht vom **Luberon-Kamm** beim Jas Bremond, wo wir auf die rot-weiße Markierung des GR treffen. Den Gipfel des **Mourre Nègre** kann man wegen eines Funkturms nicht besteigen.

Wir wandern daher unterhalb vorbei nach Osten bis zum Punkt 1027 auf der Wanderkarte, wo wir uns mit der gelben Markierung nach links in Richtung Castellet wenden (Achtung, der Einstieg ist schwer zu finden). Auf halber Strecke nach Castellet teilt sich der Weg, wir gehen links, Richtung Auribeau, abwechslungsreich und schön über einen kleinen Höhenrücken *(knapp 4 Stunden ab dem Parkplatz, die Karte 3242 OT ist zu empfehlen, es geht vermutlich aber auch ohne).*

Alle Wege sind schattig und wegen der Höhenlage auch bei wärmerem Wetter geeignet; möglicherweise aber wegen Waldbrandgefahr nicht zwischen dem 1.7. und dem 2. Samstag im September (das wäre sicher deutlich beschildert).

Selbst wenn Sie nicht wandern, sollten sie einen Abstecher auf dem kleinen Teersträßchen nach **Auribeau** und **Castellet** wagen, die Strecke ist besonders lohnend, erst recht während der Lavendelblüte. Wenn Sie langsam genug fahren, werden Sie am Straßenrand auch mehrere *Bories* erkennen, jene schon bei der 5. Tour beschriebenen Steiniglus.

Im Zickzack führt unsere Tour nun in nordöstlicher Richtung nach **Rustrel**. Ziel ist weniger das nur mäßig interessante Dorf, sondern der 2 km entfernte **Colorado Provençal**, dessen Ockerbrüche jeden Vergleich mit denen von Roussillon (Tour 5) standhalten. Die bizarren Gebilde des Colorado sind in den farblichen Nuancen zwar weniger intensiv, dafür aber deutlich vielfältiger. Vor allem aber ist das Gebiet der satten Farben hier größer, man könnte fast einen Tag lang darin wandern.

Rustrel - Colorado Provençal

Und der Parkplatz in einem lichten Wäldchen ist ein vorzüglicher Stellplatz, auf der Internetseite des (privaten) Ockergelände-Betreibers ausdrücklich für die Nacht freigegeben:

(049) WOMO-Picknickplatz: Rustrel

GPS: N 43°55'11" E 05°29'56"; D 22; **max. WOMOs**: >5.
Ausstattung/Lage: Mülleimer, Picknick-Bänke, klappstuhlgeeignet, Wanderwege, tagsüber Gaststätte / außerorts, häufig besucht.
Zufahrt: Fahren Sie auf der Strecke Apt, Rustrel, Banon, bis deutliche Wegweiser zum Parkplatzgelände des *,Colorado Provençal'* weisen.
Parkgebühr: Möglicherweise wechselnd, zuletzt 10 €.

Bei unserer letzten Recherche war nur noch der Parkplatz vorgenannten Stellplatzes in Betrieb, der kleinere Parkplatz, weiter westlich, war abgesperrt. Der Colorado Provençal kostet im Prinzip keinen Eintritt, der nur mittelbar über die Parkgebühr kassiert wird. Sie finden in der Nähe der Ockerfelsen keine weitere, kostenlose Parkmöglichkeit. Dafür ist im Parkpreis ein schwer verständlicher Prospekt enthalten, in dem die einzelnen Wege durch das Naturschutzgebiet erklärt sind. Im Sommer 2009 war allerdings ein Teil aus Sicherheitsgründen gesperrt:

Der kürzeste Weg beginnt immer noch etwa 300 m westlich des Parkplatzes am alten Parkplatz (dorthin führt ein Asphaltsträßchen), wo Sie eine Holzbrücke *(Passerelle)* überqueren und nach einigen hundert Metern rechts – mit Hilfe einer roten Markierung – schon im Zentrum des Colorado angekommen sind. Ein relativ kurzer Rundweg führt Sie wieder zum Ausgangspunkt zurück. Den Fußweg zu den so genannten Cheminees des Fees durfte man aus Sicherheitsgründen zuletzt nicht nehmen, was die Attraktivität der Natursehenswürdigkeit nur wenig gemindert hat, wenn man folgenden Weg gegangen ist, an dessen Zulässigkeit sich vermutlich auch in den folgenden Jahren nichts ändern wird:

Wanderungen beim Colorado Provençal

Wählen Sie den Wanderweg, der an der südwestlichen Ecke des Parkplatzes (des vorerwähnten Stellplatzes) mit gelber Markierung beginnt. Sie gehen dort, die Parkplatzzufahrt im Rücken, **geradeaus bergab** und überqueren bald einen Bach, hinter dem Sie auf einem breiten Weg stetig bergauf wandern. Nach etwa 20 Minuten führt der Weg dicht an der steilen, mit Holzbarrieren gesicherten **Abbruchkante der Ockerbrüche** vorbei, und Sie können nun vorsichtig von oben betrachten, was Ihnen zuletzt unten wegen

Steinschlaggefahr verwehrt worden ist. Achten Sie hier aber unbedingt darauf, nicht zu dicht an den Abgrund zu treten!

Sie wandern nun weiter bergauf, um gut 5 Minuten später rechts eine Abzweigung ins Unterholz zu sehen. Das ist ein deutlich schmalerer Weg, aber kenntlich an einer grünen Markierung. Sie müssen sich nun entscheiden, ob Sie hier schon heimwärts spazieren. Der grün markierte Weg ist ausgesprochen abwechslungsreich und führt südlich um den Colorado. Bei einem kleinen Wasserfall stoßen Sie nach insgesamt weniger als einer Stunde auf den oben erwähnten rot markierten Weg. Der ganze Ausflug dauert auf diese Weise etwa 1,5 Stunden.

Sie können aber auch dem Wanderbeispiel von Ralf Nestmeyer *(MM-Wandern, Provence)* folgen und nicht auf den grün markierten Weg abzweigen, sondern auf dem genannten, breiten Fahrweg mit der gelben Markierung weiter bergauf stiefeln. Sie kommen dann bald an eine Abzweigung mit gelben Wegweisern. Hier gehen Sie rechts, bis Sie auf eine Asphaltstraße treffen. Dort gehen Sie links und nach etwa 150 m an der nächsten Kreuzung wieder rechts. Nach etwa 10 Minuten verlassen Sie die Straße nach rechts auf einen Feldweg. An dieser Stelle sind wir umgekehrt, weil wir für Sie noch den oben schon beschriebenen, grün markierten Rückweg durch den Colorado erkunden wollten. Das war keine schlechte Alternative für 2,5 Wanderstunden.

Wer die große Runde wählt und Herrn Nestmeyer nicht im Gepäck hat, lässt sich von der Karte des IGN 3242 OT den Weg weisen, auf der die Rundwanderung nämlich vollständig eingezeichnet ist.

Zwischen dem 1.7. und zweiten Sonntag im September ist der Zugang zum Colorado wegen Waldbrandgefahr zeitweise, vor allem nachmittags, gesperrt.

Provence-Kenner meinen, zum Colorado Provençal passe am besten ein grauer Himmel. Ich wünsche Ihnen trotzdem einen sonnigen Tag. Auf keinen Fall darf es regnen, der Boden wird dann rutschig, und man versaut sich die Hose.

Simiane-la-Rotonde

Wenn Sie von hier nach Banon fahren, stoßen Sie auf die Tour 4 dieses Buches. Dann liegt **Simiane-la-Rotonde** am Weg. Das Schönste dieses am Hang gelegenen Dorfes ist die Sicht auf dasselbe. Wenn man aber zwischen den sorgfältig restaurierten Häusern bummelt, sucht man verzweifelt deren Bewohner. Die weilen hunderte von Kilometern entfernt. Das Dorf ist nämlich geradezu Prototyp für das Schicksal der meis-

ten Orte dieser Gegend. Sie sind von Weitem wunderschön, von Nahem erfreuen sie hauptsächlich die Notare und – vorübergehend – die Zweithausbesitzer. Dass die Freude nicht von langer Dauer ist, beweisen die Riesenangebote der Makler. Lohnend ist der Blick von der **Rotonde**, einem fast runden Turm am oberen Ortsrand. Man schaut bis zu den im Frühjahr noch mit Schnee bedeckten Zacken der Alpen. Nur den Zweck des Bauwerkes kann niemand erklären: Festung, Kirche, Waffenkammer oder Wohnung? Oder alles einmal zu seiner Zeit? Heute gibt es dort ein kleines Museum, und außerhalb der Hochsaison ist die Rotonde dienstags geschlossen.

Am Fuß von Simiane finden Sie einen kleinen Parkplatz, der sich, wie auch der Parkplatz an der Rotonde, für die WOMO-Nacht eignet:

(050) WOMO-Stellplatz: Simiane-la-Rotonde

GPS: N 43°58'46" E 05°33'51"; D 18; **max. WOMOs**: 3-4.
Ausstattung/Lage: Toilette, Wasserpumpe, Mülleimer, Gaststätte / Ortsrand.
Zufahrt: Biegen Sie von der D 51 ab und fahren Sie auf die Häuser am Fuß des Ortes zu, Sie können den Parkplatz bei Denkmal und Schule nicht verfehlen.

Möglicherweise sind Sie schon 7 km südlich vor Simiane-la-Rotonde nach **Oppedette** abgebogen. Das wunderschön gelegene Miniaturdorf teilt das Los seiner Nachbarn, die Zahl der ständigen Bewohner ist auf unter 10 gesunken. Aber hier beginnt eine interessante Schlucht, der **Canyon d'Oppedette**. An den oberen Rand mit einem abenteuerlichen Aussichtspunkt können Sie bequem fahren (siehe Zufahrt zum folgenden Stellplatz). Man hat sich jede Mühe gegeben, Oppedette touristisch aufzurüsten und hat deshalb Schautafeln aufgestellt, auf denen man Ihnen – sogar in Blindenschrift – erklärt, was es zu sehen gibt. Sie können die Schlucht auch umwandern:

Umrundung des Canyon d'Oppedette

Sie gehen auf der Ostseite der Schlucht, also oberhalb von Oppedette, auf dem GR rot-weiß markiert nach Süden. Sie spazieren dabei dicht oberhalb des Canyon und überqueren den Fluss auf der Straße. Danach wandern Sie an der Westseite auf teilweise etwas ausgesetztem Weg nach Oppedette zurück *(das dauert 3 Stunden, die Orientierung ist auch ohne die Karte 3242 OT kein Problem).* An mehreren Stellen kann man auf abenteuerlichen Metalltritten in die Schlucht hinabsteigen, wovon wir dringend abraten.

Der Stellplatz oberhalb des Canyon, durch den übrigens der Calavon fließt, der Fluss, welcher uns das Tal von Apt beschert, liegt landschaftlich ausgesprochen reizvoll, aber er ist im Südteil deutlich und im Nordteil leicht bis mittel einsam. Außerdem wurde er durch die erwähnte touristische Ertüchtigung unsinnig verkleinert. Nur das Verbotsschild fehlt noch:

(051) WOMO-Wanderparkplatz: Oppedette

GPS: N 43°55'59" E 05°35'16"
max. WOMOs: >5.
Ausstattung/Lage: Schöne Naturlage, abends klappstuhlgeeignet, Wanderweg / außerorts, einsam.

Zufahrt: Biegen Sie etwa 150 m südlich von Oppedette von der D 201 beim *,P'* nach Westen ab und fahren Sie auf die Rückseite des angedeuteten Bergrückens; dort ist ein Parkplatz direkt oberhalb der Schlucht angelegt. Die Einsamkeit wird deutlich geringer, wenn Sie am Parkplatz vorbei nach Norden fahren und in der Nähe eines kleinen Friedhofes, nun oberhalb der Häuser des Dorfes, schlafen (andere Häuser sind dort in der Nähe).

Ein paar Kilometer weiter halten wir in **Viens** erneut an. In dem ebenfalls malerisch auf einer Anhöhe gelegenen Dorf sieht man wenigstens noch ein paar Alte und, eine Besonderheit für diese Gegend, sogar Kinder. Wir blicken auf die Ausläufer der Gorges d'Oppedette und stärken uns im kleinen Café. Fast wären wir nicht mehr weitergekommen und hätten in Viens genächtigt. Das wäre bestimmt keine schlechte Idee gewesen. Die Wiese am Sportplatz mit den Picknickbänken ist sogar einer der schönsten Stellplätze der Gegend:

WOMO-Stellplätze: Viens

(052) Oberstadt
GPS: N 43°53'46" E 05°33'55"; kein Straßenname; **max. WOMOs**: 2-3.
Ausstattung/Lage: Toilette, Mülleimer, Gaststätte, Geschäft, Spielplatz / im Ort.
Zufahrt: Fahren Sie in Viens oberhalb des Stadttores auf den Parkplatz bei einer kleinen Mehrzweckhalle, Wegweiser *,Parc Auto'*; u.U. können Sie auch zwei Etagen tiefer, vor dem Stadttor, unter den Platanen stehen.

(053) Sportplatz
GPS: N 43°53'36" E 05°33'38"
max. WOMOs: >5.
Ausstattung/Lage: Die schönere, naturnahe, klappstuhlverträgliche, etwas einsamere Alternative mit Blick zum Luberon, Gaststätte und Geschäft in Gehweite, Picknickbänke / Ortsrand.

Zufahrt: Bevor die D 33 auf die D 190 stößt, zeigt ein Wegweiser mit *‚P'* nach Westen zum Sportplatz westlich des Ortes (bzw. das Stadttor im Rücken an der Abzweigung links bergab und gleich wieder rechts). Suchen Sie sich am grasigen Weg bis zum Sportplatz die passende Stelle.

Stattdessen rappeln wir uns wieder auf. Zu unserem Etappenziel sind es nur noch 11 km. In **Céreste**, einem an sich unscheinbaren, aber urwüchsigen und großen Dorf, werden wir essen, schlafen und am nächsten Morgen zu einer schönen Wanderung aufbrechen. Im **Restaurant *Aiguebelle*** (*Tel. 04 92 79 00 91; außer Juli/Aug. montags Ruhetag*) hat der sehr freundliche Wirt einen ruhigen Abend, außer uns muss er nur noch einen weiteren Tisch bedienen. Wir wünschen ihm schon seit der 1. Auflage, dass unser Loblied ein wenig Schwung in seine Bude bringt. Der Gault-Millau-Führer hat im Jahr 2005 endlich mal eine Empfehlung von uns übernommen, und die Übernachtung findet in der Nähe statt, auf einem netten Parkplatz an der Straße nach Vitrolles:

(054) WOMO-Wanderparkplatz: Céreste

GPS: N 43°51'20" E 05°35'29"; D 31; **max. WOMOs**: höchstens 5.
Ausstattung/Lage: Toilette, Wasser, Mülleimer, Wanderweg, Geschäfte, Gaststätte / Ortsrand.
Zufahrt: Der Platz liegt an der östlichen Straße nach Vitrolles, der D 31. Orientieren Sie sich am Glockenturm direkt beim Stellplatz.

Hinweis: Manche Leser berichten von Störungen durch den nächtlichen Glockenschlag, andere behaupten das Gegenteil. Wenn Sie wegen des Gebimmels nicht schlafen können, schließen Sie die Dachöffnungen, das wirkt Wunder, oder fahren Sie einfach 300 m weiter auf der Straße nach Vitrolles und beenden Sie die Nacht auf dem landschaftlich noch schöneren Parkplatz vor dem Friedhof.

(055) Ein **weiterer Stellplatz** liegt beim **Schwimmbad** (auf Ihrer Michelin-Karte eingezeichnet); im westlichen Ortsteil von der N 900 Richtung *‚Piscine'* abbiegen, die erste Straße rechts und nach etwa 300 m auf einer kreisrunden Fläche beim Schwimmbad in sehr ruhiger Lage parken; Place de l'Europe; **GPS**: N 43°51'25,6" E 05°34'57,4".

Die schon erwähnte Wanderung war der Hauptgrund für unsere Nacht in Céreste und beginnt folglich bei unserem Stellplatz, wo das WOMO im Ort unter Leuten steht:

Von Céreste auf die Luberon-Kammstraße

Wandern Sie noch etwa 1,8 km auf dem Sträßchen nach Vitrolles, bis sich dieses kurz vor einem Bauernhof teilt. Während nach links der Weg nach Vitrolles weiter geht, halten Sie sich geradeaus, um bald hinter vereinzelten Wochenendhäusern auf markiertem Weg im Wald bergauf zu steigen. In etwa 600 m Höhe stoßen Sie wieder auf die D 31. Kurz danach folgt die Luberon-**Kammstraße**, auf der Sie nach links, also nach Osten abbiegen.

Wer will kann hier in der Nähe auf eine 782 m hohe Aussichtskanzel klettern. Gehen Sie nun einfach entlang der Kammstraße und achten Sie darauf, dass der Wanderweg bald eine Spitzkehre abkürzt. Irgendwann stoßen Sie auf den rot-weiß markierten GR 97, der Sie nach einiger Zeit wieder abwärts nach **Montjustin** führt. Von dort geht es auf einem rot-weißen GR zurück nach Céreste, was so eindeutig markiert ist, dass sich

niemand verlaufen kann. Auch die Wanderkarte lässt keine Zweifel aufkommen. Sie zeigt Ihnen überdies, wie Sie die höchstens vierstündige Wanderung um eine gute Stunde ausdehnen können, indem Sie nämlich oben, auf dem Berg, einen Abstecher nach Vitrolles unternehmen, um dort auf den GR 97 zu treffen.

Die Wanderung mit schönen Ausblicken ist nicht übermäßig anstrengend, da nicht die höchsten Stellen des Luberon-Kamms erreicht werden. Die Orientierung ist einfach, der größte Teil der Strecke ist sogar auf Ihrer Michelin-Karte eingezeichnet *(daneben 3242 OT, wo der östliche Teil nicht ganz drauf ist, was nichts macht; 4 Stunden).*

In Céreste kann einen auch der markierte Fußweg (Karte 3242 OT) oder die kurze Autofahrt zu einem Besuch der nordöstlich gelegenen Kapelle des **Priorats** von **Carluc** motivieren. Häufig wird man aber enttäuscht, weil das kleine Gotteshaus aus dem 12. Jahrhundert nur im Sommer und in den französischen Schulferien von 14.30 bis 19 Uhr geöffnet ist, im Winter von Donnerstag bis Sonntag. Oft sieht man also nur von außen einen ehemaligen Durchgang, die wie Menschen geformten Gräber (eine in Frankreich angeblich einmalige Kuriosität) – sowie die nette Lage der Kirche im Wald.

Die nahe, auf der Michelinkarte eingezeichnete römische Brücke östlich von Céreste, die, wie der Pont Julien (Tour 5), Teil der ehemaligen römischen Via Domitia war, kann zu allen Zeiten bestaunt werden, und meine früheren Zweifel am Alter des Zweckbaus waren vermutlich unbegründet. Der *Pont* scheint wirklich schon im 1. Jahrhundert vor Chr. dem Verkehr übergeben worden zu sein.

Auf dem Weg nach Forcalquier schickt Sie ein Wegweiser nach St. Michel und zum **Observatoire de Hte. Provence**, das im Jahre 1937 wegen der besonders klaren Luft hier gebaut worden ist. Das bedeutende astronomische Forschungszentrum veranstaltet im Juli/August touristische Sternguckerei (Prospekte bei den Fremdenverkehrsämtern), und das nahe Dorf wirbt mit einer WOMO-Entsorgungsstation.

Fast am Ende unserer Tour liegt **Forcalquier**, das von sich behauptet, einen der **schönsten Friedhöfe** der Welt zu besitzen. Das ist zwar maßlos übertrieben, und ob allein der Gottesacker die Reise nach Forcalquier lohnt, muss ich auch bezweifeln. Aber sehen Sie selbst, wenn Sie dem Wegweiser *'Cimetière classé'* (auf der Michelin-Karte eingezeichnet) gefolgt sind. Sie wandeln dann vor Arkaden aus Taxushecken und zwischen merkwürdigen steinernen Häuschen. Schön ist auch das Städtchen selbst mit alten Gassen und Bauwerken. Montags wird ein Markt abgehalten, der hauptsächlich noch den Bedürfnissen der Bevölkerung dient. Einen Campingplatz, ein Schwimmbad und mehrere für die freie Übernachtung geeignete Parkplätze gibt es auch.

Damit sind Sie schon in das Zielgebiet unseres zweiten Bandes, *'Teil 2, Der Osten'*, Band 38 der WOMO-Reihe, vorgedrungen, wo ich Ihnen südöstlich von Forcalquier, in **Villeneuve**, einen angenehmen Stellplatz in ruhiger Lage empfehle, der gleichfalls in dieses Buch passt und nun doppelt vorkommt, weil er so schön ist:

(056) WOMO-Stellplatz: Villeneuve

GPS: N 43°53'45,3" E 05°51'42,5"; Chemin du moulin; **max. WOMOs**: >5. **Ausstattung/Lage**: Ver- und Entsorgung, Mülleimer, klappstuhlgeeignet, Geschäfte und Gaststätten in der Nähe; **Zufahrt**: Fahren Sie nördlich von Manosque in Villeneuve von der D 4096 hoch in das alte Dorf, vor dem Dorf links zum Friedhof und dort bergab (bestens beschildert).

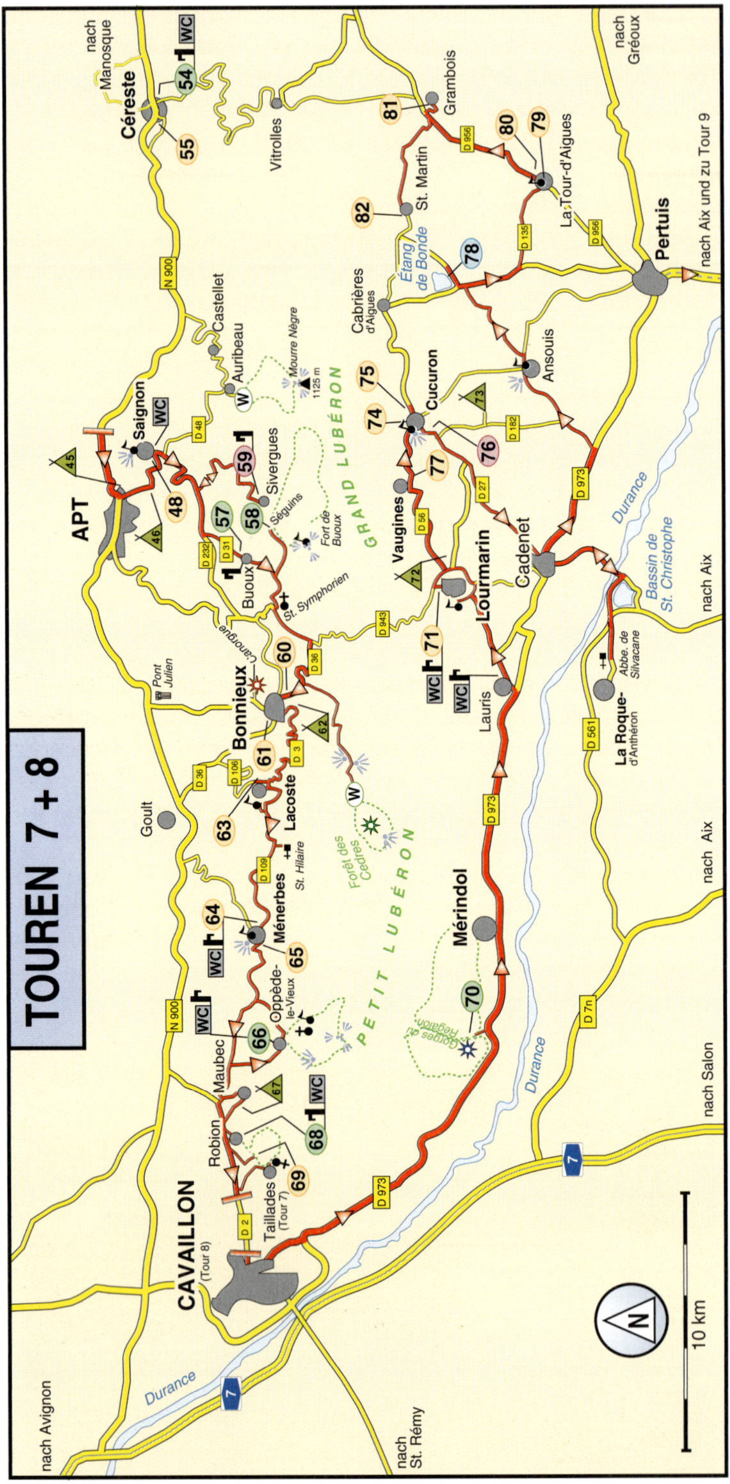
TOUREN 7 + 8
CAVAILLON
(Tour 8)
Taillades
(Tour 7)
Robion
Maubec
Oppède-le-Vieux
Ménerbes
St. Hilaire
Lacoste
Bonnieux
Goult
Pont Julien
APT
Saignon
Auribeau
Castellet
Céreste
nach Manosque
Vitrolles
Buoux
Sivergues
Séguins
Fort de Buoux
St. Symphorien
Mourre Nègre
1125 m
GRAND LUBÉRON
PETIT LUBÉRON
Forêt des Cèdres
Gorges du Régalon
Mérindol
Lauris
Lourmarin
Vaugines
Cucuron
Cabrières d'Aigues
Étang de Bonde
St. Martin
Grambois
La Tour-d'Aigues
Ansouis
Cadenet
Pertuis
La Roque-d'Anthéron
Abbe. de Silvacane
Bassin de St. Christophe
Durance
nach Avignon
nach St. Rémy
nach Salon
nach Aix
nach Aix und zu Tour 9
nach Gréoux
N 900
D 2
D 973
D 36
D 106
D 109
D 3
D 48
D 232
D 31
D 943
D 56
D 27
D 182
D 135
D 956
D 561
D 7n
7
WC
10 km
N
45
46
48
54
55
57
58
59
60
61
62
63
64
65
66
67
68
69
70
71
72
73
74
75
76
77
78
79
80
81
82

Tour 7: Die Nordhänge des Luberon

Buoux - Bonnieux - Lacoste - Ménerbes
Oppède-le-Vieux - Robion

Stellplätze:	in Buoux, bei der *Auberge des Seguins*, in Sivergues, in Bonnieux, in Lacoste, in Ménerbes, bei Oppède-le-Vieux, in Robion, bei Taillades
Campingplätze:	in Bonnieux und Maubec
Besichtigen:	das Fort de Buoux; die Dörfer Bonnieux, Lacoste, Ménerbes und Oppède-le-Vieux; den Zedernwald bei Bonnieux; Abbaye de Saint-Hilaire; Korkenziehermuseum,
Essen:	Restaurants *Auberge de la Loube* in Buoux, *Auberge des Seguins* beim Fort de Buoux, *Le Fournil* und *Bastide de Capelongue* in Bonnieux
Wandern:	Spaziergang zum Fort de Buoux oder Wanderung von dort zum Kamm des Grand Luberon, Spaziergang durch den Zedernwald, von Oppède-le-Vieux zum Kamm des Petit Luberon, von Robion durch den Cirque de Boulon

Schon eingangs der 5. Tour sprach ich von den unvergleichlichen Schönheiten dieser Gegend und dass ich die Wege der 5., 6. und der 7. Tour literarisch stärker getrennt habe, als dies vielleicht dem wirklichen Urlaubsleben entspricht. Denn alles ist hier in Sichtweite: Von Bonnieux blickt man nach Gordes und von Roussillon auf die Burg von Lacoste. Die Dörfer und Nester am **Nordhang des Luberon** sind mir fast noch sympathischer als die touristisch stärker orientierten Orte am Südrand des Plateau von Vaucluse. Veranschlagen Sie, auch wenn Sie nicht wandern, für dieses Gebiet mehr als einen Tag!

Wir starten erneut in Apt, um nach 4 km schon wieder anzuhalten: Denn an **Saignon** kommt man nicht vorbei ohne in der Nähe der romanischen Kirche den prächtigen Panoramablick zu genießen. Ich habe mich schon bei der 6. Tour mit Saignon und Stellplatzzweifeln geplagt. Dort ist auch die auf der Karte zur 7. Tour dargestellte Wanderung zum Mourre Neige beschrieben.

Unsere nächste Station ist **Buoux**, das im Grunde nur aus einer Hand voll Häusern, einem Rathaus und einem Brunnen besteht. Trotz dieser Winzigkeit beklagt eine Tafel drei Tote des ersten Weltkrieges. Und eine andere verbietet es dem Wandersmann, sich im Brunnen zu waschen (aber den WOMO-Tank darf man füllen). Außerdem gibt es noch ein gemütliches Lokal, das im Sommer mit einer Veranda und in der kühleren Jahreszeit mit Kaminfeuer für beste Stimmung sorgt. Die ***Auberge de la Loube*** überwältigt uns dabei mit einer grandiosen Vorspeisenplatte. In wenigstens 15 Schüsselchen werden typisch provenzalische Köstlichkeiten aufgetischt – vom Wachtelei bis zur Tapenade. Das Hauptgericht ist danach fast schon Nebensache (inzwischen können Sie die Vorspeisen auch ohne Hauptgang bestellen). Peter Mayle war natürlich auch schon dort, was aber weder den Preisen noch der familiären Atmosphäre geschadet hat. Und es stimmt wirklich, dass wir das Lokal, welches zu unseren liebsten zählt, vielleicht nicht vor ihm, aber ohne ihn entdeckt haben *(Tel. 04 90 74 19 58; mittwochs abends und – außerhalb der Saison – donnerstags geschlossen; Sie sollten ein paar Stunden vor dem Essen reservieren)*.

Bei der Runderneuerung dieses Buches habe ich etwa 250 m vom Lokal entfernt den Stellplatz unversehrt, aber weiterhin mit etwas Gefälle vorgefunden. Zumindest letzteres wird sich nie ändern:

(057) WOMO-Wanderparkplatz: Buoux (Dorf)

GPS: N 43°49'53" E 05°22'45"; D 113; **max. WOMOs**: >5.
Ausstattung/Lage: Wasser, Gaststätte, klappstuhlgeeignet, Wanderwege, abschüssige, große und teilweise holprige Wiese mit annähernd ebenen Bereichen, trotzdem sind Auffahrkeile erforderlich / Ortsrand.
Zufahrt: Kommen Sie von Norden auf der D 113 (von Süden nur bis 8 m erlaubt und wegen überhängender Felsen schwieriger anzufahren) und biegen Sie am nördlichen Ortsrand auf eine große als ‚*P*' gekennzeichnete Wiese ab.

Ab und an wählen wir die kulinarisch kaum schlechtere Alternative, die ***Auberge des Seguins***, zu der man südlich von Buoux bei einer ehemaligen Mühle, die heute als Ferienkolonie genutzt wird, abzweigt. In der *Auberge* verspeisen hauptsächlich Deutsche die bezahlbare, ländliche Kost, die in ausgesprochen legerer Atmosphäre aufgetischt wird. Es gibt ebenfalls eine reichhaltige Vorspeisenplatte *(Tel. 04 90 74 19 89; von Mitte November bis Anfang März geschlossen, kein Ruhetag, im Sommer gelegentlicher Rummel von Reisebussen).*

Und vor dem Lokal finden Sie erstklassige Übernachtungsmöglichkeiten, die infolge meiner Lobpreisung in einer früheren Auflage so intensiv genutzt wurden, dass die Chefin die Übernachtung nur noch duldet, wenn man auch in ihrem Wirtshaus einkehrt. Vor diesem windet sich zwischen geräumigen Wiesen und am Fuße hoher, senkrechter Felswände, an welche die Auberge fast angebaut ist, ein kleiner Bach. Die vordere Fläche diesseits des Baches bietet sich als Schlafplätzchen an. Die Wirtsleute betrachteten zunächst argwöhnisch unser WOMO, sie überschlugen sich aber fast vor Freundlichkeit, als wir uns zum Abendessen angemeldet haben (die Betreiberin spricht deutsch). Dies ist ein Platz, den man nicht übervölkern darf; fünf Wohnmobile sind schon zwei zu viel. Verderben Sie bitte diese Wiese nicht! Ich möchte weiterhin bedenkenlos frischen Landwein ordern; so viel, um später im Bett dem gurgelnden Bach nicht mehr lange lauschen zu können:

(058) WOMO-Wanderparkplatz: Buoux *(Auberge d. Seguins)*

GPS: N 43°49'21,2" E 05°23'5,9"; **max. WOMOs**: 2-3.
Ausstattung/Lage: Gaststätte, Wanderwege, die Übernachtung wird nur nach einem vorherigen Essen geduldet / außerorts, nicht einsam.
Zufahrt: Biegen Sie südlich von Buoux bei einer Ferienkolonie zum *'Fort de Buoux'* ab und fahren Sie durch das Tal bis zum Restaurant.

Auf den Parkplätzen seitlich der Straße zur Auberge des Seguins ist das Übernachten nicht erlaubt. Offenbar möchte man den vielen Kletterern Einhalt gebieten. Die Wände bei Buoux gehören zu den klassischen Zielen der Climber in Europa und waren schon Schauplatz mehrerer einschlägiger Filme.

Ins Tal von Seguins fährt man aber auch, um das **Fort de Buoux** zu besichtigen. Wir bauen den 15-minütigen Anstieg zur Felsenterrasse der ehemaligen Festung in eine Wanderung ein. Ich kann nur jedem Nichtwanderer zu etwas Sportlichkeit und zum Ausflug auf das Fort raten. Denn man ersteigt immerhin das bedeutendste mittelalterliche Festungswerk der Provence und wird mit einer beeindruckenden Sicht hinunter ins Tal belohnt. Schon die Kelten haben hier ihre Götter verehrt. Wo es auf der obersten Spitze nicht mehr weitergeht, erkennt man eine runde Vertiefung, die von der Gelehrten als Opferstätte gedeutet wird, und die daneben in den Stein gemeißelte Rinne diente angeblich zum Abfluss des Tierblutes. Unterhalb der eigentlichen Burg fand man eine Vielzahl frühgeschichtlicher Felsengräber, was die These unterstreicht, dass es sich bei der merkwürdigen Steinkuhle um eine Opferstelle handelt. Blutig muss es auch in späteren Zeiten zugegangen sein, spätestens als Richelieu im Auftrage Ludwigs XIV. im Jahre 1660 die Festung zerstörte. Zuvor hatten sich Protestanten und Waldenser hierher geflüchtet (Näheres zu den Waldensern siehe unten bei Ménerbes und Oppède-le-Vieux). Interessant sind auch die ehemaligen runden, in den Fels gehauenen Vorratssilos. Und ein tolles Echo kann man hier oben auch noch hören *(täglich geöffnet, 3 €)*.

Vorratssilos im Fort de Buoux

Vom Fort de Buoux zum Kamm des Luberon

Vom **Eingang des Forts**, unterhalb des Eintrittskartenhäuschens, setzen wir unsere Wanderung fort. Wie schon vom Tal her ist die Markierung bis zum **Kamm des Grand Luberon** gelb-rot. Lange steigen wir durch den Wald stetig bergauf (leichte Orientierungsprobleme – Karte erforderlich), erst kurz vor Erreichen des Gipfels weicht die Bewaldung einer Wiesenlandschaft. Dort treffen wir dann auch auf die rot-weiße Markierung des GR 9, die uns hinter dem zweiten Gipfel nach links weist. Diese zweite Kuppe, an der auch der Rückweg beginnt, ist immerhin 902 m hoch, und Ende März wird es uns, obgleich nicht einmal der Mistral bläst, so kalt, dass wir beim Wandern die Hände in den Jackentaschen wärmen.

Beim Abstieg ist nun im Unterholz die Orientierung erneut etwas schwierig, letztendlich können wir uns aber kaum verirren, ehe wir oberhalb des **Tals des Aiguebrun** (so heißt der Bach an der *Auberge des Seguins*) an einigen Felsenhöhlen und merkwürdigen Steinhaufen vorbei kommen. In solchen Höhlen wurden bis zu 50.000 Jahre alte Knochen und Werkzeuge gefunden. Am Ende der Wanderung sehen wir wieder tief unten am Bach unser WOMO. Die Wanderstrecke misst etwa 10 km, sie dauert wegen der langen Besichtigung des Forts und wegen des Anstiegs aber etwas länger als man erwartet.

Wer früh genug aufgebrochen ist, kann die Strecke trotzdem ausweiten: Gehen Sie auf dem Kamm nicht mit der rot-weißen Markierung auf den zweiten Gipfel zu, sondern folgen Sie rechts von diesem dem Fahrweg. Etwa 1,5 km hinter der Abzweigung des rot-weißen GR 9 führt nach links ein markierter Wanderweg hinunter nach **Sivergues**. Dort muss man am südlichen Ortsrand einem Sträßchen nach links in westlicher Richtung folgen, von wo ein markierter Weg zur *Auberge des Seguins* zurückführt *(Karte: 3243 OT für beide Alternativen dringend empfohlen).*

Im nahen, östlich gelegenen **Sivergues**, das nur aus wenigen Häusern besteht, darunter einer schlichten Herberge, dürfen Sie auch sehr ruhig übernachten. Sie können am Ortseingang den Parkplatz unter Bäumen, wo sogar Picknickbänke aufgestellt sind, nicht verfehlen. Wasser finden Sie bei der *Gîte d'étappe*. Ein Platz für warme Sommerabende und nichts für graue Herbsttage:

(059) WOMO-Picknickplatz: Sivergues

GPS: N 43°49'43" E 05°24'13"; D 114; **max. WOMOs**: >5.
Ausstattung/Lage: Bänke und Tische, Wasser, Mülleimer, Wanderwege / außerorts, eher einsam.
Zufahrt: Biegen Sie südlich von Abt und Saignon von der D 232 nach Sivergues ab, der große Parkplatz liegt vor den Häusern.

Bei der Weiterfahrt von Buoux in die andere Richtung, nach Westen und Richtung Bonnieux, sieht man kurz vor Erreichen der D 943 linkerhand hinter den Bäumen einen einsamen, romanischen Glockenturm emporragen. Er stammt aus dem 12. Jahrhundert und ist das Überbleibsel des **Klosters St. Symphorien** (nicht zu besichtigen). Wenn der Campanile Ihnen

Bonnieux

bekannt vorkommt, haben Sie den Kirchturm von Notre Dame d'Aubune bei Beaumes-de-Venise (Tour 3) noch in guter Erinnerung, er sieht dem hiesigen nämlich zum Verwechseln ähnlich.

Später biegen wir auf die D 36 nach Bonnieux ab. Geradeaus nach Lourmarin werden wir bei der 8. Tour fahren. **Bonnieux** ist einer unserer Lieblingsorte. Es fehlen zwar die großen Sehenswürdigkeiten, aber sonst wird alles geboten. Fangen wir mit den Stellplätzen an, von denen uns der erstgenannte eindeutig besser gefällt. Merkwürdigerweise stehen die meisten WOMOs auf dem anderen (Nr. 061), einem Allerweltsplatz mit etwas Sicht und nahen mobilen Nachbarn:

WOMO-Stellplätze: Bonnieux

(060) Oberstadt
GPS: N 43°49'25" E 05°18'42"; Av. Philippe de Girard; **max. WOMOs**: 5.
Ausstattung/Lage: Mülleimer, Gaststätten, Wanderwege / Ortsrand.
Zufahrt: Der Platz liegt am **südöstlichen** (!) Ortseingang seitlich der Straße nach Lourmarin, der D 36. Wer von Norden kommt, muss bergauf durch den ganzen Ort (offiziell nur 3,5 to), Richtung Lourmarin, und parkt am Ortsende links, eine Etage höher als die Straße.
In umgekehrter Richtung müssen Sie noch vor den Häusern in einer engen Kurve hoch auf den Parkplatz, der dann rechts oberhalb der Straße liegt (mit blauem *'P'* beschildert, auch nur 3,5 to, womit aber die erst nach dem Stellplatz beginnende Ortsdurchfahrt gemeint ist, es wird Sie vermutlich niemand kontrollieren, und sogar der Bus passt durch den Ort).

(061) Unterstadt
GPS: N 43°49'30" E 05°18'25"; D 36; **max. WOMOs**: 5-7.
Ausstattung/Lage: Gaststätten, Geschäfte / im Ort.
Zufahrt: Der Platz liegt am **nördlichen** Ortseingang nahe der Straße nach Goult, ebenfalls der D 36. Gemeint ist der Platz vor der Feuerwehr und hinter der unteren Kirche, nicht der nahe Platz weiter westlich, auf dem man nicht nächtigen darf.

Die Auswahl an Übernachtungsplätzen ist in dieser Gegend erfreulich groß, wir werden Ihnen in fast jedem der folgenden Luberon-Dörfer eine Alternative anbieten, wobei die Stellplatzmöglichkeiten von Bonnieux den Vorteil haben, dass Häuser in der Nähe sind. Der nahe Campingplatz, einer der schönsten im Luberon, ist trotzdem im Sommer die beste Wahl:

(062) WOMO-Campingplatz-Tipp: Bonnieux (Vallon)

GPS: N 43°49'08" E 05°18'41"; **Ortszentrum**: 0,6 km.
Zeiten: 1.5.-31.10.; bei Ankunft in der Mittagspause kann man trotzdem einen Platz suchen; **Tel**. 04 90 75 86 14. **Ausstattung**: Brotverkauf, Geschäfte und Gaststätten im nahen Ort, Wanderwege.
Zufahrt: An der D 3 südwestlich von Bonnieux, der Straße nach Lacoste, beschildert.

Hier kann man sich richtig erholen. Ruhiger geht es kaum, und einen schönen Blick auf Bonnieux hat man obendrein. Nur der Pool fehlt, was aber im Hochsommer nicht unbedingt die Platzgarantie ist. Man ist nach acht Minuten zu Fuß im Ort – und muss sich dann entscheiden, falls gerade Essenszeit ist. Soll es ein Restaurant mit Traumblick sein? Das heißt *César* oder *Le Tinel*, und der Fernblick ist wirklich Weltklasse. Aber das ist er von der nahen Brüstung auch, wo er nichts kostet (siehe auch Seite 119). Also dann doch lieber zum deutlich besseren Essen ohne Blick. Dafür sitzen Sie im **Restaurant *Le Fournil*** während des Sommers, wenn die große Terrasse an der Dorfstraße bewirtschaftet wird, an einem lebhaften Treffpunkt des Luberon und im Zentrum geselligen Genießens. Aber Sie werden selbst auch Objekt einer Inszenierung. Die Küchenleistung ist überdurchschnittlich, die Bedienung gibt sich sehr freundlich, und Hans Dobler hat während der Aufdeckung der *‚Gordische Lüge'* hier auch schon gefeiert *(mitten im Ort; leider muss man im Sommer wenigstens einen Tag vorher unter Tel. 04 90 75 83 62 oder bei einer persönlichen Vorsprache reservieren; montags geschlossen)*.

Sie könnten auch das Traumessen und den Traumblick (auf Bonnieux) kombinieren. Edouard Loubet, einer der besten Köche der Provence, betreibt oberhalb von Bonnieux die ***Bastide de Capelongue***. Verlegen Sie Weihnachten, einen runden Geburtstag, den Hochzeitstag und tunlichst auch noch Ihre Beförderung auf *ein* Datum, kratzen Sie die stillen Reserven aus Ihrem geheimsten WOMO-Versteck (Sie werden sie leider brauchen), reservieren Sie rechtzeitig (in der Hochsaison schon mehr als eine Woche vorher), lassen Sie sich nicht von der distinguierten Atmosphäre einschüchtern (sitzt man erst mal und hat man einen *Apéritif* intus, kann man die aufmerksame Freundlichkeit des Bedienungspersonals genießen) und vertrauen Sie dem Weinkellner. Der kennt den Umfang Ihrer Geldbörse besser als Sie. Er wird Sie wegen Ihrer Weinwahl loben, auch wenn sie ihn innerlich schmerzt (schlechte Weine führt ein solches Haus nicht). Und es wird ihm gelingen, Sie umzulenken, auf ein fruchtiges Gewächs aus dem Luberon (vielleicht vom Weingut *Canorgue* aus Bonnieux) oder, wenn er Ihr Portemonnaie etwas dicker taxiert, auf einen weißen *Châteauneuf-du-Pape*. Danach ist nur noch Genuss angesagt, die Freude daran, wie die Küche den *Kräutern der Provence* den Respekt zollt, der solchen Kräutern gebührt. Und ganz zum Schluss, nach Käse und Dessert, und nachdem Sie sich vielleicht noch einen *Digestif* genehmigt haben, werden Sie zu Fuß den Heimweg antreten, weil Ihr WOMO nur etwa 400 m unterhalb auf Stellplatz Nr. 060 parkt, Sie konnten es von der Terrasse sehen und haben das aber nicht dem Oberkellner erzählt *(Tel. 04 90 75 89 78; zwei Michelin-Sterne; unter www.capelongue.com können Sie die Speisekarte bestaunen und vor den Preisen erschrecken).*

Bonnieux ist nicht nur das größte der Dörfer am Luberon-Nordhang (1.430 Einwohner), von hier aus hat man auch den bereits angedeuteten schönsten Blick ins Tal und auf die gegenüberliegenden Hänge. Außerdem gibt es an der Durchgangsstraße ein **Bäckereimuseum** *(Musée de la Boulangerie; 10-12.30 und 14.30-18 Uhr; 3,50 €)*. An den beiden Ostertagen trifft sich auf dem **Töpfermarkt**, wer sonst samstags nach dem Markt von Apt ein Gläschen zusammen trinkt und wer sich den Luberon zur zweiten Heimat auserkoren hat, und stellt dar, auf welch vielfältige Weise Keramik verkitscht, aber auch kunstvoll herzustellen ist.

Bonnieux wäre nicht einer unserer Lieblingsorte, könnte man von hier, am Fuße des beherrschenden Bergkamms, nicht auch zu erlebnisreichen Wanderungen starten. Vor allem zum Zedernwald, den Sie mit Hilfe der Wanderkarte ab Bonnieux leicht erreichen.

Den **Zedernwald** *(Massif des Cèdres)*, eine wirklich einmalige Natursehenswürdigkeit, können Sie aber auch leicht mit dem Wohnmobil anfahren, wenn Sie südlich von Bonnieux von der D 36, der Straße nach Lourmarin, abbiegen und dem Wegweiser folgen (nur aus Richtung Bonnieux mit *‚Forêt des Cèdres'* beschildert; wenn man hingegen von Süden kommt, muss man am großen Wegweiser Richtung *'L'Enclos des Bories'* links abbiegen). Sie gelangen so auf die Luberon-Kammstraße, die bis zu den Zedern für Autos frei gegeben ist. Im Sommer knöpft man Ihnen kurz vor dem Ziel Eintrittsgeld ab *(3 €)* und ermahnt Sie, hier oben nicht die Nacht zu verbringen, was wegen der Waldbrandgefahr ernst zu nehmen ist. An der bald folgenden Barriere müssen Sie sich entscheiden, ob Sie Ihr Stahlross satteln, um auf der Kammstraße zu radeln – auf der Michelin-Karte ist das Sträßchen als schwarzer Strich eingezeichnet – oder ob Sie lieber zu Fuß die Zedern bestaunen. Ein gewisser Monsieur Renou hat die Bäume vor langer Zeit hier in eigentlich unnatürlicher Umgebung kultiviert, weil die Zedern besonders waldbrandresistent sind. Die Kolosse haben sich dann so gut vermehrt, dass man heute vom Luberon aus an der Geburtsstätte dieser Zedernart, im Atlasgebirge, Aufforstungshilfe leisten darf.

Wenn Sie mich fragen, wo Sie an einem windarmen Frühlingstag eine Stunde in der Sonne sitzen sollten, obwohl Sie nie wandern, allenfalls 25 Minuten auf einem bequemen Waldweg zu schlendern bereit sind, parken Sie an der Barriere im Zedernwald, gehen Sie auf der Teerstraße nach Westen und biegen Sie beim zweiten Wegweiser *(‚Les Portalas')* nach links ab (die Richtungstafel des ersten Wegweisers war zuletzt abgebrochen). Wenn Sie dann bald an einer Aussichtsstelle (genannt *‚Les Portalas'*) des Luberon-Kamms in das Tal der Durance blicken, zur Montagne Ste. Victoire, den Alpilles und sich sogar einbilden, am Horizont das Meer zu erahnen, werden Sie mit Recht mutmaßen, an einer der schönsten und ruhigsten Stelle dieses Teils der Welt zu sitzen.

beim Zedernwald - *Les Portalas*

Durch den Zedernwald

So Sie die Bereitschaft zu einem längeren Spaziergang haben, wählen Sie die mit Wegtafeln eines Naturlehrpfades markierte Rundwanderstrecke, die bereits beim ersten Wegweiser *,Les Portalas'* (das ist der, bei dem zuletzt die Aufschrift gefehlt hat) nach links abzweigt und die, bis Sie beim zweiten Wegweiser angekommen sind, rund 1,5 Stunden in Anspruch nimmt.

Sie werden sich dann gerade erst eingelaufen haben und Ihre Tour auf dem Kammweg nach Westen ausdehnen. Bevor Sie mir allerdings schreiben, Sie hätten eine Wanderung und keinen Spaziergang erwartet, starten Sie doch bitte mit Hilfe der Karte 3142 OT in Bonnieux, zwei verschiedene Hinwege kommen in Frage, und wenn Sie den Hals nicht voll kriegen können, sogar ein auf der Karte eingezeichneter Rückweg über Lacoste.

Wir haben auch schon beschauliche Nachmittage damit zugebracht, dass wir das Wohnmobil seitlich der Kammstraße geparkt haben, um uns auf den Wiesen mit einem Buch an der großartigen Fernsicht und, wie das Foto zeigt, an einer Schafherde zu erfreuen.

Nicht ganz so aufregend wie Bonnieux ist **Lacoste**, das mit der krokodilmäßigen Freizeitkleidung nichts zu tun hat. Einheimische, die hier dauerhaft leben, werden stetig weniger. Dafür tummeln sich Künstler und Zweithausbesitzer, welche die verfallenen Gemäuer aber ganz ordentlich wieder hergerichtet haben, in einem netten Straßencafé am Hang, wo Sie einen zauberhaften Blick auf das gegenüberliegende Bonnieux genießen. Zudem ist Lacoste das Luberon-Dorf mit der berühmtesten **Burgruine**. Hier lebte nämlich zeitweise der Marquis de Sade.

Der Marquis de Sade

hieß eigentlich Donatien Alphonse François und pflegte nach seiner Geburt 1740 in Paris, einer Jugend mit Zugang zum königlichen Hof und längerer Militärzeit ein ausschweifendes Leben mit zahllosen Geliebten und hohen Kosten. Die Pleite konnte nur durch eine konsequente Auswahl reicher Schwiegereltern abgewendet werden, und angeblich assistierte ihm die Gattin im Umgang mit beiden Geschlechtern bei dem, was man ihm heute noch nachsagt. Jedenfalls wurde er mehrfach eingesperrt: Weil er eine

Geliebte gefoltert und weil er mit dem Ziel des Gruppensex Drogen in Bonbons von Prostituierten gemischt haben soll. Das brachte ihm die Todesstrafe ein, der er nur durch Flucht entkommen konnte. Dummerweise machte er sich dabei an seine junge Schwägerin, ein Stiftsfräulein, heran und wurde deshalb für längere Zeit in der Bastille von Paris eingekerkert.

Nun begann die Zeit des literarischen Schaffens: In kleinster Schrift, um mehr und heimlich produzieren zu können, schrieb der Marquis unter anderem die berühmten *‚120 Tage von Sodom'*. Im Zuge der Revolution kam er frei, verfasste *‚Justine oder das Unglück der Tugend'*, aber auch politische Schriften, schloss sich den radikalen Jakobinern an und wurde sogar Richter. In den späteren Wirren der Revolution entging er nur durch einen Zufall der Guillotine und endete schließlich im Irrenhaus, wo er 1814 starb.

Dass der Marquis 27 Jahre seines Lebens in Kerkern oder Irrenhäusern verbringen musste, lag weniger an seinen realistischen und perversen Schilderungen, gegen die manch neuzeitlicher Pornofilm Kinderkram ist, als an vielfältiger Gotteslästerung und der Forderung nach Abschaffung von Religion und Monarchie.

Auf sein ererbtes Schloss in Lacoste zog er nach verschiedenen Kurzaufenthalten erst 1771, vermutlich infolge des gesellschaftlichen Schadens nach der Gerichtsverhandlung in Paris. Lange kann er sich dort nicht aufgehalten haben, weil er bald danach wegen der Bonbon-Sache wieder fliehen musste.

Burg und Dorf von Lacoste

Das Schloss wurde schon 1792 geplündert, beschädigt und im Jahr 1797 vom Marquis an einen Adeligen verkauft, dem es augenscheinlich nicht gelungen ist, den ursprünglichen Zustand wieder herzustellen. Was heute noch oder wieder existiert, kann man nicht besichtigen. Der vorletzte Schlossbesitzer, ein Lehrer, hat Jahrzehnte damit zugebracht, die Ruine zu restaurieren. Sehr weit ist er nicht gekommen, zu oft wurde er abgelenkt. Der Schulmeister frönte nämlich noch einer weiteren Beschäftigung und vertrieb Wohnmobile von der riesigen Wiese seitlich seines Hobbys. Das Unterfangen war allerdings nicht ergiebig, so dass der Pauker irgendwann aufgab. Noch heute können Sie an der D 109, der Straße nach Ménerbes, in die *Rue de Château* abbiegen und die Fläche betrachten, von der unsereiner noch den Enkeln vorschwärmen wird, weil sie ein Traum von einem Stellplatz und einst noch nicht durch große Wackersteine versperrt war, für die der Schulmeister vermutlich nicht das nötige Kleingeld hatte. Bedauerlicherweise starb jener zur Jahrtausendwende, und kein Geringerer als der Modezar **Pierre Cardin** hat im Jahr 2001 das Gemäuer erworben.

Pierre Cardin in Lacoste

Cardin, einer der geschäftstüchtigsten Modeschöpfer aller Zeiten, hat sehr bald nach dem Erwerb die Ruine sichtbar restauriert (aber nicht wieder aufgebaut) und leider noch schneller die Wiese verrammelt. Dort findet jährlich im Sommer ein von Cardin finanziertes Festival statt, was natürlich nichts ist gegen die Stromgeneratoren der ‚echten' Wohnmobilszene, die ich dort vor der Absperrung noch sah. Und in die Büsche wird vermutlich erst recht .... , nicht von WOMO-Bewohnern, aber trotz der Steine.

Der alte Cardin (1922 in Italien als *Pietro Cardini* geboren) hat dem Dorf aber nicht gut getan, denn er kaufte es nach und nach auf. Über 30 Häuser hat er schon erworben, und immer noch werden Alteingesessene schwach, wenn der betagte Modekrösus seine Leute losschickt. 22 Millionen Euro sind angeblich im Ort investiert, und die so gekauften Objekte dienen der *Entourage* des neuen Herrschers über Lacoste. Die meiste Zeit steht alles leer, weil der feudale Pierre in Théoule-sur-Mer an der Côte d'Azur lebt und nur wenige Wochen im Luberon Hof hält, wobei er nicht mal auf seinem Schloss wohnt.

In ruhigen Zeiten spaziere ich immer noch gerne über die Wiese am Schloss und durch die wenigen Gassen. Wahrscheinlich sind Galerien und Läden besser als Stillstand und Verfall. Und der neue Stellplatz – ich habe ihn noch nie im Hochsommer besucht – ist fast ein Geheimtipp:

(063) WOMO-Stellplatz: Lacoste

GPS: N 43°50'06,1" E 05°16'19,2"; **max. WOMOs**: 4 - 5. **Ausstattung/Lage**: Gaststätte und Geschäft (im Dorf), Mülleimer, Spielplatz, schön schattig, teilweise abschüssig, für sehr große WOMOs nicht geeignet / Ortsrand.

Zufahrt: Fahren Sie in Lacoste auf der D 106 Richtung Goult, Sie kommen dann am Rand des Dorfes an einem mit *‚P'* beschilderten Parkplatz unterhalb der Straße vorbei.

Auf dem weiteren Weg nach Westen lohnt sich ein kurzer, beschilderter Abstecher bergab zur **Abbaye de Saint-Hilaire**, wo man beeindruckt bestaunt, wie mit privaten Mitteln (seit 1961) die Restaurierung eines mittelalterlichen, im 13. Jahrhundert gegründeten Klosters gelungen ist. Vor allem aber ist es die Lage des Klostergartens am Fuß des Luberon, die ein Kleinod am Wege in den Rang einer richtigen Sehenswürdigkeit erhebt *(10 - 19 Uhr; kostenlos; meistens ist auf dem kleinen Parkplatz genügend Raum; jedenfalls können Sie unbesorgt den Zufahrtsweg nehmen).*

St. Hilaire

Übernachten können Sie an der Abbaye nicht, im Gegensatz zum nahen, westlich gelegenen **Ménerbes** (1.000 Einwohner). Der Hauptschlafplatz ist dort ortsnah, geräumig, eben, nicht einsam, aber doch frei gelegen, mit etwas Blick ins Tal – und zugleich der Boulesplatz:

(064) WOMO-Stellplätze: Ménerbes

GPS: N 43°49'55,2" E 05°12'27,6"; **max. WOMOs**: >5.
Ausstattung/Lage: Toilette, Wasser, Gaststätten, Geschäfte / Ortsrand.
Zufahrt: Man kommt am Stellplatz vorbei, wenn man von Osten auf der D 109 oben in Ménerbes eintrifft. Es handelt sich um den Platz unterhalb der Straße, am Beginn des Dorfes und im Schatten großer Bäume. Sie können ihn nicht verfehlen.

(065) Alternativ stehen Sie auf der anderen Seite des Ortes, auf der Westseite, bei der *Bibliothéque municipal*; **GPS**: N 43°49'57,6" E 05°12'13,9".

Ménerbes ist nicht nur geschichtsträchtig, es ist auch ein Dorf, in dem die Einheimischen noch nicht ganz so deutlich in Unterzahl geraten sind, wo es noch Metzger und Bäcker gibt und nicht nur Kunstgewerbeläden. Dabei streckt es sich ausgesprochen malerisch auf einem Hügel, und darf sich sogar zu den *'Schönsten Dörfern Frankreichs'* zählen. Das ist es

Ménerbes

auch tatsächlich (was nicht selbstverständlich ist). Vermutlich war es das schon, bevor hier Herr Mayle wohnte, bis es ihn angeödet hat, dass ständig Amerikaner oder weißhäutige, englische Landsleute in seinen Pool stierten. Ob Mr. Mayle, wenn er in seinem neuen Domizil, bei Lourmarin (Tour 8), wo er nach einem Zwischenjahr in New York sesshaft geworden ist, die Kontoauszüge betrachtet, Ménerbes nur in guter Erinnerung hat, muss also bezweifelt werden. Es ist aber ein Gerücht, dass das **Korkenzieher-Museum**, wo 1.000 Exemplare des so wichtigen Gerätes ausgestellt sind, auf Herrn Mayle zurückzuführen ist, obwohl dieser literarisch häufig und geübt mit jenem Werkzeug hantiert hat *(Musée du Tire-Bouchon, 2 km westlich, ab Ménerbes beschildert; 10-12 und 14-19 Uhr, im Winterhalbjahr bis 17 Uhr)*. Dazu passt in Ménerbes, im obersten Teil des Dorfes, das **Maison de la Truffe et du vin**, wo Sie die AOC-Weine aller Luberon-Winzer zum Preis wie auf dem Weingut kaufen können und Wissenswertes über die Trüffelsuche erfahren *(April - Oktober).*

Hugenotten und Waldenser

Die meisten Menschen sind im Laufe der Geschichte umgebracht worden, weil andere den eigenen Glauben dem Rest der Mitwelt aufzwingen oder unter dem Deckmantel eines Glaubenskrieges Machtansprüche durchsetzen wollten. Dabei spielte auch die auf einen schmalen Fels gebaute Burg von Ménerbes eine unrühmliche Rolle.

Hugenotten haben sich hier unglaubliche fünf Jahre lang vor den katholischen, königlichen Truppen verschanzt und mussten sich im Jahr 1579 doch ergeben. Aber sie wurden danach nicht, wie andernorts, niedergemetzelt, sondern man gewährte ihnen stattdessen freien Abzug, was zu dieser Zeit eine Ausnahme war, 19 Jahre vor dem Edikt von Nantes, mit dem in Frankreich wenigstens für eine Zeit lang Religionsfreiheit gewährt worden ist.

Schlimmer war das Schicksal der **Waldenser** (französisch *Vaudois*), einer Sekte, die Petrus Valdes, ein Lyoner Kaufmann, im 12. Jahrhundert gegründet hatte. Seine Anhänger lebten nach dem Vorbild Jesu in Armut und wurden wegen ihrer Praxis der Laienpredigt schon im 12. Jahrhundert exkommuniziert. Der damalige Papst sah in ihnen eine Bedrohung für den wahren Glauben und überzeugte sogar den deutschen Kaiser Friedrich I., Barbarossa, zu einem Kreuzzug gegen die Waldenser und andere Sektierer. Die Anhänger von Valdes flüchteten, und einige von ihnen verschlug es auch in den Luberon, wo sie als fleißige Bauern und Handwerker zunächst gerne aufgenommen wurden, weil der Landstrich durch eine Pestepidemie entvölkert worden war. Sie lebten friedlich nach strengen Regeln: kein Kirchengebäude, keine Priester, kein Marienkult, kein Sündenablass und konsequent pazifistisch.

Das ging bis zur Reformation gut. Aber etwa ab 1530 wurden dem Papst die Protestanten zu gefährlich, zumal er befürchten musste, die Ketzerei könne auf seine provenzalischen Besitztümer übergreifen; das damals noch der Kirche gehörende Avignon war nicht fern. Außerdem musste sich Franz I., König von Frankreich, profilieren. Er hatte zu gute Kontakte zu deutschen, protestantischen Fürsten, ihm drohte daher ebenfalls Ungnade beim Papst. So bewies er Glaubensstrenge, und weil es im Luberon keine Lutheraner gab, hielt man sich an die Waldenser.

Unter dem Oberbefehl von Jean Meynier d'Oppède zerstörten wilde Truppen im Jahr 1545 innerhalb von nur sechs Tagen elf Dörfer und rotteten etwa 3.000 Familien auf grausamste Weise aus. Frauen und Kinder wurden in Scheunen verbrannt, die Männern kamen auf die Galeeren. Und einige Dörfer sind seitdem von der Landkarte verschwunden. Auch in der Burg von Ménerbes hatten Waldenser Zuflucht gesucht.

Es gab damals etwa 35 Waldenserdörfer, darunter Lacoste, Merindol, Murs und Oppède. Am Eingang mancher Dörfern erkennen Sie heute ein Schild, das die Lage an der *ROUTE HISTORIQUE DES VAUDOIS EN LUBERON* anzeigt. Eine Karte dieser Routenführung finden Sie unter *www.chateaux-france.com/route-vaudois/*.

Der blutrünstige Verfolger der Waldenser wohnte in der Nachbarschaft von Ménerbes, im Schloss des heutigen **Oppède-le-Vieux**. Von seinem Stammsitz sind heute nur noch relativ schlecht erhaltene Ruinen übrig, und auch die meisten Gebäude des Dorfes waren bis in die siebziger Jahre des 20. Jahrhunderts Trümmerhaufen. Dann aber kamen auch hierher diejenigen, welche man in der ganzen Provence unter dem Oberbegriff *Künstler* zusammenfasst, Leute, die Hand anlegen und manches verträumte Häuschen wieder aufbauen – um es danach nicht selten zu Wahnsinnspreisen wieder zu vertickern. Inzwischen kommen auch die WOMOs, die unter Büschen und Bäumen auf dem landschaftlich reizvollen Parkplatz vor dem Dorf ihr Nachtlager aufschlagen:

(066) WOMO-Wanderparkplatz: Oppède-le-Vieux

GPS: N 43°49'52,3" E 05°09'32,4" **max. WOMOs**: >5.

Ausstattung/Lage: Toilette mit Wasser, Mülleimer, klappstuhlgeeignet, Wanderweg, teilweise schöner Blick auf Gordes, Gaststätten in der Nähe / außerorts, eher einsam.

Zufahrt: Fahren Sie auf den beschilderten Parkplatz an der Zufahrt zum oberen, alten Ortsteil. Sie werden auf einer Einbahnstraße von Westen an den Ort herangeführt und landen in einer Kurve fast automatisch auf dem Parkplatz westlich und unterhalb des alten Dorfes; die Zufahrt zum Parkplatz scheint schwieriger als sie in Wirklichkeit ist; viele Stellplätze liegen eine Etage unter dem Kassen- und Toilettenhäuschen – daran vorbei rechts fahren. **Parkgebühr**: 5 €.

Hinweis: Die meisten Plätze sind etwas uneben und wegen der Zweige für die Elefanten unter den WOMOs nur bedingt geeignet.

Eine eigentümliche Mischung von Verlassenheit, Freundlichkeit und Aufbruchstimmung liegt heute über dem Dorf, in dem noch aus einigen Fenstern Dornen und Efeu wachsen, wo manch anderes Haus aber perfekt restauriert ist. In Oppède konnten sich im 2. Weltkrieg Franzosen und Flüchtlinge vor den deutschen Besatzern verkriechen. Spazieren Sie hoch zur teilrestaurierten **Kirche** (durch das Tor am Platz 10 Minuten), die am Wochenende geöffnet ist und wo Sie unter der Kanzel noch eine echte römische Säule betrachten können. In Oppède-le-Vieux mischt sich aber auch die Vergänglichkeit mit dem Zeitgeist. Man wundert sich trotzdem, dass noch nicht alles edel restauriert ist. Und man hofft, dass gerade das immer so bleibt.

Wir haben auf dem vorgenannten Stellplatz noch nicht selbst genächtigt und können daher über die angenehme Nachtruhe in Oppède nur mutmaßen. Aber dafür testen wir hier eine besonders aussichtsreiche, rund 12 km lange Wanderung hinauf zur über 700 m hohen Kammstraße des Petit Luberon. Im Sommer würde ich davon eher abraten, denn der Weg von Oppède bis zum Kamm ist steil und nur stellenweise bewaldet. Das macht aber gerade im Frühjahr den Reiz aus. Bei den Verschnaufpausen stehen wir meistens über einem atemberaubenden Panorama, fast alles zwischen hier und dem 1909 m hohen Mont Ventoux liegt uns zu Füßen.

Von Oppède-le-Vieux auf den Luberon

Wir steigen ab **Oppède** auf dem rot-weiß markierten Pfad bergauf und können uns überzeugen, dass allerhand getan worden ist, um den etwas spärlichen Wald wieder aufzuforsten. Auf der **Kammstraße** gehen wir nach rechts (der beschilderte *Bastidon du Pradon* ist eine frei zugängliche Schutzhütte). Es begegnen uns statt Wandergesellen Radfahrer in großer Anzahl. Die recht gut ausgebaute Straße ist vernünftigerweise für den Autoverkehr gesperrt, weshalb ein Radler nach dem anderen schwitzend an uns vorbei surrt.

Interessant ist die **Zisterne**, an der wir vorbeistiefeln. Wer in Südfrankreich wandert, sieht überall solche Regenwasserauffangbehälter, zu denen kleine Wassergräben und Rinnsteine so geführt sind, damit sie die Niederschläge in die großen Behältnisse leiten. Im Sommer herrscht in ganz Südfrankreich Waldbrandgefahr, und ohne das Wasser der Zisternen wäre der Kampf gegen das Feuer noch aussichtsloser.

Kurz hinter einem solchen Reservoir verlassen wir bei einem gelben Markierungszeichen den Kammweg nach rechts und durchqueren einige Wiesen, die jetzt, Ende März, von kleinen gelben Narzissen übersät sind.

Sie haben nun zwei Möglichkeiten: Eine große, anstrengende Runde über Maubec (teilweise schlecht beschildert und vor Oppède häufigere Anstiege als Ihnen lieb sind - bis zu 7 Stunden) oder Sie nehmen den kurzen Heimweg, indem Sie einen schon sehr bald abzweigenden Weg (oder Pfad) nach rechts wählen.

Etwas beschwerlich ist der steinige **Abstieg**, der ordentliche Wanderschuhe verlangt. Auf halber Höhe hat man wieder das typische Luberon-Erlebnis, einen Superblick auf Oppède und Ménerbes. Aber dafür sind wir schon ziemlich wacklig in den Knien, als wir uns auf dem kleinen Platz von Oppède bei einem Kaffee erholen *(Dauer der kurzen Strecke gut 3 Stunden; Karte: 3142 OT unbedingt erforderlich)*.

Noch lange sitzen wir in dem netten Café von Oppède-le-Vieux. Wir dösen in der warmen Frühlingssonne, und irgendwie hält uns die Ahnung hier fest, dass es nur wenige Landstriche in Südfrankreich gibt, die das angenehme Flair des Luberon-Nordhangs besitzen.

Maubec

Ähnliche Gedanken kommen wenige Kilometer weiter westlich, in **Maubec** (1.500 Einwohner), auf, erst recht im etwas ausgelagerten alten Ortsteil, direkt am Fuß eines Berghangs. Jenseits des Dorfes, also südlich davon, werden die Campingplatzfreunde fündig, die ihren Urlaub ohne jeglichen Rummel und in der Nähe einer kleinen Ortschaft schätzen:

(067) Campingplatz-Tipp: Maubec (Les Royères du Prieuré)
GPS: N 43°50'26" E 05°07'54"; **Ortszentrum**: 0,3 km. **Zeiten**: 1.4. – 15.10.; **Tel.** 04 90 76 50 34. **Ausstattung**: schöner Blick von schattigen Terrassen, kostenloses WLAN, Geschäfte und Gaststätten im nahen Dorf.
Zufahrt: Ausschließlich vom westlich gelegenen Robion (beschildert).

Schöne freie Stellplätze gäbe es auf der Nordseite des Dorfes genug, aber hier waren Schilderaufsteller am Werk. Doch schon im nächsten westlichen Dorf, in **Robion** (3.900 Einwohner), ist insoweit die Welt wieder in Ordnung. So schön wie im Luberon ist es, auch wenn ich mich wie eine Gebetsmühle wiederhole, in der Provence nämlich nur selten. Besonders, wenn Sie sogar noch zwischen zwei Stellplatzalternativen aussuchen dürfen, der behüteten am Ortsrand und der wilden in freier Natur. Fangen wir mit dem Dorf Robion an; weil es noch nicht von Fremden dominiert ist. Im Café hinter dem von einer Platane beschatteten Brunnen, sitzen die Einheimischen, die sich erst langsam daran gewöhnen müssen, dass heutzutage dort Souvenirs verkauft werden, wo einst Metzger oder Bäcker ein Auskommen hatten. In der Nähe dieses Platzes liegt auch der

(068) WOMO-Wanderparkplatz: Robion (Ort)
GPS: N 43°50'37,4" E 05°06'49,2" **max. WOMOs**: >5.
Ausstattung/Lage: Toilette und Wasser (an der Mauer gegenüber der Kirche), Mülleimer, Geschäfte, Wanderweg / im Ort.
Zufahrt: Fahren Sie in den alten Ortsteil von Robion. Sie finden den Stellplatz jenseits des Dorfplatzes und links der Kirche, wenn Sie von der D 2 bei einer der beiden Ampeln zum Ort abbiegen und dem Wegweiser *'Théatre'* folgen; Sie stehen neben einem kleinen Freilufttheater.

An diesem Stellplatz starten wir auch die nächste Wanderung, weil hier das WOMO unter Aufsicht parkt. Als Ausgangspunkt kommt aber genauso der nacherwähnte Wiesenplatz in Frage, den ich Ihnen empfehle, falls Sie nachts lieber einsam stehen oder auf einer lauschigen Wiese den Tag mit sonnen, lesen oder Ball spielen vertrödeln möchten. Sie müssen lange nach einer dafür gleich gut geeigneten Stelle suchen. Aber es ist nicht mehr die in einer Vorauflage empfohlene Wiese an der **Quelle des Boulon**, deren Zufahrt durch überhängende Zweige vielen Lesern zu niedrig geworden ist (oder die WOMOs wurden immer höher – wenn Sie an vorgenanntem Stellplatz auf dem Chemin de Boulon direkt nach Süden fahren, können Sie den 800 m langen Weg testen – die folgende Wanderung beginnt auf dieser Strecke). Die Nachbarwiese ist einfacher zu erreichen:

(069) WOMO-Stellplatz: Taillades (Wiese)

GPS: N 43°50'9" E 05°06'25"
max. WOMOs: >5.
Ausstattung/Lage: Wanderweg, klappstuhlgeeignet / in freier Natur, einsam.
Zufahrt: Biegen Sie am westlichen Ende von Robion, von der D 2, etwa 200 m nach einer Tankstelle am ersten Kreisverkehr, nach links ab (vermutlich Wegweiser *‚Les Taillades'*). An der folgenden Einmündung fahren Sie ein kurzes Stück rechts auf die *‚Route des Taillades'* und sehr bald an einer Gabelung links in den *‚Chemin de Boulon'*. Bei der nächsten Abzweigung mit Straßennamen wählen Sie erneut den Weg nach links, abermals mit *‚Chemin de Boulon'* bezeichnet, bis Sie zu einer großen Wiese unter Felsen kommen (von hier war die Weiterfahrt zur Boulon-Quelle wegen niedriger Zweige definitiv nicht möglich; die Straßenführung an der D 2 war bei unserem letzten Besuch gerade frisch umgebaut).
Hinweis: Nur bis 3,5 to erlaubt.

Die **Quelle des Boulon**, in der ich allerdings nur einmal Wasser gesehen habe, entspringt am hinteren linken Ende der Nachbarwiese in einem kleinen Felsbassin; es handelt sich um eine Karstquelle ähnlich der bei Fontaine-de-Vaucluse (Tour 4). Die folgende Wanderung ist eine der schönsten der in diesem Buch beschriebenen Strecken:

Von Robion zum Cirque de Boulon und nach Taillades

Wir starten in **Robion** beim oben genannten Stellplatz Nr. 068, wo wir auf dem Sträßchen nach Süden laufen (zwischen Kirche und Freilufttheater bei einem Steinbrunnen auf eine schmale Straße – *Chemin de Boulon*; von dort wären es am Waldrand entlang ca. 800 m nach Süden bis zur Stellplatzwiese Nr. 069, und zur Wiese davor an der Boulon-Quelle).

Etwa 100 m vor einer großen Wiese zweigt ein gelb markierter Weg nach links in Richtung *,Castelas'* ab. Diesen Weg müssen Sie finden, was nicht einfach ist. Wir spazieren stattdessen auf die Wiese und suchen in der hinteren linken Ecke dieser Grünfläche die **Quelle des Boulon**, die Sie möglicherweise nicht als solche erkennen, wenn sie kein Wasser führt. Wenn man sich in der genannten Ecke – und nur dort – etwas umsieht, müsste man einen Pfad steil bergauf entdecken, der auf den gelb markierten Weg trifft. Leser hatten dort zuletzt Orientierungsprobleme. Sie müssen solange suchen, bis Sie den Pfad hoch an den Fuß der Felsen finden, es gibt ihn.

Bald stehen Sie oberhalb der Grasfläche vor einer wilden Felswand, dem **Cirque de Boulon**. Wenn Sie nun stur dem Wanderzeichen vertrauen, unterqueren Sie atemberaubende Felsüberhänge, in denen angeblich in vorgeschichtlicher Zeit Menschen wohnten. Heute dient das unzugängliche Gestein Greifvögeln, darunter Uhus, sowie Dohlen als Nistplatz, die Sie beneiden werden, weil jene das ganze Jahr über vom Nestrand die schöne **Aussicht auf Cavaillon** genießen können.

Nach einer knappen Stunde (seit Robion) lassen Sie dann die letzten großen Felsen hinter sich und erreichen die **Bresche von Castelas**, eine enge Passage unterhalb des Luberon-Kamms an seinem westlichen Ausläufer. Seitlich des steinigen Pfades, der Sie nun abwärts führt, wird die Natur ruhiger, teilweise sogar lieblich. Am Ende des Abstiegs naht dann die Stunde des Schnappschuss-Fotografen, der genussvoll darauf wartet, wie Sie sich an einer Kette eine kurze Felsstufe hinabhangeln (was auch unsportlichen Schwindelanfälligen problemlos gelingt !).

Auf bequemem Waldweg erreichen Sie schnell die ersten Häuser des Dorfes **Taillades**. Dort schon können Sie am Rand der Felder nach Robion zurück wandern, sinnvoller ist jedoch zuvor ein kleiner Abstecher nach Taillades. Die Wanderung dauert dann höchstens 3 Stunden *(Karte: 3142 OT)*.

Lassen Sie die Reise entlang des Luberon-Nordhangs mit einer klitzekleinen Attraktion ausklingen, mit dem Blick vom Vorplatz der kleinen Kirche von **Taillades**. Seien Sie nicht allzu traurig, wenn Sie danach dem Luberon-Nordhang den Rücken kehren. Auch auf der Südseite des Gebirges, unserer 8. Tour, wird es Ihnen gefallen, und auf dem Weg dorthin wird Sie am nördlichen Ortsrand von Taillades, am Rand der D 31, noch ein riesiges Mühlrad beeindrucken.

Tour 8: Zwischen Luberon und Durance

Cavaillon - Lourmarin - Cucuron - Étang de la Bonde
Ansouis - La Tour-d'Aigues

Stellplätze:	bei der Schlucht von Régalon, in Lourmarin, am Étang de la Bonde, in La Tour-d'Aigues, in Grambois, in St. Martin-de-la-Brasque
Campingplätze:	bei Lourmarin und Cucuron
Besichtigen:	Dorf und Schloss von Lourmarin, Cucuron, Abtei Silvacane, Schlösser von Ansouis und La Tour-d'Aigues
Essen:	Restaurants *L'Antiquitaire* in Lourmarin; *La Petite Maison* und *L'Horologe* in Cucuron
Wandern:	möglicherweise durch die Schlucht von Régalon
Karte:	Seite 114

Am besten erledigen Sie erst mal ein paar Einkäufe, bevor Sie sich wieder ins Vergnügen stürzen. Das nahe **Cavaillon** (21.500 Einwohner) eignet sich nämlich für die Deckung der praktischen Bedürfnisse des Lebens, weshalb es hierher eher den Luberon-Neubürger zum Zwecke der Versorgung als den Touristen zur Besichtigungstour verschlägt. Die vielen Geschäfte und Supermärkte zeugen von der wirtschaftlichen Bedeutung Cavaillons, die es dem größten Obst- und Gemüsemarkt Frankreichs verdankt, speziell den hiesigen Melonen. Uns beeindruckt das wenig, denn Gemüse und Obst werden in der Provence im großen Stil gerade dann vermarktet, wenn das noch rentabel ist. Also *vor* der Saison, wenn es Monsieur *Dupont* in Paris nach Erdbeeren und Tomaten gelüstet, obwohl noch gar keine Erdbeeren- und Tomatenzeit ist. *Dupont* wird etwas fade Früchte auf dem Teller haben, er wird auch einiges dafür bezahlen müssen. Es wird ihn jedoch weiter nach Erdbeeren gelüsten, solange sie nicht in seinem Garten wachsen. Die Folgen sind ausgedehnte Treibhaus- und Folientunnelanlagen in ganz Südfrankreich, eine ungeheure Energieverschwendung durch das Beheizen solcher Gewächsfabriken, eine vollständige Abhängigkeit der Bauern vom Erfolg der Unzeitproduktion – und der große Umschlagplatz in Cavaillon. Aber insoweit lebt der provenzalische Bauer in schlechter Gesellschaft mit seinen Kollegen aus Spanien, Italien und der Rheinebene. Nur finden wir das Phänomen eher traurig und biegen, wenn es unsere Vorräte erlauben, dort um die Luberon-Westspitze, wo unsere 7. Tour geendet hat. Das geht leider nicht auf der schmalen Aussichtsstraße, der Route de Vidauque, da diese nur bis 2 to erlaubt ist. Wir nehmen stattdessen die breite D 973.

Vielleicht haben Sie Lust auf eine Natursehenswürdigkeit, vielleicht ist es auch einfach nur heiß. Jedenfalls erfahren Sie eine Abkühlung in der **Schlucht von Régalon**, einem bei Franzosen beliebten Ausflugsziel am Wochenende. Die *Gorges* sind auf der Michelin-Karte eingezeichnet. Man kann in der Nähe parken – und dann fluchen, weil der Zugang zur Schlucht seit dem Jahr 2009 wegen Steinschlaggefahr aus Sicherheitsgründen **gesperrt** ist. Ob das immer so bleibt, ist zu bezweifeln, und viele Leser haben das Verbot einfach ignoriert. Das nachzuahmen empfehlen wir hier schon zur Vermeidung unserer Haftung nicht. Sie warten also bis zur Aufhebung der Sperrung oder klettern **auf eigene Gefahr** durch die teilweise nur 80 cm schmale Klamm. Das dauert mit Rückweg eine gute Stunde und wäre eine spektakuläre Leibesertüchtigung (die auch früher schon nach lange anhaltenden Regenfällen oder bei Gewitter gefährlich werden konnte, weil dann das sonst ausgetrocknete Bachbett plötzlich Wasser führt). Der Parkplatz ist auch ein netter Stellplatz:

Schlucht von Regalon

(070) WOMO-Wanderparkplatz: Schlucht von Régalon

GPS: N 43°45'36" E 05°09'25" **max. WOMOs**: >5.

Ausstattung/Lage: Mülleimer, Wanderwege / außerorts, einsam.

Zufahrt: Biegen Sie von der D 973 beim Wegweiser *,Gorges du Régalon'* ab und fahren Sie durch eine schmale Zufahrt nach halbrechts bis zum Parkplatz unter jungen Bäumen – nicht schon vorne an der Straße, sondern mindestens 180 m von der Straße entfernt.

Parkgebühr: Zeitweise im Sommer 2,50 €.

Wir haben zwei Wanderungen getestet. Als Ausgangspunkt bietet sich **Mérindol** an, wo man oberhalb des heutigen Dorfes noch die traurigen Ruinen des alten Ortes besichtigen kann. Dieser wurde, wie man auf einer Tafel im Dorf nachlesen kann, bei dem Waldenser Kreuzzug zerstört (Näheres bei der 7. Tour).

Von Mérindol zur Schlucht von Régalon

Wir unterstellen hier, dass der Weg durch die Schlucht wieder erlaubt ist: Für die **erste** Wanderstrecke wählen Sie ab **Mérindol** auf dem Hinweg zur Schlucht am besten den gut markierten GR 6 nach Norden, der später auf den GR 97 mündet. Sie steigen dann durch die **Schlucht** ab. An deren Ende gehen Sie ein paar hundert Meter durch ein Gelände aus Wiesen und Büschen und über unseren Stellplatz, der im Süden an einem Wäldchen endet. Dort hinein führt ein Fußweg, den man aber recht bald an einem kleinen Wegweiser auf einem Pfad nach links ins Gehölz wieder verlässt. Sie laufen nun an den Mauern einer verfallenen Ruine vorbei und stoßen danach auf einen Fahrweg und die Häuser des Weilers Champeau.

Mit Hilfe der Wanderkarte *3142 OT* gelangen Sie nun auf geteerten Straßen zurück nach Mérindol, Sie können sich dann kaum noch verlaufen. Der Weg war ab der Schlucht nicht mehr markiert, aber mit der Karte gut zu finden (wo zwei Alternativen für den Heimweg eingezeichnet sind). Die Strecke ist etwa 14 km lang und teilweise ohne Schatten. Falls die Schlucht gesperrt ist und Sie auf Ihre Sicherheit achten, müssen Sie umkehren oder bei der nächsten Wanderung im *'Vallon de la Galère'* weiter gehen.

Die **andere** Wanderung beginnt am vorgenannten **Stellplatz**. Folgen Sie dem Wegweiser zur **Schlucht** und danach dem zum *'Vallon de la Galère'*. In einem westlichen Bogen gewinnen Sie Höhe und gehen zum Gehöft *Les Mayorques*. Ein Stück davor verlassen Sie die rot-weiße Markierung, Sie werden stattdessen mit gelbem Strich zurück zum Parkplatz geleitet. Auf der bestens markierten Strecke, die auf der schon erwähnten Karte eingezeichnet ist, haben Sie phantastische Fernsichten, und Sie laufen durch eine prachtvolle Luberon-Landschaft *(3 Stunden)*.

Auf dem weiteren Weg nach Osten muss ich blasen: Eine Polizeikontrolle stoppt nämlich hinter Mérindol jedes Auto und reicht Alkoholteströhrchen durch das Fenster – am helllichten Mittag! In Frankreich sind nämlich stichprobenartige Alkoholkontrollen unzulässig, so dass es nicht ungewöhnlich ist, beispielsweise auf der Autobahn, hinter der Zahlstelle, einer ganzen Reihe Alkohol testender Gendarmen zu begegnen. Obgleich ich seit rund 15 Stunden keinen Tropfen zu mir genommen habe, werde ich ein wenig nervös.

Etwa 8 km östlich von Mérindol verlassen wir die D 973 und fahren wieder auf den Luberon zu. Unser Ziel ist **Lourmarin**, das bekannteste und in der Hochsaison durchaus auch mal weniger liebenswerte Luberon-Dorf. Im Winter zählt die Einwohnerschaft ganze 990 Köpfe, Anfang August, wenn der Auftrieb am größten ist, sind es an die 4.500. Das ist noch nicht einmal ein besonders großer Zuwachs, die Badeorte am Meer sind da ganz anderes gewohnt. Aber in Lourmarin reicht der Anstieg aus, um das außerhalb der Saison reizvolle Dorf südlich des Luberon fast zu ruinieren. Zumindest ist es übertrieben, wenn Ihnen die Reiseliteratur von malerischen Gassen, in der Sonne dösenden Hunden, gemütlichen Tavernen und folkloristischem Schmuck vorschwärmt.

Dummerweise habe ich Lourmarin exakt in dieser Unzeit zum ersten Mal bereist und in früheren Vorauflagen meine

Lourmarin

Mission darin gesehen, Sie zu warnen. Vor überfüllten Lokalen, deren Mehrzahl auf schnelle und überteuerte Abfütterung aus war, und in denen eifrige Ober auf die wohlhabende Klientel der Ferienvillen lauerten. Ich saß auf einer von ferne ganz schönen Restaurant-Terrasse. Vor mir dampft ein grauenhaftes *Daube*, ein an sich klassischer, provenzalischer Fleischeintopf, in dem normalerweise Rind- oder Lammfleisch stundenlang geschmurgelt werden, der jedoch in vielen Fremdenverkehrsorten mit dem traditionellen Schmorbraten nur den Namen gemeinsam hat. Das einzig Stimmungsvolle waren die unaufhörlich zuckenden Blitze am Luberon, über dem sich ein mächtiges Gewitter zusammengebraut hatte. Und spannend war allenfalls, ob es in den Gulaschtopf regnete, bevor dieser leer gelöffelt war. Es war mir seinerzeit völlig unverständlich warum Lourmarin in die Gruppe der *‚Schönsten Dörfer Frankreichs'* aufgenommen worden war (siehe dazu Tour 1).

Albert Camus in Lourmarin

Der zweite Sohn einer Kriegerwitwe und Analphabetin wurde am 7. November 1913 in Algerien geboren, wohin die Vorfahren ausgewandert waren. Im Jahr 1957 erhielt er für sein erzählerisches Werk, bestehend aus *‚Der Fremde'*, *‚Der Fall'* und, am bekanntesten, *‚Die Pest'*, den Literaturnobelpreis und konnte sich mit dem Preisgeld ein Haus in Lourmarin in der später nach ihm benannten Gasse leisten (die Nr. 5 wird heute noch von der Familie bewohnt, weshalb dort noch keine Gedenktafel angeschraubt ist, um nicht zu viele Touristen anzulocken).

Dort stieg er am 4. Januar 1960 in einen PS-strotzenden Facel-Vega, der am selben Tag mit der Beifahrerseite an einem Baum in Burgund zerschellte. Der Hinterreifen war geplatzt, und Camus kam auf der Stelle ums Leben – die nicht benutzte Bahnkarte in der Tasche. Am Steuer des Wagens saß übrigens der Neffe seines Verlegers, sein Freund Michel Gallimard, der fünf Tage später im Krankenhaus ebenfalls starb.

Das Grab von Camus ist auf dem Friedhof von Lourmarin möglicherweise nicht mehr lange zu sehen, denn der französische Staatspräsident hat vorgeschlagen, die sterblichen Überreste nach Paris zu überführen, in den Pantheon, der nationalen Ruhmeshalle Frankreichs, wo Voltaire und Rousseau, Hugo oder Zola ruhen. Kritiker lehnen das aber entschieden ab, weil damit Camus' Berühmtheit missbraucht werden würde.

Ich habe an meinen Vorbehalten gegen Lourmarin gearbeitet. Mit Erfolg! Denn ich habe Freunden, die zum ersten Mal mit dem WOMO die Provence besucht haben, ausgerechnet den Stellplatz von Lourmarin als Treffpunkt vorgeschlagen. Nachdem ich davon geschwärmt hatte, wie malerisch der Ort in der Nachmittagssonne vor der Kulisse des Grand-Luberon liegt.

Das Treffen fand in den Osterferien statt, und ich hatte mich zwischenzeitlich vom Saulus zum Paulus gewandelt, weil ich ein Jahr zuvor dem Charme erlegen war, den Lourmarin im Spätsommer versprüht hatte. Nicht ohne Grund hat auch der schon häufig erwähnte Peter Mayle inzwischen hier Wurzeln geschlagen.

Das beste **Restaurant** im Zentrum ist, nachdem die Gourmetabteilung der *Moulin de Lourmarin* nach Bonnieux verlagert worden ist, das ***L'Antiquitaire***, freundlich, bezahlbar und gut. Viele enttäuschte Esser, die nicht am Nachmittag reserviert hatten, wurden bei unserem Testessen abgewiesen *(montags über Winter auch sonntags abends geschlossen; Tel. 04 90 68 17 29)*. Nicht weit davon entfernt liegt auch ein idealer Stellplatz, der nur ein wenig zu stark frequentiert wird:

(071) WOMO-Stellplatz: Lourmarin

GPS: N 43°45'59" E 05°21'38"; Boulevard du Rayol; **max. WOMOs**: >5.
Ausstattung/Lage: Toilette, Wasser (eine besser anfahrbare Wasserstelle finden Sie am Friedhof östlich von Lauris – siehe unsere Karte !), Mülleimer, Gaststätten, Geschäfte, im Sommer selten wegen eines Karussells nicht zu benutzen.
Zufahrt: Der Parkplatz zwischen nördlicher Ortseinfahrt und Sportplatz ist nicht zu verfehlen.
Hinweise: Wegen regionaler Ereignisse kann der Platz auch mal gesperrt sein. Im Sommer 2009 war der Platz unangetastet und trotzdem eine Alternative zugänglich: etwa 250 m weiter nach Süden in der Straßengabelung hinter einer Mauer.

Bei unserer ersten Lourmarin-Visite, im August, als wir noch Lourmarin-Greenhörner waren und auf dem vorgenannten Stellplatz ein Jahrmarkt die Touristen amüsierte, mussten wir improvisieren. Wir stellten uns an den Rand der alleeartigen Auffahrt des auf einer flachen Anhöhe gelegenen **Schlosses**. Dort saß ich dann auf der heraus geklappten Trittstufe der WOMO-Tür. Als das Gewitter näher kam und die Blitze den vor mir liegenden Ort in ein kurzes Licht tauchten, hat mich schon damals die Lage des **Schlosses** ein wenig eingefangen. Später im Bett, das Gewitter war nun ganz nahe, rumpelte es fortwährend auf unserem Dach. War das der Schlossgeist? Das seit der Französischen Revolution verlassene und von da an verfallende Renaissanceschloss wurde nämlich schon früher für Generationen zum Übernachtungsplatz, als die nach Stes. Maries-de-la-Mer (Tour 10) ziehenden Zigeuner dort ihr Nachtlager aufschlugen. Ein Haarwasserfabrikant namens Vibert ließ das Schloss aber dann im Jahre 1920 restaurieren, weshalb die dadurch vertriebenen Zigeuner den Palast mit einem Fluch belegt haben. Am nächsten Morgen glänzten Schloss, Dorf und die umliegenden Olivengärten wieder im Sonnenschein – und auf unserem Dach lagen massenweise Pinienzapfen, die der Gewitterwind von den Bäumen gerissen hatte.

Das Schloss dient heute als Begegnungszentrum für Künstler sowie Stipendiaten der Akademie für Kunst und Wissenschaft von Aix als Wohnsitz. Im Rahmen einer Führung kann man einen Teil besichtigen. Wer - wie wir in diesem Urlaub - in kurzer Zeit mehrere französischsprachige Schlossführungen über sich ergehen lässt und die sprachlichen Feinheiten in der Regel doch nicht mitkriegt, wird den nicht billigen Eintrittspreis für Wichtigeres sparen *(mit oder ohne Führungen ¾ Std. täglich um 11, 14.30, 15.30 u. 16.30 – im Mai, Juni u. Sept. auch um 17.30 Uhr; im Juli/August alle 30 Minuten von 10-11.30 und 15-18 Uhr; von November bis März dienstags geschlossen; 5 €).*

Ich möchte nicht ausschließen, dass Sie sich trotz meiner Warnungen sogar im Hochsommer in Lourmarin verliebt haben und sich ein Dauerquartier wünschen. Sie müssen einen Fußmarsch von etwa 1 km bewältigen, wenn Sie sich am Abend im Ort getummelt haben und sich danach auf den Heimweg begeben. Vielleicht zieht es Sie von dort auch gar nicht mehr nach Lourmarin, weil nämlich der Koch der Campingplatzkneipe angeblich sein Handwerk beherrscht (länger nicht mehr getestet), und weil das öffentliche Schwimmbad neben dem Zeltplatz Ihren Nachwuchs nicht mehr los lässt:

WOMO-Campingplatz-Tipps: Lourmarin

(072) Les Hautes Prairs
GPS: N 43°46'05" E 05°22'22" **Ortszentrum**: 1 km.
Zeiten: März bis Oktober; **Ausstattung**: Schwimmbad, Laden, Restaurant.
Zufahrt: Der Platz liegt beschildert südlich des Ortes an der D 56, einer der beiden Straßen nach Cucuron.

Deutlich schöner und sehr ruhig, aber nicht so ortsnahe, ist der Platz im Nachbarort:

(073) Le Moulin à Vent)
GPS: N 43°45'25" E 05°26'48" **Ortszentrum**: 2,2 km.
Zeiten: 15.3. bis Ende September; **Ausstattung**: nur eine schöne Lage;
Zufahrt: Südlich von Cucuron an der D 182 beschildert.

Das diametrale Gegenstück zum touristisch aufgepäppelten Lourmarin ist **Cucuron**, 7 km weiter nach Osten. In dem urwüchsig gebliebenen Dorf (1.800 Einwohner), das lange Zeit als Geheimtipp galt, ist die Welt das ganze Jahr über noch in Ordnung. Der (noch) ruhige Ort liegt wie gemalt vor den Hängen des Luberon und am Fuß einer Burgruine, weshalb so

Cucuron - Blick von der Burg

mancher Film, in dem die Stimmung des dörflichen Lebens im Luberon eingefangen werden sollte, in den schmalen Gassen gedreht worden ist. Zwar haben die Makler und die Ferienhausbesitzer auch dieses Dorf nicht übersehen, was schon eher auf die Reiseliteraten zutrifft. Der schattige Dorfplatz besteht hauptsächlich aus einem von Platanen gesäumten, in Stein gefassten und einstmals als Löschteich gedachten Weiher, um den sich so pittoresk die Häuser gruppieren, dass man dort

Cucuron - Étang

häufig Maler hinter ihren Staffeleien sieht. Zwischen Bassin und Häusern ist gerade noch Platz für ein bisschen Straße und für die Tische eines Cafés. Das Bassin ist auch Schauplatz des Films nach dem Roman von P. Mayle, *‚Ein gutes Jahr'*. Ihren Höhepunkt erreicht die Idylle dienstags; dann wird der Étang sogar von Marktständen eingerahmt.

Am Bassin treffen Sie ferner auf das von Michelin besternte Restaurant ***La Petite Maison*** *(Tel. 04 90 77 18 60 , montags und dienstags geschlossen)*. Erheblich preiswerter und auch nicht schlecht ist im Herzen des Dorfes das ***L'Horologe*** *(dienstags abends und mittwochs geschlossen)*. Im Ort finden Sie unterhalb der Kirche ein kleines, kostenloses **Museum**.

Damit Sie das alles ausgiebig genießen können, haben wir mehrere Stellplätze entdeckt. Vor allem der erste ist ein richtig schöner Dorfschlafplatz:

WOMO-Stellplätze: Cucuron

(074) **im Ort**
GPS: N 43°46'29,8" E 05°26'19,5"
max. WOMOs: höchstens 5.
Ausstattung/Lage: Gaststätten, Spielplatz, Geschäfte, Wanderwege / im Ort.
Zufahrt: in Cucuron zunächst Wegweiser *‚Le Village'*, danach Wegweiser *‚P - L'Étang'*; am großen Löschteich in der Ortsmitte von der Hauptstraße abbiegen, entlang des Teiches nach Norden und am Ende des Bassins nach rechts auf einen Parkplatz.

(075) Straße nach Cabrières d'Aigues
GPS: N 43°46'28" E 05°26'28"; Cours Pourrières; max. WOMOs: 2-3
Ausstattung/Lage: Gaststätten, Geschäfte, Wanderwege / im Ort.
Die Empfehlung eignet sich für große Wohnmobile.
Zufahrt: Sie stehen an der Straße nach Cabrières d'Aigues gegenüber der Winzergenossenschaft unter Platanen; fahren Sie am Étang (siehe eben) auf der Durchgangsstraße weiter in östlicher Richtung.

(076) Wiese
GPS: N 43°46'15,8" E 05°26'09,6"; D 182; max. WOMOs: >5.
Ausstattung/Lage: Picknickbänke, Mülleimer, klappstuhlgeeignet, ebenfalls für große Fahrzeuge / Ortsrand, fast schon außerhalb.
Zufahrt: Sie erreichen die eigentlich schöne, große Wiese, auf der Sie allerdings etwas exponiert stehen, am südwestlichen Ortsrand und seitlich der Straße Richtung Cadenet, nach der Gabelung von der D 27.

Ein nettes, noch urwüchsiges Dorf ist **Vaugines**, zwischen Lourmarin und Cucuron. Der östlich an der D 56 gelegene, stimmungsvolle Parkplatz wurde in den letzten Jahren auch nicht mehr von einer Barriere verschandelt:

(077) WOMO-Stellplatz: Vaugines

GPS: N 43°46'43" E 05°25'03"
max. WOMOs: 3-4.
Ausstattung/Lage: Geschäft, Gaststätte, (beides im nahen Ort), klappstuhlgeeignet / Ortsrand.
Zufahrt: Der Platz liegt östlich von Vaugines nach einer Kurve unterhalb der D 56.
Einen weiteren Platz finden Sie etwa 200 m weiter Richtung Lourmarin bei einer Gärtnerei.

Wir fahren nun ein Stück rückwärts, um südlich von Cadenet die alte **Zisterzienserabtei** von **Silvacane** mit ihren klaren Formen und ihrem schönen **Kreuzgang** zu betrachten. Sie gehört neben Sénanque (Tour 5) und Le Thoronet (Teil 2) zu den drei bedeutenden Zisterzienserklöstern in der Provence, wobei die Lage von Silvacane in der

Nähe einer alten Hauptdurchgangsstraße eher ungewöhnlich, hier aber darauf zurück zu führen ist, dass bereits vor der Besiedlung durch die Zisterzienser eine Bruderschaft existierte (Näheres zu den Zisterziensern und ihrem Baustil siehe bei der 5. Tour). In Silvacane sind die zisterziensischen Prinzipien gut, aber nicht ganz so deutlich wie in Sénanque oder Le Thoronet zu erkennen, was jedoch nicht daran liegt, dass Teile der Klosteranlage nach der Französischen Revolution als Bauernhof genutzt wurden, der Kapitelsaal sogar bis 1949. Auch fehlt der Abtei teilweise jener Reiz, der bei den anderen Klöstern aus der Verschmelzung von Baustil und Landschaft entsteht *(Ende Mai - 30. Sept. tägl. von 9-18 Uhr; sonst tägl. außer dienstags 10-13 und 14-17 Uhr; 7 €).*

In der Nähe fahren Sie an dem Bassin de St. Christophe vorbei, einem kleinen See ohne Stellplatz. Es herrscht Badeverbot, und das Gewässer ist eingezäunt, weil es Bestandteil des *Canal de Marseille* ist, eines in der Südprovence weit verzweigten Bewässerungssystems, das unter anderem Marseille mit Trinkwasser versorgt.

Vom Zaun frustriert orientiert man sich weiter nach Osten, um sich in den **Étang de la Bonde** zu stürzen. Leider kommt auch dort nicht immer Freude auf. Die vorwiegend aus leicht hügeligen Weinfeldern und Obstplantagen geprägte Landschaft am Fuße des Grand-Luberon ist das Schönste, der darin eingebettete See ist gewöhnungsbedürftig. An seinem wie ein Strich verlaufenden westlichen Ufer entdeckt man Tretboote und sogar so etwas wie einen Sandstrand, zu dem man aber nicht hinfahren kann; es sei denn, man wäre Dauermieter auf dem dahinter liegenden Campingplatz oder man hätte dort einen der wenigen für den kurzen Aufenthalt freigehaltenen Plätze ergattert. Der Parkplatz am Südufer hat mir früher auch nicht gefallen. Beim letzten Besuch jedoch, der niedrige Pegelstand hatte hinter einer Mauer auch hier einen Sandstreifen gebildet, hätte ich mir einen Badenachmittag sehr gut vorstellen können. Leider regnete es. Ob ich nach dem Strandvergnügen über Nacht geblieben wäre, würde ich angesichts der besseren Alternativen in der Nachbarschaft eher bezweifeln. Aber Sie sollten dennoch mal nachsehen. Nicht immer schätzen wir bei unseren Recherchen die Gesamtsituation richtig ein:

(078) WOMO-Badeplatz: Étang de la Bonde
GPS: N 43°45'32" E 05°30'27"; D 27; **max. WOMOs**: > 5.
Ausstattung/Lage: Mülleimer, Gaststätte (in der Nähe), Badestelle / außerorts, etwas einsam.
Zufahrt: Parkplatz an der Südseite des Sees direkt an der D 27.

Auf jeden Fall interessant sind das Dorf **Ansouis** *(1.050 Einwohner ,Eines der Schönsten Dörfer Frankreichs')* und vor allem das dortige **Schloss**, eines der schönsten in der Provence. Auch hier ist nach meinem Geschmack wieder die Lage in der Landschaft entscheidend, wenngleich das Gebäude selbst und auch das Innere durchaus sehenswert sind. Dort

Ansouis

wohnte bis vor Kurzem leibhaftig noch eine Herzogin der Adelsfamilie Sabran, die hier seit Jahrhunderten – abgesehen von einer Zeit zwischen der Französischen Revolution und dem 19. Jahrhundert – ansässig war. Zwei Mitglieder werden in der überregionalen Geschichtsschreibung erwähnt: Elzéar und seine Frau Delphine. Beide wurden im Jahr 1299 verheiratet – in diesen Kreisen eher vermählt, der Graf war 14, seine Frau 16. Delphine fühlte sich einem zuvor abgegebenen Keuschheitsgelübde verpflichtet, woraufhin beide bis zu ihrem Lebensende jungfräulich bzw. -männlich blieben. So ist es jedenfalls überliefert. Der Graf wurde heilig gesprochen, die Gräfin, als Frau kein Wunder, nur selig. Beide haben aber auch einen Großteil ihrer Habe den Armen geschenkt. Die Familie hat das Schloss kürzlich verkauft. Angeblich soll es bald wieder für Besichtigungen zugänglich sein.

Vielleicht interessiert Sie in der Nähe des Schlosses noch das private **Musée Extraordinaire**, wo ein Taucher Unterwasserfunde und Fossilien aus dem Luberon zur Schau stellt (*halbstündige Führungen von 14-18 oder 19 Uhr; 4 €)*. Reizvoll ist auch die Wehrkirche aus dem 13. Jahrhundert. Wer in der ruhigen Zeit Ansouis bereist, wird womöglich mit Vergnügen auf einem der kleinen Parkplätze – zum Teil mit schöner Aussicht – **übernachten** (nicht für große WOMOs; Dickschiffern ist die Zufahrt hoch in den Ort ohnehin nicht zu raten).

Den Kapitänen von WOMO-Kreuzern empfehlen wir ebenso wenig den Parkplatz eines anderen **Schlosses**. Das um 1550 erbaute Château von **La Tour-d'Aigues** (3.300 Einwohner) ist eine der bedeutenden Sehenswürdigkeiten der Region südlich des Luberon. Der Stil unterscheidet sich deutlich von dem der anderen Schlösser des Landesteils, weil er die Handschrift seines italienischen Baumeisters Ercole Nigra und die der Renaissance trägt. Sogar Katharina von Medici weilte hier im Jahre 1579. Aber zwei Feuersbrünste, 1782 und nach einem Wiederaufbau 1792, während der Revolution, haben den Pa-

La Tour-d'Aigues

last bis auf die Außenmauern vernichtet. Vor ein paar Jahren hat man mit Restaurierungsarbeiten begonnen, und das historische Gemäuer ist inzwischen von Anfang Juli bis Ende August Kulisse des *'Festival du Sud Luberon'*. Das ganze Jahr über kann man ein Fayencenmuseum und ein regionales Museum besichtigen *(April – Okt. tägl. 10 -18 Uhr, sonst 13.30 – 17 Uhr, am Wochenende auch 10 – 12 Uhr; 4,50 €).* Und der Parkplatz davor, der Dorfplatz, eignet sich bestens für die Nacht:

WOMO-Stellplätze: La Tour-d'Aigues

(079) Marktplatz
GPS: N 43°43'34" E 05°33'00" **max. WOMOs**: >5.
Ausstattung/Lage: Mülleimer, Gaststätten, Geschäfte, nicht in der Nacht auf Dienstag (Markt), am besten stehen Sie hinten an der Brüstung / im Ort.
Zufahrt: Der Platz vor dem Schloss, mitten im Ort, ist nicht zu verfehlen.

(080) Rue Rouard
GPS: N 43°43'42" E 05°33'04" **max. WOMOs**: >5.
Ausstattung/Lage: Mülleimer, Gaststätten, Geschäfte, für große Fahrzeuge und an Markttagen / Ortsrand.
Zufahrt: Der Parkplatz liegt beschildert etwa 200 m nördlich, also hinter dem Schloss. Biegen Sie am Kreisverkehr von der D 956 nach rechts ab.

Auch in diesem Teil der Provence sind Sie nicht von den augenblicklichen Verhältnissen eines einzigen Ortes abhängig. Verbringen Sie die Nacht, wo es Ihnen am meisten zusagt. Zum Beispiel am Rand des auf einer Bergkuppe malerisch thronenden **Grambois**:

(081) WOMO-Stellplatz: Grambois

GPS: N 43°45'42" E 05°35'15" **max. WOMOs**: höchstens 5.
Ausstattung/Lage: Mülleimer, Gaststätte, Geschäft, für WOMO-Riesen nicht geeignet / im Ort.
Zufahrt: Fahren Sie von der D 956 hoch bis zum Ortseingang des Dorfes, dann links der Straße.

Grambois

Oder, wenn Sie Ihre Urlaube in einem umgebauten Reisebus verleben und sonst nirgends Platz finden, in **St. Martin-de-la-Brasque**:

(082) WOMO-Stellplatz: St. Martin-de-la-Brasque
GPS: N 43°46'16" E 05°32'07" **max. WOMOs**: >5.
Ausstattung/Lage: Mülleimer, Gaststätte, Geschäfte / Ortsrand.
Zufahrt: Suchen Sie den beschatteten, riesengroßen Platz am nördlichen Dorfrand.

Von hier bietet sich die Weiterfahrt nach Norden an, durch den Luberon nach Céreste (Tour 6 und mit Stellplatz). Wahrscheinlich kurven Sie aber nach Süden, nach Aix-en-Provence. Ich bitte um Nachsicht, dass ich diesen Teil der Provence samt der Montagne-Ste.-Victoire aus Platzgründen in Teil 2 verlagern musste, ebenso wie das reizvolle Gebiet am Ste. Baume-Massiv.

TOUR 9
MARSEILLE
10 km
N
nach Pertuis (Tour 8)
nach Toulon
nach Arles (Tour 10)
La Ciotat
Route des Crêtes
Cap Canaille
Sémaphore
Cassis
En Vau
Aubagne
Morgiou
Sormiou
Les Goudes
Cap Croisette
Vitrolles
Marignane
Berre-l'Étang
Étang DE BERRE
Martiques
Miramas-le-Vieux
St. Chamas
Pont Flavien
Istres
St. Mitre-les Remparts
Oppidum St. Blaise
Fos-sur-Mer
Port-de-Bouc
Port de Fos
Port-St. Louis
Plage Napoléon
Carro
La Couronne
Sausset-les-Pins
Carry-le-Rouet
WC
8
52
50
51
7
55
D 5
D 9
D 10
D 559
N 568
83
84
85
86
87
88
89
90
91
92
93
B
E

Tour 9: Die etwas andere Côte d'Azur

La Ciotat - Cassis - Marseille - Carro - Étang de Berre

Stellplätze:	an der Route des Crêtes, in Cassis, bei Les Goudes, in Carro, in Miramas-le-Vieux
Campingplätze:	in Cassis und bei La Couronne
Besichtigen:	Hafen von La Ciotat, Route des Crêtes zwischen La Ciotat und Cassis, Cassis; die Meeresarme der Calanques, Marseille, Oppidum St. Blaise, St. Chamas
Essen:	Restaurants *Nino* und *Fleur de Thym* in Cassis, *Le Chalut* in Carro und *Les Ombrelles* bei La Couronne
Wandern:	von Cassis durch die Calanques, zu den Calanques von Morgiou und Sormiou

Da ich das Gebiet um Aix ebenso wie das Ste. Baume-Massiv aus Platzgründen in Teil 2 verschieben musste und dadurch im Tourenablauf dieses Buches leider ein Bruch entstanden ist, müssen Sie nach der 8. Tour mit langem Anlauf zur Küste eilen und gespannt hoffen, dass sich das auch lohnt. Dabei dürfen Sie keine Wunder erwarten, erst recht nicht im Hochsommer. Dennoch gehören die Ziele der 9. Tour zu den Highlights der Provence.

Aber schon in der Nebensaison sind wir erst einmal enttäuscht, als wir an einem strahlenden Apriltag östlich von La Ciotat einfach nur ein wenig am Strand sitzen wollen. Das gelingt uns zwar, nachdem wir mit größter Mühe einen Parkplatz für unser WOMO ergattert haben. Das ist bereits zu jener Zeit schwierig und erinnert mich an die Tage, als ich im Sommer ein längeres Stück an der Côte d'Azur, der Küste zwischen Marseille und Italien, entlang getuckert bin, die stark zersiedelt ist, und an der dem WOMO-Reisenden bisweilen nur die wenigen Campingplätze oder landeinwärts gelegene Parkplätze bleiben. Ich werde Ihnen in Teil 2 dieses Reiseführers berichten, wie man sich trotzdem mit dieser Küste arrangiert, ja sogar anfreundet. Einstweilen und in diesem Buch wollen wir das westliche Ende der Côte d'Azur erkunden. Auch dort ist es nicht ganz einfach, die für WOMOs geeigneten Stellen herauszukitzeln. Und streng genommen darf man diesen Teil der Küste auch gar nicht Côte d'Azur nennen, viele tun es trotzdem.

Nach unseren zwei Stunden am Strand ist wenigstens noch ein Bummel durch **La Ciotat** (30.000 Einwohner) angesagt und ein Café am Hafen. Um uns herum sitzen Scharen junger Männer mit geschorenen Köpfen und trinken Bier, Fremdenlegionäre beim Stadtgang. In der nördlich von La Ciotat gelegenen

Stadt Aubagne ist nämlich seit der Unabhängigkeit Algeriens, wo die Legion bis 1962 stationiert war, deren Hauptquartier beheimatet, das auch La Ciotat prägt. Eigentlich wollten wir hier auf einem WOMO-Parkplatz *(La Pétanque)* übernachten, an dem es angeblich keine Barriere gibt, den wir aber wegen diverser Bauarbeiten mehrfach nicht gefunden haben, er liegt aber nicht am Hafen und nicht am Meer. Zudem wissen wir am Nachmittag nicht so recht, wie wir den restlichen Tag rumkriegen sollen. Wir könnten unter stillgelegten Werftanlagen flanieren, denn La Ciotat war einst Standort einer bedeutenden Werftindustrie, bis die Schiffsbaukrise kam. Und der morbide Schrott ist alles andere als erbaulich. So geben wir nach der zweiten Innenstadtrunde auf.

Das klingt nun für Sie, liebe Leser, gar nicht erfreulich, und Sie fragen sich, weshalb ich La Ciotat überhaupt erwähne. Schließlich mögen Sie keinen Reiseführer lesen, der Ihnen berichtet, wo es in der Provence mit dem Wohnmobil *nicht* empfehlenswert ist. Das stimmt, aber Sie sollen trotzdem nach La Ciotat fahren. Um ein Stündchen die Vergänglichkeit unserer Technik zu betrachten und um anschließend am Hafen nach Westen zu starten. Nun geht es nämlich bergauf, und zwar in jeder Beziehung, wenn Sie statt der Nationalstraße die D 141 nehmen, die so genannte ***Route des Crêtes*** (beschildert und für alle WOMO-Größen problemlos). Zweimal muss man mindestens anhalten: Zunächst, nach einem kleinen Abstecher, am Sémaphore, und dann nochmals am **Cap Canaille**, der höchsten Klippe Frankreichs. Beides sind (auf der Michelin-Karte eingezeichnete) Aussichtspunkte, beide bieten eine prächtige, beinahe atemberaubende Sicht. Nur Schwindelfreie trauen sich bis an den vordersten Rand der Steilküste, wo man gut erkennen kann, wie schön die Lage von Cassis ist. Einsamkeitsfanatiker, die eine Liste der schönsten Aussichts-Stellplätze Europas führen, können hier gleich unter mehreren Alternativen auswählen:

WOMO-Stellplätze: Route des Crêtes

(083) Cap Canaille
GPS: N 43°11'57" E 05°33'11"; D 141; **max.WOMOs**: >5.
Ausstattung/Lage: keine Ausstattung / außerorts, sehr einsam, aber eine unübertreffliche Aussicht, Unterlegkeile erforderlich.
Zufahrt: Nehmen Sie ab La Ciotat oder ab Cassis die als *,Route des Crêtes'* bezeichnete Straße. Sie finden die schönste Stelle unweigerlich.

(084) Sémaphore
GPS: N 43°10'34" E 05°34'24"; D 141; **max.WOMOs**: >5.
Ausstattung/Lage: keine Ausstattung / außerorts, sehr einsam.
Zufahrt: Nehmen Sie ab La Ciotat oder ab Cassis die als *,Route des Crêtes'* bezeichnete Straße. Biegen Sie östlich von Platz 083 zum Leuchtturm (Sémaphore) ab.

Cap Canaille

Cassis (8.000 Einwohner) habe ich inzwischen häufig und zu verschiedenen Jahreszeiten bereist (jedoch nie zwischen Mitte Juli und Mitte August), und jedes Mal kam wirklich gute Laune auf, wenn ich mein WOMO abgestellt hatte (dazu gleich später) und wenn ich danach in einem der Lokale oder Cafés am Hafen saß: vor einer pittoreskem Kulisse mit richtigen Einwohnern, zumindest einheimischen Flaneuren, einer Infrastruktur, die nicht nur für den Tourismus geschaffen scheint, und einer märchenhaften Burganlage, der Ferienbehausung der Familie Michelin. Mit Reiseführern lässt sich also doch Geld verdienen! Jedenfalls, wenn man daneben auch noch Landkarten und Reifen verkauft! Bei aller Freude nehme ich einfach nicht zur Kenntnis, dass im Hafen mehrere Reihen bunter Holzboote pure Attrappen sind und schon lange nicht mehr auslaufen. In anderen Teilen Europas werden die Dörfer mit Geranien ertüchtigt.

Cassis ist am nördlichen Mittelmeer unter den Orten, die überhaupt eine Infrastruktur für Reisemobile besitzen, sicher

Cassis - mit Burganlage

einer der schönsten. Schwierig ist jedoch die Auswahl eines empfehlenswerten Restaurants. Früher kannten wir ein Lieblingslokal. Aber eines Tages standen dort Tische ohne Tücher, neue Stühle, und es gab Pizza. Weil man mit Pizza am Hafen mehr Geld verdient als mit Fischgerichten, selbst wenn der Laden läuft. Und die Hoffnung auf eine gute **Bouillabaisse** war um eine Adresse kleiner.

Die Bouillabaisse

Falls Sie die Bouillabaisse probieren möchten, haben Sie in Cassis zumindest theoretisch sogar eine Auswahl unter mehreren Lokalen, in denen Sie die berühmte Fischsuppe ohne Vorbestellung bekommen, was auch in ihrer Heimat, der Nähe von Marseille, keine Selbstverständlichkeit ist. Sie müssen aber immer für zwei Personen ordern. Das empfiehlt sich ohnehin schon wegen des Knoblauchs, der in der *Rouille*, einer Mayonnaise, hoch dosiert zum Einsatz kommt. Die meisten Wirte lassen zuerst die Brühe auftischen, in die geröstetes Weißbrot mit eben jener Geschmacksbombe gelegt wird. Seien Sie nicht enttäuscht, wenn eine dünnflüssige Suppe in Ihrem Teller dampft – und halten Sie an sich. Denn der mit der gehaltvollen Knoblauchmasse durchsetzte Sud schmeckt nicht nur nach Meer, sondern auch nach mehr.

Von einer Fischsuppe war doch die Rede, aber wo sind die Fische? Sie sind des Mahls zweiter Teil und kommen, wenn der unkundige Tourist den Suppentopf nahezu ausgelöffelt und sich den Bauch schon voll geschlagen hat. Ist die Bouillabaisse gut gemacht, steht nun eine reichhaltige Platte auf den Punkt gegarter Fische vor Ihnen, die Ihnen der Kellner gönnerhaft präsentiert, bevor er sie grätenfrei zerlegt. Falls der Koch sein Handwerk versteht, wird das Festessen unvergessen bleiben. Sie sollten einen schönen, trockenen Weißwein, zum Beispiel aus der Lage *Cassis*, dazu süffeln.

Über die Bouillabaisse sind ganze Bücher geschrieben worden, vor allem zur Frage, welche Fische unverzichtbar sind. Angeblich sind es Drachenkopf *(rascasse)*, Seeaal *(congre)* und Knurrhahn *(grondin)*. Aber das sollte man nicht so eng sehen, Seeteufel *(baudroie)* tut es auch, und wichtig ist eigentlich nur, dass die Fische festes Fleisch haben. Da jene ausnahmslos teuer sind, ist eine echte Bouillabaisse selten unter 70 Euro (für zwei Personen) zu haben.

Wir haben im Laufe der Jahre im Dienste des Lesers ein schweres Amt ausgeübt und **verschiedene Lokale** getestet. Als indiskutabel hat sich *Chez Gilbert* erwiesen, obgleich sich sein Betreiber als Traditionalist der Bouillabaisse rühmt; seine Fische schmeckten muffig und nach Spüllappen (eine zweite Chance haben wir ihm nicht gegeben, aber Leser waren weniger kritisch). Bei *Romano* kam das Fischgericht im Sommer 2009 als Hauptgang eines Menüs, darin bezeichnet als *Bouillabaisse a ma façon (auf meine Art)*. Beides hätte uns warnen müssen: Vor eine Bouillabaisse gehört kein *Hors d'œuvre* (aber danach ist ein *Dessert* schon gegen den Knoblauch sinnvoll), und die Fasson *Romanos* bestand aus einer gepressten Fischterrine in Brühe. Die Gäste standen trotzdem Schlange und bettelten um die Gnade eines Tisches (was beweist, dass viele Leute keinen Geschmack haben und dass in gut besuchten Lokalen längst nicht immer gut gekocht wird).

Auch bei ***Nino*** wurde, wer zu spät kam, mit einem Achselzucken bestraft. Es kamen viele zu spät und hatten Grund, sich zu ärgern. *Nino* liegt am Hafen und ist das einzige uns bekannte Gasthaus von Cassis, in dem wir die Bouillabaisse noch empfehlen, wobei wir nur dort nachgeschmeckt haben, wo man das Traditionsgericht ohne Vorbestellung serviert, das bei *Nino* perfekt zubereitet wird und eine Nacht in Cassis wert ist *(wir haben im Sept. vor 18.30 im Lokal reserviert; montags geschlossen; Tel. 04 42 01 74 32).*

Cassis

Die Entdeckung unserer vorletzten Reise liegt weder am Hafen noch führt sie Bouillabaisse. Man musste nicht mal reservieren. Das könnte sich allerdings ändern, denn qualitativ ist die Küche Spitze, und die Preise sind im ***Fleur de Thym*** noch moderat *(Tel. 04 42 01 23 03; kein Ruhetag, in einer Gasse der zweiten Reihe).*

Nach derlei Genüssen fährt man natürlich nicht mehr weiter, man hat sein Wohnmobil schon nachtfertig. Aber wo? Einen Stellplatz in Meeresnähe finden Sie schon lange nicht mehr (Sie dürfen dort nicht mal hinfahren!). Fast so lange gab es in Cassis gar keinen »freien« Stellplatz. So gesehen ist es ein unglaublicher Fortschritt, überhaupt ein Terrain für Reisemobile zu finden, auch wenn es weit abgelegen ist:

(085) WOMO-Stellplatz: Cassis

GPS: N 43°13'50" E 05°31'57"; Av. des Gorguettes; **max.WOMOs**: >5.
Ausstattung/Lage: Mülleimer, im Juli/August tägl. kostenloser Bustransfer, von Mai bis September nur am Wochenende, im Sommer möglicherweise frühzeitig belegt / Ortsrand, 2,5 km bis zum Hafen; am Stellplatz ist im Sommer eine Touristeninformation eingerichtet, weshalb das Fahrzeug nicht ganz unbewacht steht.
Zufahrt: Biegen Sie nördlich von Cassis beim Kreisverkehr von der D 559 landeinwärts ab, Wegweiser *'Parking des Gorguettes'*.

Die eindeutig bessere Wahl ist der Campingplatz, auch für die nachstehend beschriebene Wanderung:

(086) WOMO-Campingplatz-Tipp: Cassis (Les Cigales)

GPS: N 43°13'26" E 05°32'30"; Av. de la Marne; **Ortszentrum**: 1,3 km bis zum Hafen. **Zeiten**: 15.3. bis 15.11; **Tel** : 04 42 01 07 34 keine Reservierung möglich. **Ausstattung**: Laden, Imbiss, Bushaltestelle, Fußweg ans Meer und in die Stadt problemlos.
Zufahrt: Fahren Sie auf der D 559 nördlich um Cassis, Richtung Marseille, bis an einem Kreisel das Campingplatzschild auftaucht (kommt man von Osten, kann man erst beim nächsten Kreisverkehr abbiegen).
Hinweis: Sie bekommen vermutlich auch in der Hochsaison täglich einen Platz, aber Sie müssen früh anreisen, am besten vormittags. Selbst in der Nachsaison, Anfang September, war der Platz jedoch schon am frühen Abend belegt.

Campingplätze werden im Allgemeinen nach diversen Qualitätskriterien beurteilt, selten allerdings nach der Freundlichkeit des Rezeptionspersonals. Lässt jene zu wünschen übrig, spricht das für ein junges Publikum, dem gegenüber man keine Aufmerksamkeit zu schulden glaubt. Und ein Kondomautomat im Männerklo spricht ebenfalls Bände. Können wir nämlich aus seiner Existenz genauso auf junge, verantwortungsvolle und lebensfrohe Besucher schließen. In Cassis treffen beide Bewertungsmerkmale zusammen, weshalb Sie hier einen wunderbar lebhaften, aber allenfalls durch Verkehrsgeräusche lärmbehafteten Platz antreffen. Es hebt einfach die Stimmung, wenn viele junge Leute, die nicht schon im Januar zum x-ten Mal ihren Stellplatz reservieren, vor kleinen Zelten köcheln und auch mal in der Campingplatzbar per Aushang eine Mitfahrgelegenheit suchen.

Muss man wegen der weiten Entfernung zum Meer auf **Badetage** verzichten? Nein! Packen Sie auf dem Campingplatz die Badesachen ein (möglichst in einen Rucksack) und laufen Sie eine halbe Stunde bis zum Meer; runter zum Hafen und dort nach rechts, westwärts. Den im Sommer überfüllten, kleinen Strand von Bestouan lassen Sie selbstbewusst links liegen. Wozu, sagen Sie sich, brauche ich Sand oder Feinkies? Ihr Ziel sind flache Felsenplatten, auf denen Sie, je nach Gusto auch splitternackt, wunderbar in der Sonne braten können.

Badeplatz bei Cassis - im Hintergrund Cap Canaille

Wenn es Ihnen zu heiß wird, ziehen Sie sich unter Bäume in den Schatten zurück. Gehen Sie jenseits des Strands von Bestouan bergauf, am Hotel *Roches Blanches* vorbei, und nehmen Sie danach die erste (Privat-)Straße nach halblinks *(Impasse du Litoral)*. Der Einstieg ins Meer wird durch ein Seil erleichtert, und einen Superblick zum Cap Canaille haben Sie auch noch. Den Rückweg versüßen Sie sich schließlich mit einem Eis am Hafen. Der etwas nähere Stadtstrand von Cassis ist schön sandig, im Sommer allerdings sehr gut besucht.

Am besten lassen Sie die ganze Zeit Ihr WOMO auf dem Campingplatz, wo es auch weitgehend vor Dieben sicher ist. Hier starten Sie dann auch zur Wanderung, einem Unterfangen, das ein wesentlicher Grund für die Reise nach Cassis ist. Wenn Sie sich sonst nie aufraffen können, in Cassis müssen Sie einfach eine Ausnahme machen, denn die **Calanques**, ein zerklüftetes Felsengebirge, ist wegen seiner fjordartigen Meereseinschnitte eine der schönsten Natursehenswürdigkeiten Südfrankreichs:

Von Cassis in die Calanque d'En Vau

Die Wanderstrecke beginnt am Hafen und führt, rot-weiß markiert, nach Westen. Hinter dem Strand von Bestouan wendet sich der Weg nach schräg rechts bergauf in die Gasse *Traverse du soleil*. Nachdem Sie ein Villenviertel durchquert haben, gelangen Sie an den ersten und tiefsten Meeresarm, die ***Calanque de Port-Miou***, wo in einem natürlichen Hafen ganzjährig Segelboot neben Segelboot vertäut ist. Die Straße weicht nun einem Pfad, der an diesem Fjord entlang führt und sich an dessen Mündung langsam bergauf schafft. Hier gab es früher auch mal viel Wald, der aber 1979 und 1990 abgebrannt ist. Das Fehlen von Bäumen hat immerhin den Vorteil, dass Sie nun wunderschöne Blicke zurück nach Cassis und auf die Küste genießen.

Es folgt die ***Calanque de Port-Pin*** (schöner Badeplatz), von der Sie eine Art Hochplateau erreichen. Dort führt der Weg sofort wieder steil bergab, verdammt steil, geradezu beängstigend und alpin. Aber er sieht schlimmer aus und ist bei trockenem Wetter unter Zuhilfenahme der Hände gut zu bewältigen. Vor uns steigt sogar ein Herr mit Krawatte hinab, was zwar nicht unbedingt etwas über seine Sportlichkeit besagt und noch weniger über sein Schuhwerk, aber doch erahnen lässt, dass dieser Wandersmann bislang nicht alle Kletterpfade Europas begangen hat. Unten angekommen sind es dann nur noch wenige hundert Meter bis zum schönsten Meeresarm, der ***Calanque d'En Vau*** mit einem bezaubernden Strand.

Hier ist erst mal eine Pause angesagt, ehe Sie in das Tal zurück spazieren, auf breitem Weg in vielen Windungen immer leicht bergauf (an einer Gabelung rechts) bis zum **Forsthaus** *(Maison forestière)* von **Gardiole**.

Alternativ können Sie frühzeitig beim Wegweiser nach links abbiegen um zum *Belvédère d'En Vau* aufzusteigen, das seinem Namen alle Ehre macht. Die Strecke ist hier blau markiert und auf der Wanderkarte ebenfalls eingezeichnet, genauso wie der weitere Weg nach Norden zum *Col de L'Oule*, wo Sie auf zwei Möglichkeiten nach Gardiole gehen können.

Beim Forsthaus halten Sie sich rechts, braun oder gelb markiert, gleich danach geradeaus und dann links nach Cassis. Wenn Sie nach einiger Zeit relativ steil bergab auf dem Meeresniveau angekommen sind, schickt Sie ein schmaler Pfad sofort wieder hoch in die Felsen. Gehen Sie stattdessen rechts. Der Weg endet in der *Calanque de Port-Miou* und ermöglicht Ihnen noch einen Rest von bequemem Heimweg.

Mit der Karte sind noch weitere Abwandlungen und Abkürzungen möglich, zum Beispiel vorbei an der Jugendherberge. Allerdings ist dafür die Wanderkarte des ign, *Les Calanques*, im Maßstab 1:15.000, die Sie in Cassis überall kaufen können, unverzichtbar! Sie ist derart präzise, dass Sie im Gelände der Calanques, einer Mischung aus ruhigen Wegen und Schwindel erregenden Pfaden, unbesorgt einen ganzen Urlaub lang wandern könnten.

Die meisten Wege dürfen wegen Waldbrandgefahr zwischen dem 1.7. und dem 15.9. nur in der Zeit von 6 bis 11 Uhr begangen werden, bei erhöhter Gefahr sogar gar nicht (Näheres ist in Cassis am Strand von Bestouan angeschlagen; bei Verstoß 135 Euro Strafe; **außerdem darf der Wind nur unter 40 km/h blasen, bei kräftigem Mistral sind also alle Calanques das ganze Jahr über verboten**; siehe auch *www.calanques13.com*). Die Zeit wäre für unsere Wanderung ausreichend, die höchstens 4,5 Stunden dauert. Wo parkt unterdessen unser WOMO? Auf dem Campingplatz, auch wenn man diesen eigentlich bis 12 Uhr verlassen muss. Wir haben vorher gezahlt und dürfen (um Ostern) auch noch nach 15 Uhr ohne weiteren Obolus abreisen.

Nichts liegt Ihnen ferner als wandern. Aber die **Calanques** möchten Sie dennoch erleben. Immerhin handelt es sich um den einzigen, großflächig unbebauten Abschnitt der Côte d'Azur, der wegen des Bauverbotes auch hoffentlich so bleibt und der erahnen lässt, wie es früher auch weiter westlich ausgesehen haben könnte. Dann bleibt nur das **Boot**. Sie können sich in Cassis ein Motorboot mieten (auch ohne Führerschein), oder Sie besteigen eines der zahlreichen Ausflugsschiffe, das durch alle Fjorde schippert.

Calanque d'En Vau

Vielleicht verbinden Sie die Bootstour mit dem Fußweg. Im Sommer (dazu gleich mehr) dürfen nämlich wegen der Waldbrandgefahr nur Anlieger mit dem Auto die auf der Michelin-Karte eingezeichneten Sträßchen im westlichen Teil befahren. Sie können sich von den Ausflugsdampfern in jeder Calanque absetzen lassen und heim wandern (beachten Sie aber das

Verbot von Juli bis Mitte September und bei Mistral – siehe bei der vorstehenden Wanderung). Gute Schuhe sind immer nötig. Das gilt sogar, wenn Sie sich zu vereinbarter Uhrzeit in einer bestimmten Calanque wieder an Bord nehmen lassen. Die Boote halten nämlich nicht am Strand, weshalb man etwas klettern muss. Getestet haben wir die Überfahrt zur **Calanque d'En Vau**, von der wir zurück gewandert sind (Weg siehe oben, allerdings verkürzt an der Jugendherberge *La Fontasse* vorbei). Der Heimweg dauert gemütliche 1 ½ Stunden (kaufen Sie sich die Wanderkarte). Diese Calanque ist wegen ihres türkisgrünen, klaren Wassers vor einem Kiesstrand allein schon die Reise nach Cassis wert, wenn man morgens beizeiten aufbricht; denn ab dem frühen Mittag liegt die Meerenge im Schatten!

Wir haben auch die Zufahrtsmöglichkeiten zu weiteren Calanques erkundet und die erstaunliche Entdeckung gemacht, dass man mit dem WOMO, bringt dieses nicht mehr als 3,5 to auf die Waage, bis fast ans Meer fahren darf. Das ist allerdings unbeschränkt und täglich nur über Winter erlaubt und an Sonntagen nicht zu empfehlen; nachfolgend eine Übersicht:

15.3. bis 14.6:	Zufahrt erlaubt - außer am Wochenende
15.6. bis 14.9:	Zufahrt verboten
15.9. bis 14.3.	Zufahrt erlaubt

Offiziell ist das **Übernachten verboten**, weshalb ich die nachfolgenden Tipps nur für Badetage im Frühsommer oder Herbst gebe, bzw. als Ausgangspunkt für eine Wanderung:

(087) WOMO-Badeplatz: Calanque de Morgiou

GPS: N 43°12'48" E 05°26'32" **max.WOMOs**: allenfalls 5.
Ausstattung/Lage: Toilette, Wasser, Mülleimer, Gaststätte, Wanderwege, Badestelle / im Dorf.
Zufahrt: Suchen Sie im Süden von Marseille den Wegweiser zunächst *'Baumettes'* und dann *'Calanque Morgiou'* und fahren Sie am berüchtigten Gefängnis von *Baumettes* vorbei stets geradeaus. Sie gelangen dann automatisch auf das Zufahrtssträßchen zur Calanque (siehe Michelin-Karte).

Wenn die Schranke geschlossen ist, haben Sie Pech und müssen umkehren (Sie sollten nicht auf dem Parkplatz seitlich bleiben, weil hier erhöhte Einbruchgefahr angesagt ist).
Hinweise: Beachten Sie die vorgenannten Zufahrtszeiten; **Übernachtung verboten**.

(088) WOMO-Badeplatz: Calanque de Sormiou

GPS: N 43°12'41" E 05°25'08" **max.WOMOs**: allenfalls 5.
Ausstattung/Lage: Toilette, Mülleimer, Gaststätte, Wanderwege, bessere Badestelle als in Morgiou / Ortsrand.
Zufahrt: Fahren Sie in den Süden von Marseille (wie oben) und biegen Sie kurz vor Erreichen des Gefängnisses nach rechts (Westen) ab (Wegweiser *‚Sormiou'*); nach ca. 900 m links und folgen Sie immer in südlicher Richtung der Straße bis in die Bucht. Im hinteren Teil der Bucht gibt es wenige Stellplätze.
Hinweise: Beachten Sie die vorgenannten Zufahrtszeiten; **Übernachtung verboten**.

Ich würde die vorgenannten Plätze nur relativ früh am Tag ansteuern. Die Parkplätze in Marseille sind wegen des Einbruchsrisikos nicht zu empfehlen. Letzteres müssen Sie auch bedenken, wenn Sie die folgende, ansonsten wunderbare Wanderung in die **Calanques** von **Morgiou** und **Sormiou** wagen. Ich bin sie selbst länger nicht mehr gegangen und wäre für eine Leserzuschrift dankbar:

In die Calanques von Morgiou und Sormiou

Wir parken an einer gut einsehbaren Stelle südlich des **Gefängnisses**; nicht auf der großen Fläche an der Zufahrt zur Calanque de Morgiou (ein Leser hat mir von einer eingeschlagenen Scheibe berichtet), am besten im Blick der Zuchthauswärter, und wandern auf der Straße bis fast zur Barriere. Karte und Markierung schicken uns bei den letzten Häusern nach links ins Gebüsch. Wir folgen nun immer den Wegzeichen bis wir nach etwa 1 ¼ Stunden beim netten **Fischerdörfchen Morgiou** am Meeresrand stehen. Sie könnten auch hier die Wanderung beginnen.

Am Hafen haben Sie nun zwei Möglichkeiten: Die Waghalsigen entscheiden sich für den Pfad, der am rechten Buchtufer nach vorne aufs Kap führt, der nicht nur weiter ist, sondern auch schwierig scheint. Die vorsichtigen Wanderer, denen jede Kletterei Schweißausbrüche beschert, stiefeln auf der Dorfstraße etwa 300 m zurück (also auf dem Hinweg) und schlagen sich dann bei der Markierung ins Gebirge. Nun gehorcht man artig den Wanderzeichen, der Karte und dem Verlauf des Pfades, bis man auf dem Kamm steht, ein Stück Fels umrundet und dann die **Bucht von Sormiou** unter sich sieht, einen Traum von Sicht und Naturgefühl. Jetzt kann absolut nichts mehr schief gehen, wenn man beim steilen Abstieg vorsichtig tritt.

Nach einer kurzen Entspannung bei den Häuschen von Sormiou ist der Heimweg kein Problem. Am linken, östlichen Rand der Calanque findet man die Markierung, die einen zurück nach Marseille nicht im Stich lässt.

Wenn das Auto noch unversehrt ist, werden Sie sich noch nach Jahren an eine der schönsten Wanderungen Ihres Lebens erinnern *(höchstens 3,5 Stunden; Karte: ,Les Calanques' im Maßstab 1:15.000 muss sein;* ***beachten Sie die bei der vorigen Wanderung dargestellten Beschränkungen****)*.

Nach den Wanderstrecken hält man sich in **Marseille**, der mit 800.000 Einwohnern zweitgrößten Stadt Frankreichs, eher nur kurz auf. Wenn man dort alle Sehenswürdigkeiten abklappern möchte, würde ein Tag bei weitem nicht ausreichen. Für mehrere Tage ist uns der Moloch aber dann doch nicht schön genug, und so muss ich wieder mal den Mut zur Lücke in diesem Reiseführer beweisen. Ein Zeit raubender Programmpunkt ist die Parkplatzsuche in der Nähe des alten Hafens *(vieux port)*, zumal ich dort unsere fahrende Behausung einigermaßen sicher abstelle. Der Altstadtbereich ist nämlich so, wie man ihn erwartet und es überall liest, ein Schmelztiegel der unterschiedlichsten Volksgruppen, vor allem vieler Afrikaner. Es wird uns schon ein wenig unheimlich, als wir durch den Souk, das Viertel hinter dem Hafen, spazieren, das mich mehr an eine frühere Reise nach Marokko als an Frankreich erinnert, aber dennoch sehenswert ist. Zum Hafen hin kommen wir dann an einer großen Anzahl von Fischständen vorbei, einem Feinschmeckertraum, der uns die Grenzen unseres WOMO-Kochers aufzeigt. Der so genannte alte Hafen ist eher eine Enttäuschung. Man vermutet dort historische Häuser, die es aber nicht mehr gibt, nachdem sie im 2. Weltkrieg von den Nazis einfach in die Luft gesprengt worden sind. Man wollte Partisanen in den verwinkelten Gassen den Unterschlupf erschweren. Vergebens suchen wir das romantische Café mit Fischgeruch, tätowierten Seemännern und deren Bräuten. Und als wir das braune Getränk dann in einer Eckkneipe rühren, die sich durch nichts von Tausenden ähnlicher Eckcafés in der französischen Provinz unterscheidet, pfeifen wir auf weitere Highlights. Wir verkneifen uns den Blick von der hoch gelegenen Kirche Notre-Dame-de-la-Garde, auf das Haus, wo zum ersten Mal die *,Marseillaise'*, die französische Nationalhymne, abgesungen worden ist und auf alle anderen, im Grunde doch nur mittelmäßigen Sehenswürdigkeiten, die uns die Literatur empfiehlt. Wir suchen unser WOMO und sind froh, als wir am frühen Nachmittag wohlbehalten das städtische Getümmel hinter uns lassen können. Wir bleiben an der Küste und freuen uns auf ruhigere Gefilde. Der Wunsch geht allerdings im Hochsommer nur bedingt in Erfüllung.

Les Goudes

Es ist auch fraglich. ob Sie in dieser Zeit am **Cap Croisette**, südlich von Marseille, beschauliche Abende verbringen können. An Ostern und Ende August jedoch habe ich erfreut notiert, dass man mit dem WOMO ungehindert (das geht offenbar auch im Hochsommer) in die westlichste Calanque von **Les Goudes** fahren darf. Man durchquert zwar ärmliche Randgebiete von Marseille, endet aber an kleinen Sandbuchten zwischen schroffem Gestein. Die wenigen Häuser samt Hafen sind sehr malerisch, und Sie finden wenigstens drei Parkplätze mit Superblick aufs Meer, wie Sie diese an der richtigen Côte d'Azur ein weiteres Mal lange suchen müssen:

WOMO-Badeplätze: Les Goudes

(089) Les Goudes
GPS: N 43°13'03" E 05°20'45"
max.WOMOs: höchstens 5.
Ausstattung/Lage: Mülleimer, Gaststätte, kleiner Sandstrand vor dem Dorf; Wanderwege / Ortsrand.
Zufahrt: Folgen Sie südlich von Marseille der Michelinkarte, bis Les Goudes in Sichtweite ist; rechts der Straße liegen dann vor Les Goudes zwei problemlos anfahrbare Parkplätze nacheinander, nachdem Sie an einem exponierten Gelände oberhalb der Klippe vorbei gefahren sind.

Hinweis: Die Parkbucht bei den Häusern ist oft belegt und eignet sich nur für kurze WOMOs.

Besser fahren Sie durch den Ort, Richtung *'Cap Croisette'* und parken nach den letzten Häusern rechts der Straße, was auch nichts für WOMO-Riesen ist.

(090) Cap Croisette
GPS: N 43°12'50" E 05°20'32"
max.WOMOs: > 5.
Ausstattung/Lage: Gaststätten und Sandbuchten in der Nähe / außerorts, etwas einsam.
Zufahrt: Fahren Sie durch Les Goudes, Wegweiser *,Cap Croisette'*, und bleiben Sie etwa 350 m nach Les Goudes bei einem Restaurant direkt am Strand oder fahren Sie noch ein paar Meter weiter auf die Höhe mit schönem Blick auf Marseille. An diesem oberen Parkplatz beginnt ein kurzer Fußweg zu einem weiteren Restaurant an einer anderen Sandbucht.
Hinweis: Ich fürchte, dass Sie überall mit Aufbrüchen rechnen müssen, ich habe aber insoweit bislang keine einzige Zuschrift erhalten. Auf jeden Fall eignen sich alle Tipps bei Les Goudes für ein paar Badestunden in der Nebensaison und, wenn Platz ist, auch für die Nacht in der Nähe von Häusern.

In den Vorauflagen hatte ich das Gebiet weiter westlich, zwischen Marseille und der Rhône, sorgsam umfahren. Obwohl die Stadt Martigues, zu welcher der Hafen von **Carro** gehört, Sensationelles geleistet hat: Die Verwaltung hat umgesetzt, wozu genauso die meisten anderen Kommunen am Meer in der Lage wären, wenn sie nur wollten oder wenn man sie professionell dazu anleiten würde (und wenn sich die Reisemobilindustrie mehr darum kümmern würde, dass die Kunden die teuren Fahrzeuge auch bestimmungsgemäß einsetzen können). Man hat nicht mehr und nicht weniger getan, als einen großen Parkplatz direkt am Meer als Stellplatz einzurichten und auszuweisen. Spontan fällt mir kein weiteres gleichwertiges, offizielles Gelände an Frankreichs Mittelmeerküste ein – jedoch unzählige Plätze, auf denen Gleiches ganzjährig oder zeitweise möglich wäre. Der Einmaligkeit entsprechend groß ist im Sommer die Nachfrage:

Carro

(091) WOMO-Badeplatz: Carro

GPS: N 43°19'45" E 05°02'25" **max.WOMOs**: 70.
Ausstattung/Lage: Ver- und Entsorgung, Toilette (150 m weiter westlich), Mülleimer, schmaler, sandiger Badestrand, Gaststätten und Geschäfte in der Nähe / Ortsrand, direkt am rauschenden Meer.
Zufahrt: Die große Parkfläche ist in Carro zwischen Hafen und Meer nicht zu verfehlen.
Parkgebühr: 8 €, im Winter 6 €. Der Kassierer kommt vorbei.
Hinweise: Im Winter 2009/2010 wegen Bauarbeiten gesperrt. Hoffentlich habe ich mein Lob nicht umsonst verteilt.
Obwohl die Fläche recht groß ist und man relativ eng steht, ist der Platz im Sommer oft schon am späten Nachmittag belegt (auf 48 Stunden begrenzt). Es gibt aber jeden Tag neue Plätze. Im Ort finden Sie eine weitere, schönere Sandbucht, die allerdings im Sommer auch gut belegt ist und zu der Sie spazieren können.

Der Hafen von Carro ist auch sonst ein echter Insidertipp, weil hier noch die Fischkutter einlaufen. Das einstige Zentrum des Thunfischfangs hat einen Rest von Tradition bewahrt und bietet noch täglich seitlich des Hafenbeckens den frischen Fang an, wo man sich die Augen reibt, weil sich zwischen den bunten Booten und den pastellfarbenen Häusern kein einziger Souvenirladen und nicht einmal ein Imbiss breit gemacht haben. Bäcker, Metzger und Gemüsegeschäft, Zeitungsladen und nur ein einziger Makler decken die Bedürfnisse ab. Und ein einziges, richtiges Restaurant (neben einigen Pizzerien) lädt zu wunderbar frischen *Coquillages* ein, Platten mit Austern, Muscheln und diversen Krustentieren. Sie sollten im preiswerten **Restaurant *Le Chalut*** sicherheitshalber reservieren *(Tel. 04 42 80 70 61; dienstags abends und mittwochs mittags geschlossen; mit Blick auf den Hafen, aber ohne Freisitz).*

Die Küste zählt eindeutig nicht mehr zur Côte d'Azur, sie nennt sich aber zum Verwechseln ähnlich **Côte Bleue** und besteht, wie die bekanntere Nachbarin, vorwiegend aus Steilküste mit kleinen Buchten, in denen es im Sommer entsprechend eng wird. Das ist in Carro nicht anders als im benachbarten **La Couronne**, wo Sie keinen Stellplatz, aber wenigstens sechs

Campingplätze finden, unter denen wir den bestgelegenen ebenfalls getestet haben:

(092) WOMO-Campingplatz-Tipp: La Couronne (Le Mas)

GPS: N 43°19'54" E 05°04'24"; **Ortszentrum**: 2,5 km. **Tel.** 04 42 80 70 34.
Zeiten: Anfang März bis Mitte Oktober; **Ausstattung**: Gaststätten, Laden, Pool, Wanderweg, schöner Blick aufs Meer, trotz einiger Mobilhomes angenehme Atmosphäre unter hohen, lichtdurchfluteten Pinien. Der Platz grenzt von der einen Seite an die Steilküste, auf der anderen Seite liegt eine schöne, sandige Badebucht, die allerdings sehr gut besucht ist.
Zufahrt: Der Platz liegt östlich von La Couronne und ist in La Couronne bzw. der D 49, das ist die Straße nach Marseille, beschildert.
Hinweis: Im Juli/August sind nur kleine Hunde erlaubt. Von Mitte Juli bis Ende August bekommen Sie schlecht einen Platz. Sie können es dann beim orts- aber nicht so strandnahen **Camping L'Arquet** im *Chemin Batterie*, an der Straße zu dem großen Leuchtturm versuchen.

Der Campingplatz *Le Mas* (Foto Seite 229) gehört zweifellos zu den schönsten an Frankreichs Mittelmeerküste, und außerhalb des Geländes stoßen Sie auf dem Weg zum Stand auf die geräumige Terrasse des **Restaurants *Les Ombrelles***. Eher pflichtschuldig und wegen des einmalig malerischen Blicks über die Bucht hinter Pinien und zwei Wallfahrtskapellen (aus dem 12. und 17. Jahrhundert) suchen wir uns zwei Plätze und erwarten hier am Abend die große Platzauswahl und entsprechend schlechtes Essen. Aber nur mit Mühe bekommen wir an einem Freitagabend, Ende August, einen kleinen Tisch und werden Zeugen fröhlicher Runden einheimischer Esser. Auch auf die Gefahr allzu verbrämter Schönfärberei: eine der besten Mischungen aus Ungezwungenheit, Ambiente, Blick, frischer Fische und Qualität der Steaks *(im Sommer kein Ruhetag, möglichst nachmittags reservieren).*

Wie Sie bemerken, haben wir uns länger als geplant an der Côte Bleue aufgehalten und dabei trotz der am Horizont vorbeischwimmenden Riesentanker verdrängt, dass um die Ecke bereits das Industriegebiet beginnt, wo ab dem Jahr 1969 in der Nachbarschaft des verschlafenen Fischerdorfes

Fos-sur-Mer Hafenanlagen, Hüttenwerke und Raffinerien aus dem Rhône-Schwemmland gestampft worden sind. Ein Teil der Schwerindustrie ist schon bald wieder der weltweiten Stahlkrise erlegen, die Häfen haben aber wegen der tiefen Zufahrt weiterhin Zukunft. Hier legen die größten Tanker an, deren Ladung durch Pipelines bis nach Deutschland gepumpt wird. Im Sommer 2009 führte ein Leck dieser Rohrleitung südlich von St. Martin-de-Crau zu einer kleinen Umweltkatastrophe.

Fos-sur-Mer

Der Charakter des nahen Industriegebiets, die Bevölkerungsdichte sowie zwei Flugplätze, haben auch dem ohnehin schon schlechten Image des **Étang de Berre** weiter zugesetzt. Wer möchte schon an ein salziges, allenfalls 6 m tiefes Binnengewässer reisen, sei es auch der größte See Frankreichs? Aber die Realität ist weitaus besser als der Ruf: Bummeln Sie zuerst durch **Martigues** (40.000 Einwohner) dessen Altstadt zum Teil auf einer Insel im einzigen Zufluss des Étang liegt, und fahren Sie dann wenigstens bis St. Chamas. Südlich von Istres werden Sie nach Westen geleitet zum **Oppidum St. Blaise**. Hier siedelten die ersten Menschen schon in der Steinzeit. Später kamen die Gallier, bis die Stadt im Jahre 49 v. Chr. von den Römern auf Befehl Caesars zerstört worden ist. Wenn nicht gerade Waldbrandgefahr herrscht, können Sie das unspektakuläre, aber schön gelegene Ausgrabungsgelände bequem besichtigen (keine Hunde). Die Kapelle davor, die Ihnen nicht entgehen wird, ist der Nachfolger eines im 14. Jahrhundert zerstörten Gotteshauses.

NördlichvonSt.ChamasthrontdieBurgvon**Miramas-le-Vieux**, über einem kleinen Bergdorf, an dessen Fuß Sie ein ausgedehntes Stellplatzgelände mit schönem Blick auf den Étang antreffen:

(093) WOMO-Stellplatz: Miramas-le-Vieux

GPS: N 43°33'51" E 05°01'19"
max.WOMOs: > 5.
Ausstattung/Lage: Mülleimer, Gaststätten und möglicherweise Geschäfte in der Nähe, schöne Sicht / Ortsrand.
Zufahrt: Der Stellplatz liegt an der nördlichen Zufahrt von Miramas-le-Vieux, wenn Sie von Miramas auf der D 10 kommen, also vor dem Dorf. Sie können hier nach unserer Einschätzung auf zwei Ebenen einen Platz aussuchen. Möglich ist auch die Zufahrt von Süden.

In **St. Chamas** (6.600 Einwohner) dürfen Sie auch am Hafen übernachten und davor die alten, noch benutzten Tuffsteinhöhlen – von außen – inspizieren sowie den schon von unten schwindelerregenden **Aquädukt** (Pont de l'Horloge, Baujahr 1902). Die Hauptsehenswürdigkeit ist süd-westlich des Ortes der römische **Pont Flavien**, der sich von allen anderen Römerbrücken Südfrankreichs dadurch unterscheidet, dass auf beiden Seiten Torbögen stehen, die wir leichtfertig *‚Triumphbögen'* nennen würden, wenn wir nicht seit unserem Besuch in Orange auf der zweiten Tour wüssten, dass die Römer Triumphbögen nur in Rom kannten.

Über Istres fahren wir nach **Port-St.-Louis-du-Rhône**, wo uns die Verwaltung lehrt, wie man es nicht machen darf: Der ehemals schön am Rhône-Ufer gelegene Stellplatz wurde ins Industriegebiet verbannt, zwischen verfallene Fabriken und Müll. Das von mir oben beschworene Stellplatz-Beraterteam der Reisemobilindustrie sollte mal mit der Verwaltung in Klausur gehen – oder sie zu einer Nacht im Wohnmobil auf dem eigenen Stellplatz zwingen (Ver- und Entsorgung waren im Jahr 2009 noch an der Schwenkbrücke zwischen Hafen und Rhône verblieben).

In den Vorauflagen habe ich Ihnen die **Plage Napoléon** als freien Stellplatz empfohlen. Hier wurde inzwischen eindeutig reguliert, was ähnlich den Strandabschnitten weiter westlich droht: Die Zufahrt an den fraglos schönen und weiten Strand kostet Eintritt, und ein großes Schild macht deutlich: *Camping et Caravanning interdit*. Ich vermute, dass die zahlreichen Wohnmobile, die ich dort tagsüber sah, abends landeinwärts verschwinden müssen. Schade, dass dafür der Platz in Port-St.-Louis-du-Rhône zu hässlich ist.

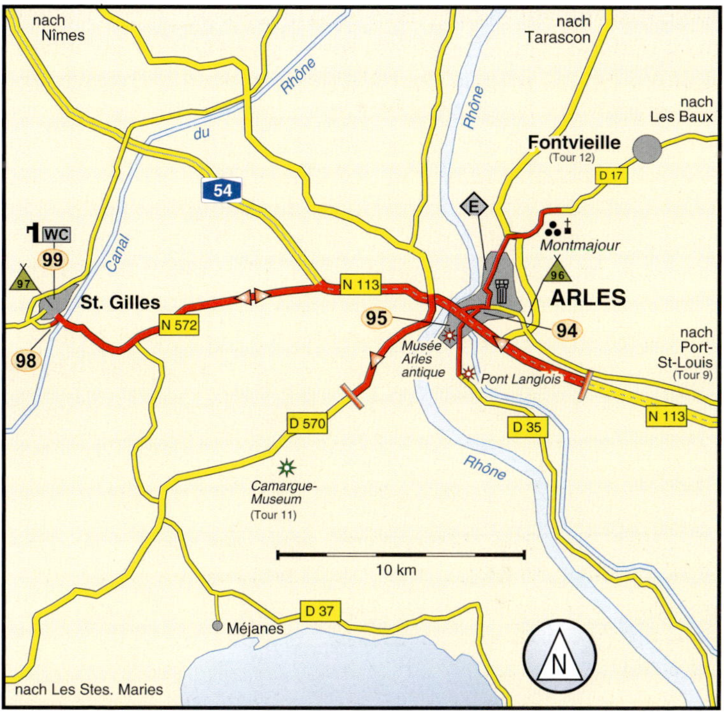

Tour 10: Römisch und romanisch

Arles - St. Gilles - Kloster Montmajour

Stellplätze:	in Arles und in St. Gilles
Campingplätze:	in Arles und in St, Gilles
Besichtigen:	in Arles: Arena, antikes Theater, Kathedrale St. Trophime, Altertumsmuseum, Kryptoportikus, Musée Réattu, Les Alyscamps; Zugbrücke von Langlois; Kirchenportal von St. Gilles; Kloster Montmajour

Erst nach längerer Suche gelingt es uns, in **Arles** (50.000 Einwohner) einen Parkplatz in Altstadtnähe zu ergattern (Parkmöglichkeiten finden Sie an der Stadtmauer, in Bahnhofsnähe oder beim Musée Arles antique). Über zwei Jahrzehnte war ich vor der Erstauflage dieses Buches nicht mehr in der 2.500 Jahre alten Stadt, und ich spüre eine bange, innere Unruhe, während ich durch die erste Altstadtgasse gehe. Werde ich in Arles noch diese eigentümliche Mischung antreffen, von geschichtlicher Bedeutsamkeit und normalem Alltagsleben, von Touristentrubel und stillen Winkeln? Welche Schneisen wurden von den Urlauberlawinen auf dem Weg nach Les Stes. Maries-de-la-Mer und La Grande Motte geschlagen – und durch die Aufnahme der römischen und romanischen Bauten in die UNESCO-Liste des Welterbes? Es ist kaum zu glauben, aber mir ist, als wäre ich gerade gestern noch hier gewesen. Und als ich am Nachmittag auf dem breiten Rundbogen der **Arena** stehe *(9-18 Uhr; 6 € einschließlich Theater)*, über dem unvergleichlichen Panorama der blass-roten Dächer vor der breiten, grauen Rhône, kehrt sogar die Begeisterung zurück, die mich überkam, als ich mit 17 Jahren noch ungehindert ganz oben auf der Mauer spazieren durfte. Über kaum eine andere provenzalische Stadt wurde ähnlich viel geschrieben, aber der Blick von den Arkaden der Arena kommt überall zu kurz.

Arles - auf der Arena

Natürlich ist auch das Innere des Amphitheaters sehr eindrucksvoll, wenn man bedenkt, dass hier in der Antike 26.000 Menschen Platz fanden. Blutig geht es in *Les Arènes* bisweilen auch heute noch zu, wenn spanische Stierkämpfe veranstaltet werden eine (eine sogenannte *Feria* findet zweimal im Jahr statt) Diese wechseln sich ab mit der unblutigen provenzalischen Spielart, bei der geschickte und mutige Akteure dem Stier eine Stoffkokarde zwischen den Hörnern wegschnappen (man nennt diesen Kampf *Course Camarguaise*). Dauerhafte Stahlgerüste ersetzen die im Laufe der Jahrhunderte weggebrochenen steinernen Zuschauerränge, auf denen im Mittelalter, wie auch auf dem elliptischen Grund der Arena, Häuser erbaut waren, zu deren Schutz die

Türme dienten, die man heute noch sieht. Erst im 19. Jahrhundert wurde die kleine Stadt im Inneren des Amphitheaters wieder abgerissen.

Wenn Sie in Arles einiges besichtigen wollen, kaufen Sie sich möglichst die **Sammeleintrittskarte** *(Passeport Liberté - 9 €)*, mit der man eine Menge Geld sparen kann. Die Gültigkeitsdauer beträgt einen Monat, und der *Passeport* gilt für vier Monumente und ein Museum nach Wahl. Die Flatrate für alles kostet 13,50 Euro *(Passeport Avantage)* und gilt ein Jahr. Demnach auch für das **antike Theater**, wo in römischer Zeit hauptsächlich Schauspiele und Tragödien aufgeführt wurden. In der Provence sind wir aber von der gewaltigen Bühnenwand des Theaters von Orange (2. Tour) verwöhnt, mit der das von Arles nicht mithalten kann, obgleich es in der Antike mit 12. 000 Plätzen kaum kleiner war *(9-18 Uhr; 6 € einschließlich Arena)*.

Römer in der Provence

Schon der Name der heutigen Bezeichnung *Provence* erinnert an die römischen Besatzer, die ihre *Provincia* im Umkreis der ehemaligen Kolonie Massilia (Marseille) *Gallia Narbonensis* nannten, mit Aix-en-Provence als Hauptstadt (später durch Narbonne abgelöst). Ab etwa 120 vor Chr. hatten die Römer ihre Macht in Südfrankreich kontinuierlich ausgebaut und Aufstände keltischer und germanischer Stämme, darunter der Cimbern und Teutonen, blutig niedergeschlagen. Im Jahr 58 v. Chr. begann Caesar, mit seinen Eroberungsfeldzügen die Macht nach Norden auszudehnen und Gallien, auf einer Fläche, die in etwa dem heutigen Frankreich entsprach, vollständig zu unterwerfen und auszubeuten. Asterix-Leser werden mir heftig widersprechen, aber zugeben, dass der nach ihrer Auffassung unbesetzte Teil nicht in der *Provincia* lag.

In keiner anderen Region Frankreichs haben sich die Römer so viele Denkmäler gesetzt wie in der Provence. Unter Kaiser Augustus begann im ersten Jahrhundert ein rasanter Ausbau der keltischen Siedlungen zu römischen Städten mit allem, was dazugehörte. Aus dieser Zeit stammen die Theater, Aquädukte, Stadtgründungstore, Brücken und Straßen, darunter die Via Domitia mit ihrem berühmten Pont Julien (Tour 5), die sogar etwas älter ist und schon um 120 gebaut wurde, als die Römer ihre Via Aurelia bis nach Spanien verlängert haben.

Der römischen Herrschaft setzten erst nach rund 600 Jahren die Goten ein Ende.

Arles - St. Trophime

Angenehm überrascht bin ich von der **Kathedrale St. Trophime**, denn die schönste romanische Kirchenfassade der Provence wurde vor einigen Jahren, wie inzwischen auch die Arena, vom Dreck der Jahrhunderte und vom Ruß der Autoabgase befreit. Das Kirchenportal hat in Südfrankreich nur ein Pendant, in St. Gilles, das wir am Ende dieser Tour bereisen werden und das, weil westlich der Rhône, schon im Languedoc liegt. Kaiser Barbarossa schritt in Arles durch jenes Tor, als er in St. Trophime zum König der Provence gekrönt wurde. Leicht vergisst man nach dem großartigen Erleben der Skulpturen den **Kreuzgang** der Kathedrale, dessen Zugang viele Besucher im Kircheninnern suchen. Den Eingang findet man stattdessen ein paar Meter seitlich des Kirchenportals *(9-18 Uhr; 3,50 €)*. Sie dürfen in unserem Zielgebiet viele Sehenswürdigkeiten auslassen – aber niemals den *Cloître* von St. Trophime, den schönsten Kreuzgang der Provence. Ausdrucksstarke Kapitelle erzählen Geschichten aus der Bibel, und vor allem bei Sonnenschein entsteht ein reizvolles Licht- und Schattenspiel. Man fühlt sich sofort entrückt in eine stille, eigene Welt, in die erstaunlich wenige Touristen eintauchen. Der schönere Teil des Kreuzgangs ist romanisch, während die beiden weniger interessanten Flügel aus der Zeit der Gotik stammen.

Als ich wieder aus dem Kreuzgang heraustrete auf den sonnenüberfluteten Platz davor, zieht es mich schon sehr nach links in Richtung des Boulevard des Lices und zu den dortigen Straßencafés. Oder soll ich mir noch ein Museum antun? Zum Glück überwinde ich die Urlaubsträgheit, wenngleich der Weg weiter geworden ist. Wo früher nur ein paar Schritte quer über den Platz, vorbei am ägyptischen Obelisken, genügten, ist heute schon ein kleiner Fußmarsch angesagt. Denn das **Altertumsmuseum** wurde in den 90er Jahren des letzten Jahrhunderts in einen kühnen, dreieckigen Neubau auf einer Halbinsel zwischen Rhône und Arles-Fos-Kanal verlegt und nennt sich heute **Musée départemental Arles antique**. Schon das Gebäude allein ist sehenswert. Am besten gehen Sie an der Rhône entlang nach Süden. Das Museum liegt dann jenseits

Arles - im Musée Arles antique

der großen Straßenbrücke der N 113. Wenn man schon in einer der bedeutendsten Städte der ehemaligen *Provincia Gallia Narbonensis* weilt, sollte man auch die größte Sammlung römischer Kunst in Frankreich anschauen. Obwohl der berühmteste Fund, das 2 m hohe Standbild der Venus von Arles, nur ein Gipsabdruck ist, dessen Original im Pariser Louvre steht. Man hatte sie Ludwig XIV. geschenkt. Das Museum hat uns begeistert und ist eindeutig mehr als der Lückenbüßer eines Schlechtwettertages. Hervorragend sind die Modelle römischer Bauten, die zeigen, wie die heutigen Relikte einst ausgesehen haben (z.B. das Zeltdach der Arena). Sehr interessant sind auch die Sarkophage, die ursprünglich alle einmal an der Gräberallee Les Alyscamps aufgestellt waren. Da man in Arles diesen antiken Friedhof ebenfalls besichtigen sollte, ist es wirklich sinnvoll, sich im Museum ein paar der grandiosen steinernen Särge anzuschauen. Sie dürfen alles fotografieren, weilen Sie doch in der Stadt der Fotografie (*10-18 Uhr, dienstags geschlossen; 6 €*).

Kürzere Strecken muss man bewältigen, will man in den so genannten **Kryptoportikus** herabsteigen, eine unterirdische Säulenhalle aus antiker Zeit. Vermutlich bunkerten die Römer hier Getreide, bevor sie dieses aus der fruchtbaren Provincia ins heimische Reich weitertransportierten. Der Kornspeicher liegt mitten im Zentrum, seitlich des Rathauses *(im Sommer. 9-12, und 14-18 oder 19 Uhr, Zugang über das Hôtel de Ville; 3,50 €)*.

Nur der Vollständigkeit halber, weil wir gerade bei den Museen sind, und weil es unmittelbar an den Kryptoportikus grenzt: Das provenzalische Heimatkundemuseum ***Muséon Arlaten*** *(9.30- 12 und 14-17.30 Uhr, seit Ende 2009 vorübergehend wegen Bauarbeiten geschlossen)* wurde von dem Schriftsteller Frédéric Mistral gestiftet. Der bekam nämlich im Jahre 1904 den Literatur-Nobelpreis und spendierte das damit verbundene Geld für eine Sammlung aus Hausrat, Möbel, Trachten, Spielzeug und Krippefiguren. Sogar die Wiege Mistrals ist zu sehen, und zum Teil stammen die Beschriftungen noch von seiner Hand; eher etwas für Regentage.

Ich muss gestehen, dass ich es ins **Musée Réattu** am Rhône-Ufer (von St. Trophime geradeaus) bislang selbst noch nicht geschafft habe. Was mich eigentlich wundert, denn dort gibt es eine größere fotografische Abteilung, die unter anderem dazu beigetragen hat, dass Arles Sitz der französischen Nationalschule für Fotografie wurde und dass alljährlich im Juli in der Stadt ein Festival der Fotografie stattfindet. Außerdem beherbergt das Museum 57 Picasso-Zeichnungen aus den Jahren 1970/71 und ein paar Werke weiterer Künstler, darunter Dufy und Rousseau *(Mittagspause von 12.30-14 Uhr; 4 €).*

Vermutlich werden viele von Ihnen es nach St. Trophime und der Arena nicht bis hinunter an die Rhône schaffen, zumal die Cafés am Boulevard des Lices zur Einkehr animieren. Vor allem mittwochs oder samstags, wenn unter den Platanen des Boulevard Marktstände französisches Flair vermitteln.

Vom Boulevard des Lices ist es nicht weit zu einer anderen bekannten Allee von Arles, zur Gräberstraße **Les Alyscamps**. Die Einheimischen nennen sie auch *Allée des Sarcophàges*, womit auch schon gesagt wäre, was es hier zu sehen gibt: Die Römer bestatteten einstmals ihre Toten auf einem riesigen Friedhof außerhalb der antiken Stadt. Später wurde hier ein Heiliger, der hingerichtete Genest, beerdigt und an seinem Grab eine Kapelle errichtet. Viele fromme Christen hatten nun den Wunsch, in der Nähe des Himmlischen ihre letzte Stätte zu finden. So wurden die Toten von weit her gebracht und in teilweise prächtige Steinsärge gebettet. Angeblich wurden die Leichen sogar einfach in Holzsärgen ins Rhônewasser gelegt, damit die Totenfischer von Arles die Verstorbenen aus dem Wasser angeln und besagtem Friedhof übergeben konnten. Das Beerdigungsgeld klemmte man den Verblichenen kurzerhand zwischen die Zähne. Die kostbaren Steinsärge und Grabmale sind heute in alle Winde verstreut (zum Teil im Altertumsmuseum – siehe oben). Aber einen nachhaltigen Eindruck bekommt man beim Gang durch die von Sarkophagen gesäumte Pappelallee immer noch. Die Kapelle am Ende der Gräberstraße, sie heißt heute St. Honorat, ist unvollendet.

Ursprünglich war der Friedhof viel größer als heute. Aber der Bau einer Eisenbahnlinie ließ ihn im 19. Jahrhundert auf die heutige Größe schrumpfen. Man kann von der Altstadt zu Fuß hierher laufen (beschildert, südlich des großen Boulevard bergab; siehe auch beim unten erwähnten Stellplatz) oder auch fahren. Manchmal ist direkt vor dem großen Friedhofstor ein Parkplatz frei *(Mai - Sept. 9-19 Uhr, sonst bis 18 und Pause von 12-14 Uhr; 3,50 €).*

Sie werden im Zusammenhang mit Arles noch die Erwähnung des Malers **Vincent van Gogh** vermissen, von dessen Bildern so viele Postkarten überall in der Stadt verkauft werden. Zurecht, denn Vincent malte, nachdem er im Februar 1888 von Paris hierher gekommen war, rund 400 Bilder, ehe er sich im Mai 1889 in die »Irrenanstalt« von St. Rémy (12. Tour) begeben musste. Aber von ihm sind heute in Arles nur Postkarten zu sehen. Nicht ein einziges Bild von ihm befindet sich in der Stadt, woran sich vermutlich wegen der gegenwärtigen Preise auch nichts mehr ändern wird. Das ›*Gelbe Haus*‹, in dem er wohnte (in der Nähe des Bahnhofs), wurde im 2. Weltkrieg zerbombt, es ist nachgebildet und eine Kneipe. Nur das alte Krankenhaus, das ehemalige *Hôtel Dieu*, ist heute ein Haus der Künste und scheint der einzige Bezugspunkt zu Vincent zu sein. Denn als er sich in Arles ein Ohr abschnitt (manche Quellen erwähnen nur ein Ohrläppchen, was aber gewiss unbedeutsam ist), wurde er hier verbunden. Grund genug, um dem Gebäude heute van Gogh's Namen zu geben.

Und ob es sich beim **Pont de Langlois** tatsächlich um die hölzerne Ziehbrücke handelt, die van Gogh vielfach gemalt hat, wird auch bezweifelt. Natürlich fahren auch wir an den kleinen Kanal im Süden von Arles (die Brücke ist auf der Michelin-Karte eingezeichnet; verlassen Sie die vierspurige N 113 beim Wegweiser *‚Arles-Centre'*, fahren Sie Richtung *‚Port St. Louis'* und biegen Sie von der D 35 beim Wegweiser *‚Pont v. Gogh'* nach links ab), um eine

Pont de Langlois

leicht angegammelte Ziehbrücke am Rande eines Industriegebiets zu finden. Und provenzalischen Alltag: Ein Reisebus entlädt seine Passagiere, ein paar Männer pinkeln an die nahen Büsche, der Rest strebt mit knipsbereiter Kamera der Brücke zu; man bittet mich, das WOMO wegzufahren, es steht in der Schusslinie. Genau sieben Minuten später hupt der Busfahrer, die Leute steigen ein, und weiter geht's – ich wette, zur Mühle von Daudet (Tour 12). Das sind Momente, in denen ich genau weiß, warum ich den Wohnmobilurlaub so schätze, denn bald wird es ganz still an dem kleinen Kanal, und der Pont de Langlois gehört nur uns. Früher empfahl ich den Rand des Kanals als Übernachtungsplatz. Bei der letzten Nachschau hat mir die Stelle aber nicht mehr ausreichend gefallen.

Einen wirklich empfehlenswerten Stellplatz kenne ich in Arles nicht, obgleich wir schon ausgiebig gesucht haben. Wer gerne in der Stadt schläft, nimmt den leider verkleinerten Parkplatz nahe Les Alyscamps, wo man mit viel Glück auch tagsüber parken kann. Er ist aber eher eine Notlösung:

WOMO-Stellplätze: Arles

(094) **Place de la Croisière**
GPS: N 43°40'25,8" E 04°37'58,5" **max. WOMOs**: höchstens 5.
Ausstattung/Lage: Gaststätten, Geschäfte in der nicht weiten Altstadt.
Zufahrt: Fahren Sie im südöstlichen Teil der Altstadt von D 453 (das ist die breite Straße, die in Ost-West-Richtung quer durch Arles führt) an einer Kreuzung bergab auf die *Avenue des Alyscamps* (Wegweiser *,Les Alyscamps'*) und nach ca. 80 m links / in der Stadt.
Hinweis: Allenfalls bis 6,80 m Länge, Verbot für Wohnwagen, an manchen Tagen zugeparkt.

(095) Als **weitere Möglichkeit** haben mir mehrere Leser den Parkplatz an der Rhône und beim Altertumsmuseum empfohlen (siehe oben); in der Innenstadt Wegweiser *,Musée d' Arles Antique'*; ich finde den Platz nicht schön genug und zu laut; der Platz wird aber gerade von großen Fahrzeugen oft aufgesucht; **GPS**: N 43°40'27" E 04°37'05"; Av. Jean Monnet.

Ver- und Entsorgung: Im nördlichen Teil, an der Rhône, in der Nähe des Bahnhofes, am Rand eines turbulenten Parkplatzes; viele WOMOs stehen dort auch auf dem benachbarten Busparkplatz;
GPS: N 43°40'55" E 04°37'49"; Quai du 8. Mai.

Der Campingplatz an der Straße nach St. Martin-de-Crau ist kein Ort für längere Ferien, aber er hat sich gebessert. Von hier können Sie noch zu Fuß die Altstadt erreichen:

(096) WOMO-Campingplatz-Tipp: Arles (Camping City)
GPS: N 43°40'11" E 04°38'39" *Route de la Crau.*
Ortszentrum: 1,8 km; **Zeiten**: 1.4-30.9. **Ausstattung**: Pool, Laden, Restaurant.
Zufahrt: Der Platz liegt östlich der Altstadt, Richtung St. Martin-de-Crau. Nach etwa 1,5 km folgt ein weiterer Campingplatz.

In *ganz* Arles haben wir uns zugegebenermaßen noch nicht auf die Stellplatzsuche gemacht. Denn die Stadt ist die flächengrößte Gemeinde Frankreichs. Bis ans Meer und über die halbe Camargue hat der Bürgermeister das Sagen.

Zur Übernachtung empfiehlt sich auch, 16 km westlich und schon im Languedoc, das Städtchen **St. Gilles** (10.000 Einwohner). Aus Platzgründen muss ich bezüglich der wirklich sehenswerten touristischen Einzelheiten auf meinen Languedoc-Führer (WOMO-Reihe - Band 22) verweisen. Die Übernachtungsmöglichkeiten möchte ich Ihnen aber auch hier, auf der an Stellplätzen so armen Tour, nicht verschweigen. Der Campingplatz liegt gefällig und – ein unschätzbarer Vorteil – mitten in der Stadt, aber doch ruhig:

St. Gilles - romanische Kirchenfassade

(097) WOMO-Campingplatz-Tipp: St. Gilles (La Chicanette)
GPS: N 43°40'32" E 04°25'46" *Chemin de la Muraillette.*
Ortszentrum: 0,1 km; **Zeiten**: 1.4. - 15.10. **Ausstattung**: Pool.
Zufahrt: In St. Gilles an der Durchgangsstraße beschildert.

Wer das Geld sparen möchte, kann sich frei an den auf der Michelin-Karte eingezeichneten Kanal stellen. Man steht dort wegen der nahen Häuser sicher, und auch von hier ist es ins Stadtzentrum nicht weit. Bestimmt tuckert bald das eine oder andere Mietboot an der Wohnmobiltür vorbei, denn der Hafen von St. Gilles ist eine beliebte Versorgungsstation für die Bootsurlauber. Störend ist nur ein wenig der Blick auf das Tanklager gegenüber:

(098) WOMO-Stellplatz: St. Gilles
GPS: N 43°40'18" E 04°25'59"; *Quai du Canal*; **max.WOMOs**: 3-4.
Ausstattung/Lage: Toilette, Wasser (beides zumindest auf dem großen Parkplatz im Zentrum), Mülleimer, Gaststätten, Geschäfte / im Ort.
Zufahrt: Biegen Sie am östlichen Ortseingang, von Arles kommend, von der N 572 gleich westlich der Brücke scharf links ab und folgen Sie dem Wegweiser zum Hafen *(,Port de Plaisance')*. Gegenüber Grundstücksausfahrten wurden Plätze gesperrt.

(099) Leser haben ferner auf einem seitlichen Teil des großen Platzes im Zentrum (unübersehbar als ,P' beschildert), ruhig und unbeanstandet genächtigt. Jedenfalls stehen dort die meisten Wohnmobile. Nach meinen letzten Beobachtungen ist das aber verboten. GPS: N 43°40'29" E 04°25'48".

Von Arles aus findet sich auch nach 6,5 km in umgekehrter, nord-östlicher Richtung, bei den Ruinen der **Abtei Montmajour**, ein Stellplätzchen mit Buschwerk, das ich nur beiläufig erwähne (bei einem Restaurant, etwas laut, leicht einsam und offiziell nur für Pkw). Aber die Klosterruine gegenüber gehört zu der Sorte von Sehenswürdigkeiten, an der man auf keinen Fall vorbeifahren darf (UNESCO-Liste des Welterbes mit den romanischen Bauwerken in Arles). Die beste Zeit für die Visite sind der späte Nachmittag oder der frühe Morgen.

Dann liegt das Gemäuer wie ein Klotz in der Landschaft. Eine Ruine, deren Schönheit gerade vom Ruinendasein lebt. Wenn die milde Abend- oder Morgensonne mit den Fensterlöchern spielt und das Buschwerk lange Schatten wirft, wenn die Frösche im Brackwasser offener Gräber quaken, ist es die beste Besuchszeit für die Abbaye. Viele schwärmen auch von der Stimmung in den Hallen und Gängen der im 19. Jahrhundert teilweise wieder aufgebauten Benediktinerabtei. Aber bei aller baulichen Klarheit umfängt uns auch eine gewisse Nüchternheit. Ganz im Gegenteil zum Blick vom hohen Turm der Anlage, der zu den ganz großen Provence-Erlenbissen gehört. Denn von dort sieht man wunderbar die Lage des Komplexes in der Landschaft: Auf einem 40 m hohen Felsen inmitten von Zypressen, Pinien und kleinen Kirchen. In der Ferne erkennt man die Alpilles, auf der anderen Seite Arles und dazwischen ausgedehnte Reisfelder *(April - Juni 9.30-17.15 Uhr, Juli - Sept. 10-17.45 Uhr sonst außer montags 10-16.15 Uhr; 7 €).*

Die Gründung des Klosters im 10. Jahrhundert geht zurück auf eine Einsiedelei, aus der eine Anlage entstanden ist, die schon im 12. Jahrhundert in etwa ihr heutiges Aussehen erhalten hat. Es waren Benediktiner, welche die umliegenden Sümpfe trocken gelegt und Ablass-Wallfahrten eingerichtet haben, was ein äußerst einträgliches Geschäft war. Jeweils im Mai pilgerten die Menschen in Scharen nach Montmajour, das sich inzwischen auch rühmen durfte, einen Splitter vom Kreuze Christi zu besitzen. Einmal sollen es gar 150.000 Gläubige gewesen sein, die sich simultan in mehreren Kapellen Befreiung von der Schuld ihrer Sünden erhofften. Die Teilnehmer strömten damals noch in Kähnen herbei, denn das Kloster lag auf einer Insel in den zu dieser Zeit noch nicht trockenen Sümpfen. Später geriet die Abtei wegen ihrer Sittenlosigkeit in Verruf – kein Wunder bei den Anfechtungen und dem Geldsegen von außen. Mit Waffengewalt wurden die Mönche von sittenstrengeren verjagt, die aber ihrerseits in einen Hofskandal, die berühmte Halsbandaffäre, verwickelt wurden. Der König selbst verfügte im Jahre 1786 die Schließung, die wenig später in der Revolution wohl ohnehin erfolgt wäre. Die Anlage diente fortan als Steinbruch, ehe man sich ihrer im 19. Jahrhundert wieder annahm.

Versäumen Sie nicht – 300 m östlich – einen Blick auf die Chapelle St. Croix, eine romanische Friedhofskapelle inmitten von Gräbern! Man kann sie nur auf Anfrage betreten, aber ihr Äußeres und die Lage lohnen alleine schon.

TOUR 11
nach Arles
zur Plage de Piemançon
Fähre
D 35
D 36
D 36C
D 36B
D 37
D 58
D 62
D 85
D 570
D 979
Rhône
Petit Rhône
Salin-de-Giraud
Salin-de-Badon
La Capellière
La Béluge
Étang du Fangassier
Étang de Vaccarès
Villeneuve
Camargue-Museum
Méjanes
Gacholle
Plage du Beauduc
Les Stes.Maries-de-la-Mer
Parc Ornithologique
Pont de Gau
Aigues-Mortes
petite Camargue
Port Camargue
Le Grau-du-Roi
nach Nîmes
nach Montpellier
Phare de L'Espiguette
WC
224
106
104
102
101
103
108
109
110
10 km
N

Tour 11: Kampfzone zwischen Meer und Land

Les Stes. Maries-de-la-Mer - Plage de Beauduc - Aigues-Mortes

Stellplätze:	in und bei Les Stes. Maries, in Méjanes, an den Stränden von Beauduc und Piémanson, in und bei Aigues-Mortes
Campingplätze:	in und bei Stes. Maries
Besichtigen:	Wehrkirche von Stes. Maries, Vogelpark bei Stes. Maries, Camargue-Museum, Saline von Salin-de-Giraud, Aigues-Mortes
Essen:	*Café de Bouzigues* in Aigues-Mortes
Wandern:	zum Leuchtturm von Gacholle

An der **Camargue**, einer Kampfzone zwischen Meer und Land, scheiden sich die Geister. Viele Besucher urteilen vorschnell und dabei nicht selten ungerecht. Das galt auch für die Vorauflagen, in denen ich womöglich mein jugendliches Trauma noch nicht überwunden hatte, ausgelöst von zwei Wochen im Zelt am Strand bei Les Stes. Maries-de-la-Mer im Jahre 1971 – ohne Toilette, aber im Trend. Wer nicht genau hinschaut, wird das Fehlen der Bildbandidylle beklagen, vergeblich die Cowboys suchen, die durch spritzende Tümpel der untergehenden Sonne entgegen reiten und der wird den Stacheldraht beim Ablichten einer Herde wilder Stiere mit fotografieren.

Man muss sich also etwas Zeit nehmen für die letzte Oase der Wildnis am Mittelmeer, für das Naturschutzgebiet der Camargue, im Zangengriff des Petit-Rhône im Westen und des Grand-Rhône auf der Ostseite. Im Norden beginnt die Camargue bei Arles, im Süden verliert sie sich im Übergang zwischen Sand und Meer beinahe fließend, wie Sie auf dieser Tour noch erleben werden.

Und wie erkundet man die Camargue? Ein Auto war noch nie ein geeignetes Mittel zur Erforschung des Paradieses. Das eigene Pferd wäre ein Segen, der Drahtesel ein Kompromiss, und Schusters Rappen sind die Notlösung.

Derart gerüstet und innerlich bereit erfahren Sie, dass die real existierenden Cowboys *Gardians* heißen und durchaus Tag für Tag ihrer harten Arbeit auf den *Manades* bei der Stier- und Pferdezucht nachgehen, wo auch die armen Geschöpfe aufwachsen, die später fertig gesattelt in der prallen Sonne für eine *Promenade à Cheval* der krummen Rücken zahlender Touristen harren. Abseits der Straßen gibt es aber noch Herden halbwilder *Crins blancs*, die man ähnlich den Mustangs zureiten muss, bevor sie als schlaue und wendige Partner den *Gardians* bei der Stierzucht dienen. Die kleinen Pferde können ihre Nüstern schließen und sich auf diese Weise von Gräsern unter der Wasseroberfläche ernähren. Die Stierzucht der Camargue ist für die *Course Camarguaise*, einen unblutigen Stierkampf, unerlässlich. Man braucht angriffslustige Tiere. Die weniger aggressiven, das sind die meisten, landen im Schlachthof (Näheres zur *Course Camarguaise* weiter unten).

Ursprünglich dehnte sich die Camargue ständig weiter nach Süden aus, und die Übergänge vom Land zum Meer veränderten sich beinahe täglich. Les Stes. Maries-de-la-Mer lag im Mittelalter 2 km landeinwärts. Aber dann versuchte man zunehmend, das Schwemmland der Rhône landwirtschaftlich zu nutzen. Die beiden Arme des Flusses wurden gedämmt, und zum Meer zog man einen Deich, die schon 1857 begonnene Dique a la Mer, auf der man heute so vortrefflich spazieren kann (siehe unten), die aber fortan den Wasseraustausch mit dem Meer verhindert und Teile der Camargue in Trockengebiete verwandelt hat, die man heute künstlich bewässern muss.

Reisanbau in der Camargue

Der Deich war eine erste ökologische Sünde, der im 2. Weltkrieg eine weitere, nicht weniger gravierende, folgte: Dem Fabrikanten Paul Ricard war von der mit den Nazis kollaborierenden Vichy-Regierung die Herstellung des Anisschnapses verboten worden, was Ricard (und nicht nur ihn) hart getroffen hat, wo er es doch war, der Jahre zuvor von dem früheren Verbot des Absinth profitiert hatte und mit seinem nicht ganz so alkoholreichen Anisgetränk einen ähnlich schmeckenden, aber weniger stark wirkenden Ersatzstoff bei der breiten Masse eingeführt hatte. Ricard musst also umdisponieren, er setzte auf Reis und schuf damit den Anfang des heute größten Reisanbaugebietes in der EU.

Später, nach dem Verlust der Reisanbaugebiete in den Kolonien, sprang die französische Regierung schnell mit Fördermitteln ein, so dass sich bis Anfang der 60er Jahre die Reisanbaufläche verhundertfachte. Aus Sumpfland wurde wässriges Agrarland, und das gesamte Ökosystem der Camargue geriet durcheinander, weil der Grundwasserspiegel angestiegen war und die Versalzung abgenommen hatte.

Als im Lauf der Zeit die Reisnachfrage zurückging und in deren Folge eine systematische Be- und Entwässerung unterblieb, verkehrte sich der Effekt, und weite Teile der Camargue drohten zu versalzen. Die Reisbauern mussten daher erneut kräftig subventioniert werden, um das ökologische Gleichgewicht annähernd zu halten. Dabei setzte man energisch auf die Chemie, denn um den Reis an Ort und Stelle aussähen zu können, mussten alle anderen Pflanzenarten künstlich ausgemerzt werden. Das brachte das Ökosystem vollends aus dem Gleichgewicht, weshalb inzwischen nur noch biologisch angebaut werden darf. Dadurch ist der Reispreis stark gestiegen, und die Nachfrage hat erneut nachgelassen. Wie es weiter geht, ist noch ungewiss.

Auch die Weinbauern werden unterstützt. Der so genannte Sandwein *(vin de sable)* ist nämlich nur von mäßiger Qualität, weshalb auch dort die Nachfrage stetig sinkt. Da aber Reis- und Weinfelder nun mal den touristischen Charme eines Betonsteins besitzen, da andererseits das Naturschutzgebiet rund um den großen Lagunensee Étang de Vaccarès nur von Wissenschaftlern betreten werden darf und eingezäunt ist, mussten die Produzenten der Tourismusindustrie kräftig nachhelfen. Am deutlichsten bei Méjanes, an der Nordwestecke des Étang, wo Monsieur Ricard eine Vorzeigefarm aus dem Boden gestampft hat (Näheres dazu unten). So werden »Safari-Touren« angeboten, bei denen Urlauber auf Jeeps durch die Lande kutschiert werden. Noch beliebter ist der Ritt auf einem der kleinen, weißen Pferde, von denen unzählige am Rande der Straße zum vermeintlich naturnahen Abenteuer bereit stehen.

Les Stes. Maries-de-la-Mer

Fast alle touristischen Umtriebe konzentrieren sich auf das Städtchen **Les Stes. Maries-de-la-Mer**. Seine 2.200 Seelen vermehren sich im Hochsommer bis auf 80.000. Aber auch außerhalb der Saison drängen sich hier am Wochenende Menschenmengen in Volksfeststärke durch die Gassen. Vorbei an alledem, was Touristenherzen erfreuen könnte (aber meistens gar nicht erfreut) und was Touristenmägen strapaziert. Die mit Tomatenscheiben belegten halben *Baguettes*, in jenem Sommer 1971 der kulinarische Höhepunkt eines sandigen, salzigen Tages, sind noch nicht aus den Vitrinen verschwunden, aber meist nur noch mit dazugelegten Eischeibchen oder Tunfischstücken zu haben.

In Les Stes. Maries-de-la-Mer darf zwar jeder seinen SUV oder seinen 38-Tonner parken, aber WOMOs (hier *Voitures-Habitables* genannt) unterliegen zu allen Jahreszeiten einem uneingeschränkten Halteverbot. Wer denkt, er könne außerhalb der Saison, und weil die Polizei scheinbar ungerührt vorbei fährt, mal eben kurz parken, um das legendäre Tomatenbrot zu kaufen, täuscht sich. Schon 15 Minuten später hängt ein Knöllchen am Scheibenwischer. In einem Gebiet der Schutzzonen sind also auch unsere Leser auf Reservate angewiesen. Von Auflage zu Auflage fürchte ich um deren Fortbestand. So gesehen ist es ein kleines Wunder, dass Sie bei Les Stes. Maries weiterhin frei am Strand stehen, und sich Ihr Plätzchen – im östlichen Teil eher einen Platz – nach Belieben aussuchen dürfen:

WOMO-Bade- und Stellplätze: Les Stes. Maries

(100) Plage Est
GPS: N 43°27'24" E 04°26'42" **max. WOMOs**: >5.
Ausstattung/Lage: Ver- und Entsorgung (zu bestimmten Tageszeiten); teilweise Mülleimer, direkt am Badestrand, im östlichen Teil klappstuhlgeeignet / außerorts, einsam, aber stets sehr gut besucht.
Zufahrt: Folgen Sie zunächst dem Wegweiser ‚*Camping La Brise*' und dann dem zur ‚*Plage Est*' (so heißt unser Strand).
Parkgebühr: 8,50 €; zuletzt wurde nur bei der Einfahrt kassiert, und Sie durften für den Einfahrtpreis unbeschränkt lange bleiben.
Hinweise: Der Stellplatz zieht sich über einen Kilometer am Strand, bzw. einem Wasserarm vor dem Strand nach Osten. Am Anfang steht man eng und auf Asphalt, weiter hinten, nach einer kurzen Strecke über lockeren Sand, auf festem Sand. Dort ist das Naturgefühl am größten.

(101) Ortseingang
GPS: N 43°27'21" E 04°25'39"; Av. d'Arles; **max. WOMOs**: >5.
Ausstattung/Lage: Der Platz ist nicht lauschig, Ver- und Entsorgung, Mülleimer, Gaststätten, Geschäfte, etwa 700 m vom Strand entfernt / im Ort.
Zufahrt: Am nördlichen Ortsrand an der Straße nach Arles, der D 570 und nicht der D 85 ! **Parkgebühr**: 8,50 €.

Alternativ kommen zwei **Campingplätze** in Frage, von denen der stadtnahe wegen seiner Umzäunung an ein Sträflingslager erinnert, aber für Wohnmobilurlauber, die nicht länger bleiben wollen, eine Extrafläche bereit hält, die allemal schöner ist als der Stellplatz am Ortseingang. Dieser Riesencampingplatz kam in den Vorauflagen zu schlecht weg, er hat sich auch verbessert. Noch näher am Strand, jedoch 2,2 km westlich von Les Stes. Maries, liegt die Alternative, die besser ausgestattet ist :

WOMO-Campingplatz-Tipps: Les Stes. Maries

(102) La Brise
GPS: N 43°27'21" E 04°26'09" **Ortszentrum**: 0,5 km.
Zeiten: Fast ganzjährig; **Tel**: 04 90 97 84 67.
Ausstattung: Riesiger Platz mit 1.200 Parzellen in der Nähe des Badestrandes, Schwimmbad, Laden, Restaurant; gesonderte Stellplätze für den WOMO-Kurzaufenthalt (48 Std.) für 15 €.
Zufahrt: Östlich von Les Stes. Maries (beschildert).

(103) Le Clos du Rhône
GPS: N 43°27'00" E 04°24'06"
Ortszentrum: 2,2 km.
Zeiten: 1.4. - 5.11.
Tel: 04 90 97 85 99.
Ausstattung: Am Meer sind zwischen Steinaufschüttungen zur Befestigung der Küste angenehme Badebassins mit ausreichend Sandstrand entstanden, Schwimmbad, kleiner Laden, Snack.
Zufahrt: Der Platz ist westlich von Les Stes. Maries an der Mündung des Petit Rhône beschildert. **Hinweis**: Die schönsten Parzellen in Strandnähe verfügen nicht über Stromanschlüsse.

Schon vor über 40 Jahren, ich erwähnte es bereits, habe ich am Strand einen aussichtslosen Kampf gegen die **Moskitos** geführt. Ohne chemische Abwehr, eine Portion Gleichmut oder einen Reisepartner mit »süßerem Blut« ist der Krieg immer noch nicht zu gewinnen. Die Belästigung nimmt im Spätsommer zu und dauert bis in den Herbst. Unter ihr leiden Sie überall in der Camargue, an manchen Orten mehr als an anderen. Aber sie hat längst nicht mehr das Ausmaß früherer Zeiten. Man muss sich zwar in der Regel bei Beginn der Dämmerung einreiben, der Urlaub ist jedoch meist nicht mehr stark beeinträchtigt.

auf dem Dach der Wehrkirche

In Les Ste. Maries gibt es auch Sehenswertes. Allem voran die alte **Wehrkirche** *(12.30-14 Uhr Mittagspause)*, in welcher die – nicht zu besichtigenden – Reliquienschreine der beiden Marien, Maria-Jakobäa, einer Tante Jesu, und Maria-Salome, der Mutter der Apostel Johannes und Jakobus, aufbewahrt werden. Die beiden Marien, dazu noch Maria Magdalena, Schwester des auferweckten Lazarus – nach den drei heiligen Marien ist der Ferienort benannt – und neben weiteren Christen auch Maximinius (siehe Teil 2), wurden bei der Flucht aus Palästina im Jahre 40 n. Chr. in einem kleinen Holzboot aufs Meer getrieben und sind nach langer Irrfahrt, so die fromme Legende, ausgerechnet in der Camargue gestrandet. Mit im Boot saß die Dienerin Sarah, die heutige Schutzheilige der Zigeuner (weil sie deren Hautfarbe hatte), deren Reliquie in der Krypta der Kirche lagert. Der niedrige Raum wird von den Gläubigen derart mit brennenden Kerzen bestückt, dass es einem den Atem verschlägt und man sich wundert, dass überhaupt noch ein Quäntchen Sauerstoff verbleibt (künstliche Belüftung). Dort steht auch die mit bunten Tüchern verhüllte Statue, das tausendfach geküsste Abbild Sarahs. Trotz der vielen Touristen wirkt das dunkle Innere der Kirche feierlich. Lohnend ist auch die Sicht vom **Kirchendach**, von dem man vor allem bei Sonnenuntergang einen schönen Blick über das Touristengewimmel und Teile der Camargue hat. Man erkennt dann auch deutlich den Wehrgang, von dem aus sich die Bevölkerung früher verteidigen konnte *(8-20 Uhr; 2 €)*.

Sie fragen uns nach den **Zigeunerwallfahrten**, deren bekanntere am 24. und 25. Mai jeden Jahres Tausende von Zigeunern und noch mehr Touristen anlockt. Am 24.5. werden nach der Nachmittagsmesse um 16 Uhr der doppelte Reliquienschrein und die Statue der Sarah zum Meer getragen, am nächsten Tag folgt eine Prozession mit dem Schiffchen. Eine zweite Wallfahrt steigt an dem Sonntag, der dem 22. Oktober am Nächsten liegt, an ihr nehmen hauptsächlich provenzalische Pilger teil. Ich kenne weder die eine noch die andere. Einmal war ich im Mai einige Tage vor dem Großereignis vor Ort. Der Auftrieb war da schon so beherrschend, dass alle Regeln außer Kraft waren, man durfte überall kostenlos frei stehen, und die Touristen hatten sich an der Plage-Est von den Sinti sorgsam separiert. Ich habe mir sagen lassen, dass der Rummel im Mai die folkloristischen und religiösen Aspekte weitgehend überdeckt. Das ist dann auch die Zeit der Langfinger (das hat nichts mit den Sinti und Roma zu tun, sondern mit den vielen Touristen). So sehr sie den Tourismus fördern, so wenig gerne sind *Gitanes* (das ist das Wort für französische und spanische Zigeuner) das restliche Jahr in Stes. Maries gesehen. Während des 2. Weltkrieges hatte man in der Nähe sogar ein ‚Zigeuner-KZ' installiert.

Unübersehbar ist die große Stierkampfarena, wo Ihnen Gelegenheit geboten wird, sich eine *Course Camarguaise* anzuschauen, den schon erwähnten unblutigen Stierkampf.

Course Camarguaise

Am Ende einer *Course Camarguaise* wird jedenfalls der Stier nicht tot aus der Arena geschleift. Der Kampf ist nämlich unblutig, und im schlechtesten Fall erwischt der *Taureau* (Stier) einen *Rasetuer* am Hinterteil. Dann hat sich der weiß gekleidete Kämpfer nicht schnell genug hinter die schützende Verbretterung der Arena retten können. Ziel des Wettkampes ist es, mit einer Art Kamm die *Kokarde* aufzunehmen, ein Stoffstück, das zwischen den Hörnern des Stiers angebracht ist. Dem Sieger winkt meist ein Preisgeld von wenigen hundert Euro, aber bisweilen geht auch das Tier als Gewinner vom Platz, wenn es trotz mutigstem Einsatz keinem der *Raseteurs* (das sind die Kämpfer) gelungen ist, den Stoff innerhalb festgelegter Zeit zu erhaschen.

Die Kontrahenten, Mensch und Tier, sind jeweils trainiert. Die flinken Läufer üben schon als Jugendliche mit Jungtieren in kleinen Arenen, und nur die besten *Raseteurs* erreichen Wettkampfform. Der Gegner, ein speziell gezüchteter, angriffslustiger Stier, hat aber oft auch schon eine Karriere hinter sich, bei der er sich als durchaus lernfähig erwiesen hat. So kann man in den Arenen spannende Auseinandersetzungen beobachten.

Die Mutprobe hat eine lange Tradition und geht zurück auf einen sonntäglichen Zeitvertreib junger Landarbeiter. Eine *Course Camarguaise* ist heute noch in vielen Orten der Höhepunkt eines Jahres, oftmals mit Volksfestcharakter.

Zum Leuchtturm von Gacholle

In den Übergangszeiten – im Sommer ist es meist zu heiß – sollten Sie sich ab Les Stes. Maries-de-la-Mer auch mal zu Fuß auf den Weg machen, der besten Möglichkeit, die einmalige Natur der Camargue kennen zu lernen. Spazieren Sie erst auf der Strandpromenade am Stellplatz vorbei auf dem Deich, der **Dique a la Mer**, nach Osten. Sie können dabei nichts falsch machen, solange Sie nicht den ans Meer angrenzenden Strand mit dem deutlich dahinter aufgeschütteten Deich verwechseln. Zwischen Deich und Strand dehnen sich an vielen Stellen Tümpel aus.

Mit guter Kondition schaffen Sie es bis zum **Leuchtturm von Gacholle** (Phare de Gacholle; vom Stellplatz am Stand von Les Stes. Maries-de-la-Mer ca. 11 km einfache Strecke). Sie können jederzeit umkehren, eine Karte ist nicht erforderlich.

Bei der Wanderung sehen Sie sicher auch viele Wasservögel. Die beste Zeit für die Beobachtungen ist der frühe Vormittag. Wer sich um diese Zeit nicht aufrafft, kann im **Parc Ornithologique** die vielfältige Vogelwelt und die Wassertiere der Camargue fast hautnahe sehen und fotografieren: Flamingos, Reiher, Löffler, Enten und Raubvögel. Zum großen Teil stelzen die Tiere im natürlichen Lebensraum*(Vogelpark; von 9 Uhr bis zum Einbruch der Dunkelheit; 7 €; 5 Kilometer nördlich von Stes. Maries, seitlich der D 570)*.

Neben dem Vogelpark liegt das empfehlenswerteste **Lokal** der Gegend, die ***Hostellerie Pont de Gau***, wo ein preiswertes und gut zubereitetes Tagesmenu serviert wird *(Tel. 04 90 97 81 53; im Winterhalbjahr mittwochs geschlossen)*.

Kurz danach und 10 km von Les Stes. Maries entfernt sehen Sie schon von der Straße aus die bunten Wagen des **Tikno Musée Tsigane** *(Zeiten wechselnd; 3 €)*, das sich mit der Zigeunerkultur beschäftigt.

im Camargue-Museum

Als guten Ersatz oder als Ergänzung der Wanderung empfehle ich einen Abstecher nach Norden, Richtung Arles. Ziel ist das **Camargue-Museum**, das auf der Michelin-Karte etwa sechs Kilometer nördlich der Abzweigung nach Méjanes als *Mas du P. de Rousty* eingezeichnet und eigentlich, von der Ausstellung in einer ehemaligen Schäferei abgesehen, gar kein Museum ist. Eher ein Naturlehrpfad durch Felder, Weiden und Sümpfe. 4 km ist die Strecke lang und, wenn man keine aufregenden Vogelbekanntschaften erwartet, ein schönes Zeugnis dafür, wie es früher im Umkreis eines bäuerlichen Betriebes und in der Camargue einmal ausgesehen hat. Ein Programmpunkt für trübe Stunden und Gift für einen heißen Hochsommermittag (*Musée de la Camargue; 9-18 Uhr, im Winter kürzer und dienstags geschl.; letzter Einlass 1 Stunde vor Schließung; 4,50 €)*.

Auf unserer Tour kehren wir hier um und biegen nach Osten auf die D 37 ein. Nördlich des **Étang de Vaccarès**, eines salzigen Binnensees, gestehen wir uns bei **Méjanes** ein, dass das von Paul Ricard in die Landschaft geklotzte Ensemble nur wenig Freude macht. Ich sah die Arena für unblutige Stierkämpfe, die Reitställe und die Restaurants stets leer. Ähnlich dem Bimmelbähnchen, das vorgaukelt, ins Naturschutzgebiet zu fahren, aber nur eine kurze Runde dreht. Aber wegen des Stellplatzes darf man Ricard für seine Schnapsidee danken:

(104) WOMO-Stellplatz: Méjanes

GPS: N 43°34'09" E 04°30'19" **max. WOMOs**: >5.
Ausstattung/Lage: Toilette, Wasser, Mülleimer, Gaststätte, Ausritte, schöner als der Platz am Ortseingang von Les Saintes Maries, Moskitos / außerorts, aber nicht einsam.
Zufahrt: Biegen Sie zwischen Arles und Les Stes. Maries nach Méjanes ab und folgen Sie dann dem Wegweiser.

Auf der Weiterfahrt um den Étang kommen wir tatsächlich an Herden schwarzer Stiere vorbei. Diese grasen zwar hin-

ter Draht, aber immerhin ähnelt ihr Lebensraum nicht einer Kuhweide. Besonders eindrucksvoll ist die Landschaft am östlichen Teil des Binnenmeers, wo es beim Gehöft La Capellière ein Informationszentrum gibt. In der Ferne stehen Flamingos im Wasser und zur Freude der Fotografen sogar weiße Pferde ohne Sättel in der Landschaft.

Richtig lohnend wird die Camargue-Tour, wenn Sie südlich der wenigen Häuser von Salin-de-Badon nach rechts in westlicher Richtung von der D 36c abbiegen. Zum selben Ziel gelangen Sie 3,5 km nördlich von Salin-de-Giraud.

Nicht geeignet ist die erste Abzweigung, 3,5 km südlich von Salin-de-Badon, da man hier nach wenigen Kilometern nicht mehr weiterfahren darf. Bleiben sie stattdessen weitere 4,5 km auf der D 36c, um dann 8 km südlich von Salin-de-Badon und nördlich von Salin-de-Giraud auf eine Straße abzubiegen, die mit ‚*de la Béluge*' und der Nummerierung C 140 bezeichnet ist und nach Westen führt. Ein kurzes Stück ist die Straße noch asphaltiert und wird dann stellenweise miserabel. Sie biegen erst links ab, später zweimal rechts und können sich nicht verirren. Die insgesamt 10 km lange (und einzig nennenswert befahrene) Piste wird später besser, bei Regen kann sie aber unbefahrbar werden, zumal Sie dann nicht die Tiefe der Löcher erkennen können. Verzagen Sie nicht, die Mühe lohnt sich!

Wenn Sie eine Zeit lang geradeaus an einem links an die Piste angrenzendem Wasser vorbei sind, wendet sich der Weg nach links. Hier sollten Sie aussteigen und mit Ihrem Fernglas, besser wäre ein Fernrohr, landeinwärts schauen, um auf einer in den 70er Jahren künstlich aufgeschütteten Brutinsel die größten **Flamingoschwärme** Europas, den einzigen Nistplatz in Frankreich, zu beobachten. Sogar mit bloßem Auge erahnen Sie dort im **Étang du Fangassier** eine unglaubliche Anzahl von bis zu 40.000 Flamingos, deren Nester mit den frisch geschlüpften Jungen allerdings nur mit dem Fernrohr zu sehen sind. Auch direkt neben der Piste stelzen unerwartet viele Flamingos durchs Wasser, mehr als wir uns jemals erträumt hätten. Die rosaroten Tiere, die meist kopfunter den Salzwasserschlamm durchseihen, sind übrigens überwiegend Zugvögel, weshalb sie ab August deutlich seltener zu sehen sind.

Noch sind wir nicht am Ende der Flamingo-Road. Denn nun zweigt die Piste nach links zum Meer ab. Man kann den Weg eigentlich nicht verfehlen. Früher gab es auch Wegweiser zum **Hüttendorf Cabanes du Sablon**, von dem man nicht wusste, ob dort Obdachlose, Urlauber oder Abenteurer wohnten. Aber vor nicht langer Zeit wurde nach vielen und jahrelangen Anläufen das bunte Durcheinander behördlich geräumt, weshalb es dort kein Gasthaus mehr gibt und nur noch wenige der einst bis zu 1.200 Einwohner. Bestimmt droht auch der Stellplatzidylle ein baldiges Ende. Ich kann mir nicht vorstellen, dass man die Menschen, die hier Jahrzehnte die Freizeit verbracht oder sogar gewohnt haben, vertrieben hat, aber die Urlauber in Ruhe lässt.

Plage de Beauduc

Sehen Sie nach, so lange das noch möglich ist. Sie werden in Ihrem WOMO-Leben nur selten einen besseren Schlaf- und Stellplatz finden als am weiten **Strand von Beauduc** (Foto Seite 19). Der Untergrund der Piste besteht nun aus festem, feuchtem Sand, den man gefahrlos unter die Räder nehmen kann. Fahren Sie bis vor zum Strand, wo die anderen stehen. Bei meiner letzten Recherche fand ich den Strand am schönsten, den Sie erreichen, wenn Sie vor den Resten des Hüttendorfes, nach einem ersten, großen Parkplatz und nach einer Brücke auf dem Strand nach rechts abbiegen. Sie sollten wegen der schwierigen Anfahrbedingungen aber ausreichend Vorräte und Wasser bunkern und nur bei stabilem Wetter losfahren:

(105) WOMO-Badeplatz: Plage de Beauduc

GPS: N 43°24'18" E 04°35'38" **max. WOMOs**: >5.
Ausstattung/Lage: Strand pur, Moskitos, aber weniger als befürchtet / außerorts, einsam, im Sommer jedoch garantiert mit Nachbarn.

Zufahrt: Biegen Sie 3,5 km nördlich von Salin-de-Giraud nach Westen ab (Wegweiser *‚La Béluge'* oder *‚Beauduc'*). Die Abzweigung und das Haus von La Béluge sind sogar auf der Michelin-Karte eingezeichnet. Die Straße ist nur am Anfang asphaltiert und weicht nach 2 km einer Schotterpiste. Fahren Sie am Ende des Asphalts rechts. Nach knapp 6 km macht die Piste einen deutlichen Knick nach links, und nach weiteren 2 km sind Sie am Ziel. Fahren Sie am Strand dorthin, wo sichtbar die anderen WOMOs stehen, am besten links der Pumpstation über eine holprige Brücke.
Auf dem **Rückweg** fährt man leicht an der Asphaltstraße vorbei. Achten Sie ab der Ruine auf die Einmündung von links.
Hinweise: Die Zufahrt ist überaus holprig. Am Strand kann überraschend das Meer ansteigen. Beobachten Sie die Flut. Bei schlechtem Wetter und starkem Meerwind unbedingt abends ein Stück vom Meer entfernt parken.

Einen ähnlichen Strand gibt es auch noch an der **Plage de Piémanson** (auch *Plage d'Arles* genannt) südlich von Salin-de-Giraud, deren 10 km lange Zufahrt auf der Michelin-Karte eingezeichnet ist und die wegen ihres Asphaltbelages problemlos bewältigt werden kann. Dieser Strand liegt allerdings noch näher an der Rhône-Mündung, die allerlei Gift ins Meer schwemmt, weshalb dort das Baden ein zweifelhaftes Vergnügen ist. Offiziell darf man hier nicht mehr übernachten, was aber im Sommer 2009 von mindestens 100 Campern missachtet wurde. Lange wird das aber vermutlich nicht mehr toleriert, zumal ein Ferienzentrum geplant ist. Ich befürchte ähnliche Restriktionen auch am Strand von Beauduc:

(106) WOMO-Badeplatz: Plage de Piémanson

GPS: N 43°20'54" E 04°46'50" **max. WOMOs**: >5.
Ausstattung/Lage: (Wasser, Toilette und Entsorgungsstation in Salin-de-Giraud), Mülleimer, Gaststätte im Sommer, Strand, teilweise offizieller Nudistenstrand, zeitweise schmutzig, im Sommer auch chaotisch, Moskitos;
Zufahrt: Fahren Sie von Salin-de-Giraud auf der D 36 d bis zum Strand.
Hinweis: Offizielles Campingverbot auch für Wohnmobile, aber auf jeden Fall ein gut erreichbarer, langer Strand. Sie müssen ja nicht länger bleiben.

Fahren Sie zu den Strandplätzen nur mit leerem Abwasser- und vollem Frischwassertank. Die entsprechenden Möglichkeiten gibt es in **Salin-de-Giraud**. Der Stellplatz hat mir nicht gefallen, aber wegen der Versorgungsmöglichkeit hier die Daten: **(107)** Rue de la Bouvino, am Rand der neuzeitlichen Ortsmitte beschildert, N 43°24'44" E 04°43'52". Im interessanten Arbeiterdorf hat man im 19. Jahrhundert die ersten Meersalzgewinnungsanlagen erbaut. Die aus halb Europa und Nordafrika zusammengetrommelten Werktätigen wohnten in einer rechtwinklig und hierarchisch angelegten Siedlung. Fast jedes Haus hat einen Garten und einen kleinen Stall. Die **Saline**, die größte in Europa, ist auch heute noch in Betrieb. Man kann sich ansehen, wie Meerwasser, teils gepumpt und teils auf natürlichem Wege, in flache Teiche geleitet wird, wo es infolge Verdunstung eindickt. Zum Teil kommt das Meerwasserkonzentrat zur Weiterverarbeitung in die angeschlossene Fabrik, zum Teil werden die Salztafeln auch an Ort und Stelle geerntet.

Nordöstlich des Ortes können Sie auf einer Autofähre für rund 5 Euro die Rhône überqueren (was sonntags nachmittags von West nach Ost wegen langer Autoschlangen Geduld erfordert), falls Sie von hier aus zu unserer 9. Tour weiterfahren und die Gegend um Marseille, Frankreichs größtem Mittelmeerhafen, erkunden möchten.

Falls sie von unserer 9. Tour kommen, werden Sie vielleicht in Port-St.-Louis die jetzige Tour beginnen und sie in Aigues-Mortes beenden. Insoweit ist die literarische Abfolge dieser Camargue-Tour möglicherweise etwas gekünstelt. Ich bin aber sicher, dass Sie den mittelalterlichen Ort am Rande eines Salzsees bei Ihrer Südfrankreich-Reise nicht ausklammern werden, weil **Aigues-Mortes** (4.500 Einwohner) als eine der besterhaltenen mittelalterlichen Wehranlagen Europas gilt. Sie ist der gut erhaltene Überrest einer mittelalterlichen Festung zum Schutz eines Kreuzfahrerhafens.

Kreuzzüge ab Aigues-Mortes

Zu Beginn des 13. Jahrhunderts, als sich die Macht des französischen Königs erstmals bis an die Mittelmeerküste erstreckte, gab es hier nur ausgedehnte Sümpfe. Aber das Meer lag näher, denn die Rhône hatte vor 700 Jahren noch nicht so viel Material an die Küste geschwemmt. Ludwig IX. musste daher nur einen kurzen Kanal graben lassen, um bei Aigues-Mortes einen Hafen zu bauen, der wichtig war, um von dort mit bunt zusammen gewürfelten Mannschaften, die man später Kreuzfahrer nannte, in See zu stechen.

Auf der anderen Seite des Mittelmeers, in Nordafrika, wollte man islamische Kräfte schwächen. Das war nötig, um Jerusalem, dessen Eroberung Ziel des ersten Kreuzzuges war und das zwischenzeitlich wieder in die Hände der Moslems gefallen war, zurück zu erobern. Kreuz*fahrer* waren keine Kreuz*ritter* und nur zum Teil gelernte Soldaten. An einem Kreuzzug beteiligte man sich damals nicht nur des Krieges wegen, sondern vor allem, um dem Herrgott zu gefallen und in der Hoffnung auf Vergebung der Sünden. In früheren Zeiten war man weiter im Norden, vornehmlich in St. Gilles, losgefahren, aber der Zulauf an gottesfürchtigen Kriegern forderte größere Schiffe und einen meernahen Hafen. Den musste man mit einer Festung schützen, und so entstand am Reißbrett eine Stadt, die noch im Bau war, als sie nur für kurze Zeit geschichtliche Bedeutung erlangte.

Ludwig schiffte sich dort in den Jahren 1248 und 1270 zu zwei Kreuzzügen ein, was ihm den Beinamen *Der Fromme* einbrachte. Dass diese Feldzüge, bei denen es sich um den 6. und 7. und damit um die beiden letzten Kreuzzüge handelte, gar nicht so heilig waren, sondern primär politischen und wirtschaftlichen Zwecken dienten, habe ich schon angedeutet. Auch für Ludwig waren sie weniger erfreulich: Beim ersten geriet er in ägyptische Gefangenschaft und konnte nur durch ein hohes Lösegeld befreit werden, während des zweiten starb er an der Ruhr, bevor er das Ziel erreicht hatte.

Die christlichen Kreuzzüge zählen übrigens zu den schlimmsten Schandtaten der Geschichte. Schätzungen zufolge wurden zwischen 1096 und 1291 über 20 Millionen Menschen umgebracht, vorwiegend Muslime und Juden. Die ganze jüdische Gemeinde Jerusalems wurde beim ersten Kreuzzug von den frommen Rittern verbrannt.

Aigues-Mortes

Das Ende der Kreuzzüge hatte begreiflicherweise nachteilige Folgen für die damalige Hafenstadt Aigues-Mortes. Mitte des 14. Jahrhunderts nahm die Einwohnerschaft von 15.000 – was in der damaligen Zeit so etwas wie eine Großstadt bedeutet hat – wieder rapide ab. Die Versandung der Hafenanlage war nicht mehr aufzuhalten, die ungesunde Umgebung der nahen Sümpfe tat ihr Übriges. Die Stadt, die zu keiner Zeit militärisch angegriffen worden war, wurde allmählich geräumt und ihrem Schicksal inmitten der *toten Gewässer* (lateinisch: *aquae mortuae* – daher der Name!) überlassen. Auch in der näheren Umgebung mochte niemand siedeln, so dass die Befestigungsanlagen nicht mal als Steinbruch herhalten mussten.

Nur der gewaltige Befestigungsturm, die **Tour de Constance**, in dem Ludwig der Fromme (siehe gelber Kasten) schon gewohnt haben soll, wurde später wieder in Betrieb genommen. Er diente als politisches Gefängnis, vor allem für lebenslänglich inhaftierte Hugenotten. Die berühmteste von ihnen, Marie Durand, wurde hier als 17-jährige eingekerkert und erst mit 52 Jahren wieder freigelassen – mit ungebrochenem Glauben. Der Turm ist heute Hauptanziehungspunkt und bietet den besten Überblick über die Stadt, eine Art Freilichtmuseum. Man lässt sich jenen allerdings hoch bezahlen, 7 € pro Person, um ein paar steinerne Treppen emporklettern zu dürfen. Durch die Kasse *(im Sommer 10-18.15 Uhr, sonst bis 16.45 Uhr)* führt aber auch der Weg auf die mächtige **Stadtmauer**, die rundum begangen werden darf. Dieser Spaziergang auf dem Wall ist ein touristisches »Muss«, weil man dabei den besten Eindruck davon bekommt, wie die Stadt auch heute noch hinter den Salzseen liegt. Südlich der Mauer sieht man die weißen Haufen der Salinen, aber auch die Weinfelder der Kellerei Listel, die es verstanden hat, ihr mäßiges Produkt in ganz Frankreich zu vermarkten. Überraschend ist in der anderen Richtung der Blick zwischen die Häuser, weil man sich wundert, dass in dieser Stadt wenige Meter abseits der fast schon unerträglichen Tourismusaufbereitungsgassen noch richtige Menschen richtig wohnen; mit Hinterhöfen, kleinen Gassen, Werkstätten und allem, was zum normalen Leben dazugehört.

Der Bummel, bzw. das Geschiebe durch die Hauptgassen ist weniger angenehm, hier schlägt die Geschäftswelt gegenüber den Touristen beim Angebot mit Waren, die niemand wirklich braucht, erbarmungslos zu, und seit der letzten Auflage hat diesbezüglich sogar noch eine Steigerung statt gefunden. Nur der baumbestandene und von Kneipen gesäumte Platz im Südteil der Stadt kann außerhalb der Hauptsaison ein wenig Atmosphäre ausstrahlen. In seiner Mitte steht ein Denkmal Ludwigs; rabenschwarz lackiert, was mich an den Pesttod des Königs erinnert.

Aigues-Mortes - Blick vom Stellplatz 108 auf die Tour de Constance

Seinen offiziellen Wohnmobilstellplatz, der in der Nachbarschaft der berühmten Sehenswürdigkeit gerne und gut besucht wird, hat Aigues-Mortes vor einigen Jahren verlagert und bewiesen, dass mein ständiges Lamento über die globale Verschlechterung der Bedingungen für Wohnmobile nicht ganz berechtigt ist. Die ruhige, ortsnahe Lösung an einem Kanal ist gut gelungen und deshalb häufig schon am Nachmittag belegt, weshalb ich Ihnen noch zwei Alternativen liefere:

WOMO-Stellplätze: Aigues-Mortes

(108) Kanal
GPS: N 43°33'59" E 04°11'09"; Rue du Port; **max. WOMOs**: 30.
Ausstattung/Lage: Ver- und Entsorgung, Mülleimer, Gaststätten und Geschäfte in der Nähe (8-10 Minuten zu Fuß in den Ort), früh belegt / Ortsrand.
Zufahrt: An der Westseite des von Aigues-Mortes nach Le Grau-du-Roi führenden Kanals, sehr gut beschildert. **Parkgebühr**: 12 €.

(109) Stadtmauer
GPS: N 43°33'56" E 04°11'45"; Boulevard Diderot; **max. WOMOs**: >5.
Ausstattung/Lage: Gaststätten und Geschäfte in der Nähe (2-3 Minuten zu Fuß in den Ort) / Ortsrand.
Zufahrt:. Sie finden den beschrankten Parkplatz auf der bewohnten Seite der Festung an der nordöstlichen Ecke der Stadtmauer. **Parkgebühr**: 9 €.
Hinweis: Ich berichte aufgrund von Zuschriften und traue den Infos nur zögernd. Die Parkplätze sind auf jeden Fall ziemlich kurz.

(110) Les Poissons d´Argent
GPS: N 43°33'43" E 04°09'54"; D 62; **max. WOMOs**: >5.
Ausstattung/Lage: Ver- und Entsorgung, relativ neu angelegt, Strom, Mülleimer, einfache Gaststätte, nur März - Oktober / außerorts, gut besucht.
Zufahrt: Der Stellplatz liegt östlich der vierspurigen D 62 zwischen Aigues-Mortes und Le Grau du Roi (nicht zu verwechseln mit der D 979, die am Kanal nach Le Grau du Roi führt) etwa 850 m nordöstlich des Kreisverkehrs, an dem die Straße nach La Grande Motte abzweigt und rund 5 km von Aigues-Mortes entfernt. **Parkgebühr**: 7 €.

Unser Test im passenden, farbenfrohen Lokal mit schönem Freisitz, lockerer Atmosphäre und dennoch gutem Essen ohne überzogene Preise ist schon eine Weile her. In früheren Auflagen habe ich das Bistro einen echter Geheimtipp genannt und Ihnen empfohlen, spätestens um 19.15 Uhr vor Ort im ***Café de Bouzigues***, in der Rue Pasteur (eine Seitenstraße, die östlich auf die Hauptstraße mündet, also das große Stadttor im Rücken von links) zu reservieren *(oder telefonisch 04 66 53 93 95, kein Ruhetag, Speisekarte unter www.cafedebouzigues.com).*

Vielleicht haben Sie nun Lust auf die weitere Languedoc-Küste. Hoffentlich haben Sie sich dann mit Band 22 der *WOMO-Reihe* eingedeckt, *Mit dem Wohnmobil durch Languedoc und Roussillon*, aus dem ich bei meiner obigen Beschreibung von Aigues-Mortes teilweise von mir selbst abgeschrieben habe, als kleinen Bonus. Obwohl nämlich Aigues-Mortes schon westlich der Rhône und damit im Languedoc liegt, darf kein Provence-Reiseführer auf dieses Touristen-Mekka verzichten.

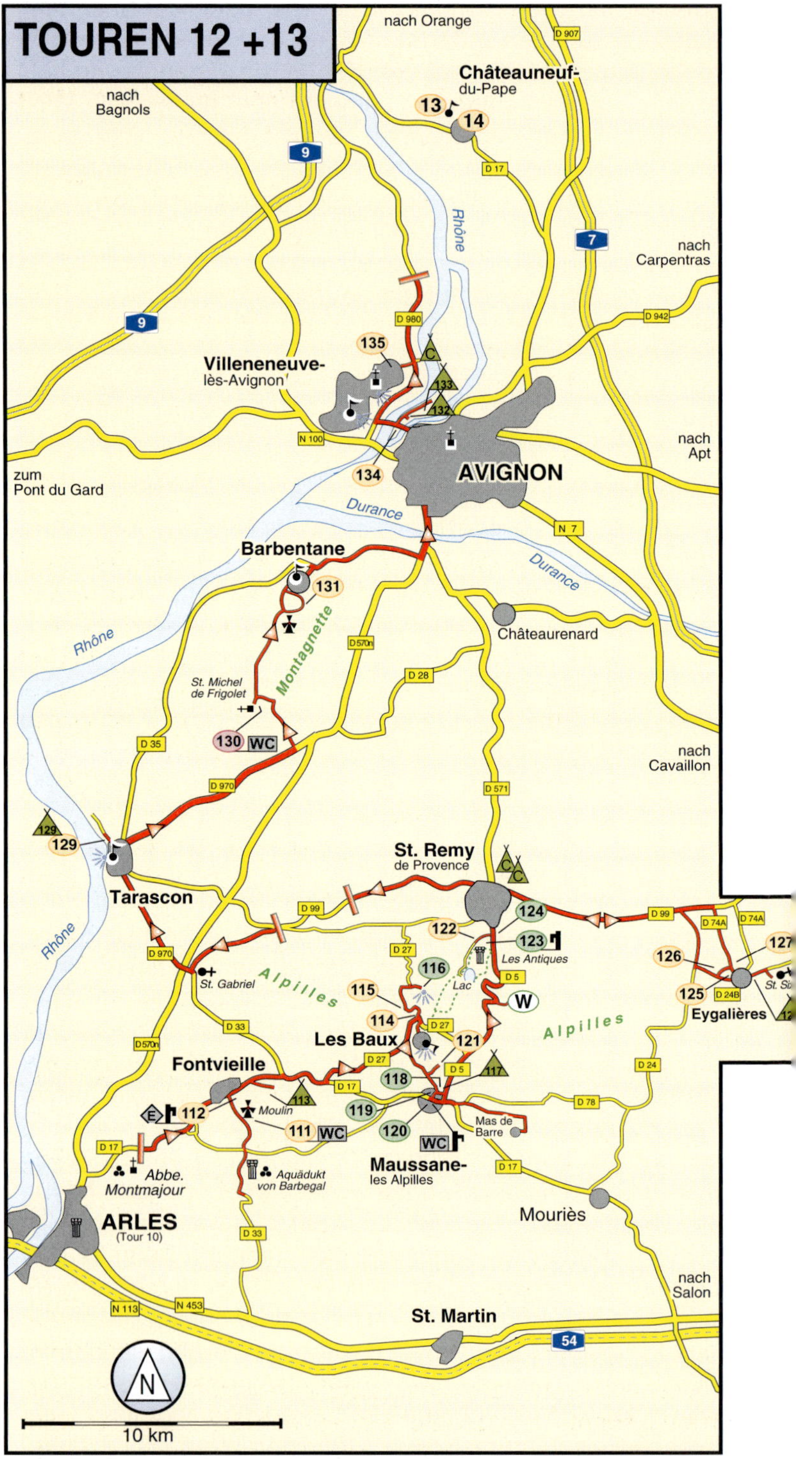

TOUREN 12 +13
nach Orange
Châteauneuf-
du-Pape
13
14
D 907
nach Bagnols
9
D 17
Rhône
7
nach Carpentras
D 980
D 942
9
135
Villeneneuve-
lès-Avignon
C
133
132
N 100
nach Apt
zum
Pont du Gard
134
AVIGNON
Durance
N 7
Barbentane
Durance
131
Montagnette
Châteaurenard
Rhône
D 570n
St. Michel
de Frigolet
D 28
130
WC
D 35
nach Cavaillon
D 970
D 571
129
129
St. Remy
de Provence
C
C
Tarascon
D 99
124
D 99
D 74A
D 74A
122
123
127
Rhône
D 970
D 27
Les Antiques
126
St. Gabriel
116
D 5
Alpilles
115
Lac
W
125
D 24B
Eygalières
114
D 27
Alpilles
D 33
Les Baux
121
D 570n
Fontvieille
D 27
D 5
117
D 24
118
D 17
113
E
112
Moulin
119
D 78
111
WC
120
Mas de
Barre
D 17
WC
Maussane-
les Alpilles
Abbe.
Montmajour
Aquädukt
von Barbegal
Mouriès
ARLES
(Tour 10)
D 33
nach
Salon
N 113
N 453
St. Martin
54
N
10 km

Tour 12: Licht und Schatten

Fontvieille - Les Baux-de-Provence - Maussane
St. Rémy-de-Provence

Stellplätze:	in und bei Fontvieille, bei Les Baux, in und bei Maussane, in und bei St. Rémy, in und bei Eygalières
Campingplätze:	in Fontvieille, Maussane und Eygalières
Besichtigen:	*Moulin de Daudet* in und röm. Wassermühlen bei Fontvieille, Les Baux, St. Rémy, Eygalières, Kapellen St. Sixte und St. Gabriel
Essen:	Restaurants *Ou Ravi Prouvençau* und *La* Pitchoune in Maussane, Bistrot *Chez Xa* in St. Rémy, Restaurant *Sous les micocouliers* in Eygalières.
Wandern:	von St. Rémy nach Les Baux; Spaziergang in den Alpilles, von Maussane nach Les Baux

Licht und Schatten liegen schon beim ersten Ziel dieser Tour dicht beieinander. **Fontvieille** ist ein rechter Urlaubsort, zwar ein unspektakulärer und fast rein französischer, aber bei Autobusentladungen spielt die Nationalität eine untergeordnete Rolle. Und Busse kommen zuhauf in dieses Städtchen. Denn mit Fontvieille (3.400 Einwohner) bringt man den Schriftsteller Alphonse Daudet (1830-1897) in Verbindung, und mit ihm die Windmühle auf dem kahlen Hügel über dem Ort. Auch wenn man diese als ***Moulin de Daudet*** *(Mühle von Daudet)* bezeichnet, ist sie nur die clevere Erfindung von Leuten, die in Fontvieille den Tourismus ankurbeln wollten. Denen war nämlich klar, dass fast jeder französische Schüler Daudet's *'Lettres de mon moulin' ('Briefe aus meiner Mühle')* liest. Weil der Dichter sich eine Zeit lang in Fontvieille, wenn auch nicht in einer Mühle, sondern im Schloss Montauban, nahe dem heutigen Campingplatz, aufgehalten hat, und da hier eine ganze Anzahl verfallener sowie eine recht gut erhaltene Windmühle anzutreffen sind, konnte man den Schwindel ausbrüten, die Briefe seien in diesem einen Rundbau geschrieben worden – und nicht

Moulin de Daudet

in Paris, wo sie wirklich entstanden sind. Zweifelhaft ist auch, ob der Erzähler überhaupt je eine Mühle besessen hat. Die ihm zugeschriebene gehörte ihm jedenfalls nicht. Aber das tut deren Berühmtheit keinen Abbruch, und ich würde gerne wissen, ob die Urlauberscharen eigentlich an die Täuschung glauben. Es lohnt sich trotzdem, zum *Moulin* zu fahren, denn der Blick ist schön. Und wann sieht man heute noch eine Windmühle mit vier Flügeln? Davor gibt es einen für Wohnmobile ausgewiesenen Platz, wo oft Gleichgesinnte in freier Natur übernachten:

(111) WOMO-Stellplatz: Fontvieille (Moulin)

GPS: N 43°43'11" E 04°42'43"; D 33; **max. WOMOs**: >5.
Ausstattung/Lage: Schöne Landschaft, tagsüber Toilette / außerorts, einsam, aber häufig besucht. **Parkgebühr**: 2 €, ab 18 Uhr kostenlos.
Zufahrt: Biegen Sie in Fontvieille von der D 17 zum *Moulin* ab.

Fahren Sie am Windmühlenparkplatz auf der D 33 weiter und an der nächsten Kreuzung links, gelangen Sie nach 4 km zum römischen **Aquädukt von Barbegal**, zu einer Besonderheit, die erfreulicherweise im touristischen Windschatten der Windmühle schlummert. Über diesen Aquädukt wurde nicht, wie über seinen berühmten Verwandten, den Pont du Gard, (siehe Band 22 der WOMO-Reihe) Trinkwasser herangeschafft, die Wasserleitung von Barbegal diente vielmehr dem Antrieb von Wassermühlen, deren Fundament Sie entdecken, wenn Sie am Aquädukt entlang gehen, bis dieser in eine steile Felswand gehauen ist. Auf dem Hang darunter befanden sich 8 Mühlräder, die 16 Mühlen antrieben. Der Mechanismus der aus dem 3. nachchristlichen Jahrhundert stammenden Anlagen ist auf Schaubildern nachvollziehbar dargestellt (gutes Modell im Altertumsmuseum von Arles). Der Mühlenkomplex gilt als

Aquädukt von Barbegal

eine der wenigen bekannten römischen Industrieanlagen, die erforderlich wurden, als den Römern die Sklaven ausgingen.

Ich halte es für denkbar, dass Ihnen der vorgenannte Windmühlenparkplatz zu einsam, bei Mistral vielleicht auch zu windig ist. Dann können Sie auch schön im Ort stehen:

(112) WOMO-Stellplatz: Fontvieille (Allée des Pins)

GPS: N 43°43'24" E 04°42'36"; Allée des Pins; **max. WOMOs**: >5.
Ausstattung/Lage: Ver- und Entsorgung, Mülleimer, Gaststätten, Geschäfte, Wanderwege / im Ort.
Zufahrt: Der Platz liegt in Fontvieille seitlich der Straße zum *Moulin de Daudet*, also am großen Platz bergauf und nach dem Boulodrome links einer Parkanlage und parallel zu dieser (der durchgestrichene Wohnwagen gilt für einen anderen Bereich und dürfte Sie ohnehin nicht betreffen).

Nicht schlecht, aber nach meinem Geschmack ein wenig zu streng parzelliert und asphaltiert ist der Campingplatz, er gehört trotzdem zu den schöneren in der Provence und liegt – gut beschildert – völlig ruhig am Rande eines Pinienwaldes, der einen würzigen Geruch verbreitet und erstaunlicherweise Moskitos beherbergt:

(113) WOMO-Campingplatz-Tipp: Fontvieille (Les Pins)

GPS: N 43°43'24" E 04°43'06" **Ortszentrum**: 1,5 km, Sie können auf einem Fußweg in 15 Minuten in den Ort spazieren. **Zeiten**: Ostern - 15. Oktober.
Ausstattung: Schwimmbad in der Nähe, keinerlei Versorgung.
Zufahrt: Östlich des Ortes von der D 17 abbiegen (beschildert).

Es sind nicht etwa wanderbegeisterte Urlauber, die ihr Auto schon ganz unten im Tal, am Rand der Zufahrtsstraße parken, um sich in der Hitze einen knappen Kilometer zu Fuß den Berg hinauf nach **Les Baux-de-Provence** zu schleppen. Auch wenn Sie großmütig an der parkenden Schlange vorbeiziehen, wird es Ihnen wenig helfen. Denn oben werden Sie und alle die anderen, die den Fußmarsch nicht wahr haben wollten, von gestressten Polizisten weitergewunken. Sie werden, je nach Länge Ihres WOMOs, mehr oder weniger verzweifelt einen Wendeplatz suchen, Sie werden zurückfahren und sich noch weiter unten im Tal an die parkenden Autos anschließen.

Sie fühlen sich wie auf dem Rummelplatz! Fast alles, was Ihnen jemals an Touristenkitsch in Südfrankreich begegnet ist, wird in Les Baux feilgeboten. Zugegeben, der Rahmen ist stilvoll, aber sind Sie wegen keramischer Klopapierhalter, wegen bunter Seifenstücke, Lavendelsäckchen oder einem Laguiole-Messer hierher gereist? Sie halten links Ihre Kamera und rechts die Kinder fest an der Hand und erinnern sich vielleicht verzweifelt an Ihre letzte Reise nach Les Baux. Vor vielen Jahren, als Sie noch antrafen, was Sie sich vorgestellt haben, nachdem Sie gehört hatten, dass hier nur 60 Menschen leben. Diese Reise muss sehr lange zurück liegen! Die Einwohnerschaft ist zwar nicht gewachsen (in ganz Les Baux leben 450 Leute), aber die jährliche Zahl der Touristen liegt bei über einer Million! Unter den 152 *'Schönsten Dörfern Frankreichs'* ist Les Baux-de-Provence das am zweitmeisten besuchte; nach Riquewihr im Elsass. Das sagt alles. Fast alles, denn es gibt Nischen:

Les Baux-de-Provence

Sie packen die Kinder noch fester und streben der Kasse am Eingang zur oberen Ruinenstadt zu. Sie entrichten Ihren Obolus, der Betrag ist Ihnen schon fast egal (7,80 €; das Geld fließt übrigens in die Kasse der Grimaldi, ihres Zeichens Fürsten von Monaco und Eigentümer der Burg von Les Baux; 9 - 18,30 Uhr oder länger), und Sie glauben es kaum, Les Baux kann auch an solchen Tagen wunderschön sein. Diesen Verdacht hatten Sie schon anderenorts im Schatten berühmter Sehenswürdigkeiten. In ganz Europa versiegen Touristenströme eher an den Eintrittskassen als in den Souvenirläden. Es ist zwar im großen Areal der Felsenburg nicht menschenleer. Aber hier verlaufen sich die Gäste. Auch im größten Trubel wird man eingefangen, fast erschlagen von Landschaft, Natur und Himmel. Die Aussicht ist phantastisch, selbst wenn man sich nicht auf die obersten Bastionen traut. Dort befällt empfindlichere Naturen schon mal der Höhenkoller, besonderes bei Mistral. Wenn der scharfe Nordwind einen schier vom Sockel bläst, hat das einen doppelten Effekt: Die unter dem Himmel vorüber fliegenden Wolkenfetzen sind so nah, dass das Gefühl von Höhe

noch verstärkt wird, und am Horizont glitzert in unglaublicher Klarheit das Mittelmeer. Aber auch der Felsklotz an sich und die mit ihm verwachsenen Ruinen der Burg haben viel Geheimnisvolles, das selbst Horden Schaulustiger nicht kaputt trampeln können. Oft steht man alleine vor dem berühmten Taubenhaus, das an eine steinerne, überdimensionale Honigwabe erinnert,.

Les Baux - Taubenhaus

Selbst Spektakel mit mittelalterlichen Steinschleudern können den so positiven Gesamteindruck nicht schmälern. Und größere Verkitschungsmaßnahmen wurden abgeblasen, weshalb eine der größten Sehenswürdigkeiten der Provence immer noch weitgehend unangetastet besichtigt werden darf.

So ist es immer noch Richelieu, der die bis jetzt letzte Zerstörung der Festung zu verantworten hat. Der Name haftet Ihnen seit dem Geschichtsunterricht noch irgendwie positiv im Hinterkopf ? Zu Unrecht! Denn die Spuren seines Wirkens sind Ruinen, vielerorts in Frankreich und in den Nachbarländern. Auch hier wurde von ihm im 17. Jahrhundert auf Geheiß des Königs ein protestantischer Zufluchtsort unbewohnbar gemacht; geschleift, wie man so gerne schreibt, wenn heute nur noch Steinbrocken und ein paar Treppchen übrig sind. Zu jenem Zeitpunkt war die Stadt noch nicht lange wieder aufgebaut, nachdem zuvor ein anderer König ebenfalls hier schleifen ließ. Die Herren von Les Baux, die einstmals Troubadoure, also Minnesänger, um sich scharten, waren nämlich zu Raubrittern entartet, und es bedurfte einer Allianz von Papst, König und Graf der Provence, um den schlimmsten Räuber, Raymund von Turenne, zu vertreiben. Über ihn wird die schaurige Legende berichtet, er habe seine Gefangenen vom oberen Felssporn in den Tod springen lassen und sie wegen ihrer Angst verspottet.

Die Ansiedlung wurde nach Richelieus »Erfolgen« nie mehr wieder aufgebaut und Ende des 18. Jahrhunderts vollständig verlassen. Es ist heute kaum vorstellbar, dass Les Baux in der Mitte des 20. Jahrhunderts noch fast unbewohnt war. Und wenn man einmal außerhalb der Saison und bei miesem Wetter – oder abends – durch die Dorfstraße läuft, wenn die Läden geschlossen sind und man sich auf die wieder aufgebauten Häuser mit ihren schönen Fassaden konzentrieren kann, bleibt noch eine Ahnung von der Ausstrahlungskraft auf unsere Großväter.

Zu deren Zeiten brauchte man für eine Visite auch schon sonniges Wetter, außerdem hatte man damals in der Umgebung noch Bauxit gewonnen, den Aluminiumrohstoff, der im Jahre 1822 hier erstmals gefunden und der nach dem Felsenhorst benannt worden ist.

Dass man bis zu unserer vorletzten Auflage ausgerechnet hier, kurz vor den Häusern, einen der aufregendsten Stellplätze der WOMO-Geschichte finden konnte, war eine Kuriosität, die inzwischen von der Normalität und ihren Schilderaufstellern eingeholt worden ist. Dennoch gibt es nahe Les Baux-de-Provence weiterhin erstaunliche Möglichkeiten, die sich in nachfolgender Reihenfolge hinsichtlich Sicht und Abgeschiedenheit steigern:

WOMO-Stellplätze: Les Baux

(114) Cathédrale d'Images
GPS: N 43°44'55" E 04°47'45"; D 27; **max. WOMOs**: >5.
Ausstattung/Lage: Gaststätten, Geschäfte (jeweils ca. 500 m entfernt in Les Baux), Wanderwege / außerorts, leicht einsam, häufig besucht.
Zufahrt: Es ist der Parkplatz der Diaschau im Steinbruch (dazu gleich mehr), genannt *Cathédrale d'Images*; fahren Sie an der unmittelbaren Zufahrt von Les Baux auf die D 27 und folgen Sie dem Wegweiser *'Cathédrale d'Images'* oder *'Val d'Enfer'* bis zum Parkplatz seitlich der Straße etwa 300 m nach der Abzweigung.

(115) Caves de Sarragan
GPS: N 43°45'00" E 04°47'34"; D 27; **max. WOMOs**: >5.
Ausstattung/Lage: Weinverkauf, tolle Sicht auf Les Baux, Wanderwege / außerorts, leicht einsam, häufig besucht.
Zufahrt: 500 m nach dem vorgenannten Stellplatz bergauf, links (südlich) der D 27 vor dem beschilderten Weinverkauf der Felsenkeller der *Caves de Sarragan*
Hinweise: Ein privates Schild erlaubt nur Kunden das Parken. Es ist daher eine Selbstverständlichkeit, dass Sie beim Winzer Wein kaufen, bevor Sie den schönen Ausblick genießen. Bitte hier keinen Grill und Klappstühle, auch wenn es noch so reizt.

(116) Alpilles 1
GPS: N 43°45'09" E 04°47'37"; D 27; **max. WOMOs**: höchstens 5.
Ausstattung/Lage: Schöne Sicht, Wanderwege, wegen Brandgefahr möglicherweise nicht von Juli bis Mitte September / außerorts, einsam, aber oft von anderen WOMOs besucht.
Zufahrt: Nochmals ca. 400 m oberhalb zweigt von der D 27 ein mit blauem *'P'* beschildertes Sträßchen ab; bald sehen Sie seitlich einen nicht sehr großen Parkplatz.

Die interessantesten Wege nach Les Baux sind Wanderwege (die wegen Waldbrandgefahr nicht vom 1. Juli bis zum 2. Samstag im September begangen werden können). Nur auf ihnen lernen Sie das zerklüftete Kalkgebirge der **Alpilles** richtig kennen, und einer meiner liebsten provenzalischen Wanderwege, beginnt auf dem Parkplatz von *Les Antiques* in St. Rémy. Sie überqueren dabei den flachen, aber zackigen Höhenzug der Alpilles, der die Rhône-Ebene von der Camargue trennt. So haben Sie nach Norden wie auch nach Süden faszinierende Ausblicke, die am Ende mit einer schönen Sicht auf die Burg von Les Baux gekrönt werden. Nur sind Hin- und Rückweg der wenig schattigen Strecke leider fast identisch:

Burg von Les Baux

Von St. Rémy nach Les Baux

Wir lassen uns ab **St. Rémy**, beim Parkplatz von *Les Antiques*, von der rotweißen Markierung leiten, die erst ein Stück entlang der D 5 in Richtung Les Baux führt. In der ersten Kurve biegt nach rechts ein Pfad in den Kiefernwald ab, der bald an einem steinernen, natürlichen Schlot endet. Auf ein paar Eisenstiegen klettern wir hinab zum **Stausee von Peiroou** (Näheres siehe dazu unten). Dieses ist das einzige etwas schwierige Stück der Strecke, das aber auch Ungeübte schaffen. Nachdem wir uns an einem Stahlseil entlang gehangelt haben, steigen wir nicht weiter zum See ab, die Markierung zeigt vielmehr nach links um das Ufer herum.

Nun beginnt der Anstieg auf einem bequemen Fahrweg, und bald belohnen uns auch die ersten Panoramablicke. Der weitere Weg ist zunächst gut markiert: An einer Gabelung mit vielen Wanderzeichen wählen wir den linken Weg, den wir bald wieder auf einem leicht zu übersehenden Pfad durch die Machie verlassen. Wir nehmen nun nicht mehr den auf der Karte eingezeichneten Weg (der aber auch infrage kommt), sondern nähern uns mit der Karte durch ein kleines Tal **Les Baux** von Nordosten.

Langsam tauchen wir ein in die Unruhe des Bergnestes, die wir ebenso plötzlich wieder verlassen können. Wir stehen dann schnell wieder in schönster Landschaft, um nur noch zu hören, wie der Wind um die Kalkzacken der Alpilles und durch die spärlichen Kiefern rauscht. Wenn Sie sonst nie wandern, machen Sie hier eine Ausnahme. Die einfache Strecke dauert bei gemütlicher Gangart 2 ¼ Stunden.

Auf dem Rückweg können Sie sich das Klettern beim Stausee sparen, wandern Sie am See einfach auf der Teerstraße in Richtung St. Rémy und nach dem See, nach einigen Kurven und dem Gefälle schlagen Sie sich nach rechts querfeldein durch ein Kiefernwäldchen. Sie werden dann bald das Dach des Julierdenkmals entdecken und vor Ihrem WOMO stehen. Alternativ können Sie auch den markierten Weg östlich der D 5 nehmen, wenn Sie nicht mehr zum See absteigen, sondern auf der Höhe bei dem großen Parkplatz die D 5 überqueren *(Karte: 3042 OT, die Orientierung ist einfach, die Karte sollte aber sein, vermutlich nicht vom 1.7. bis Mitte September).*

Weiter unten empfehlen wir noch einen weiteren Weg nach Les Baux. Kommen Sie mit dem Auto nach Les Baux-de-Provence, rentiert sich die Anfahrt von Westen auf der D 27 (an der die obigen Stellplätze liegen). Nicht nur wegen des wirklich großartigen, weltweit angeblich einmaligen Budenzaubers, der hier in einem stillgelegten Steinbruch veranstaltet wird (***Cathédrale d'Images*** mit dreidimensionalen Diavorführungen aus 48 Projektoren zu einem jährlich wechselndem Thema; 10 - 17 oder 18 Uhr; 7,50 €, Sie können sich das vorher unter *www.cathedrale-images.com* ansehen).

Fährt man daran vorbei, gelangt man nördlich des Dorfes zu einem **Aussichtspunkt**, den die Michelin-Karte kennt und an dem sich das Aussteigen genauso lohnt. Kurz davor liegt der dritte der eben erwähnten Übernachtungsplätze. Falls Ihnen die oben geschilderte Wanderung von St. Rémy nach Les Baux zu viel ist, gehen Sie hier ein paar Schritte auf dem auf der Michelin-Karte südlich des Aussichtspunktes (Zufahrt siehe beim letztgenannten Stellplatz) eingezeichneten Sträßchen. Sie erleben dort schon nach wenigen Metern die Faszination der **Alpilles**. Sie können den Spaziergang beliebig, sogar bis nach Les Baux, ausdehnen.

Wir schlafen lieber in **Maussane-les-Alpilles** (2.000 Einwohner), und das gefällt uns stets so gut, dass wir bei jeder

Maussane - Dorfplatz

Reise länger als geplant in dem Ort geblieben sind, 5 km südlich von Les Baux und eingebettet in Plantagen, in denen die besten Oliven der Provence wachsen. Maussane-les-Alpilles ist ein unaufdringlicher, aber dennoch typischer südfranzösischer Ort mit Bilderbuch-Dorfplatz, wo Sie zu einer Wanderung, oder zu wunderbaren Radausflügen starten können. Für einen mehrtägigen Aufenthalt empfehlen wir Ihnen den Campingplatz, weil der praktisch im Ort liegt, wo mich allerdings ein wenig stört, dass ich dort zu wenig junge Leute treffe (was aber möglicherweise an meiner Reisezeit liegt):

(117) WOMO-Campingplatz-Tipp: Maussane (Les Romarins)

GPS: N 43°43'17" E 04°48'34"; **Ortszentrum**: 0,2 km. **Tel.** 04 90 54 33 60.
Zeiten: 15.3.-15.10., Mittagspause 12-15 Uhr, in der Sie sich nicht anmelden können. **Ausstattung**: kostenloses WLAN, Gaststätten und Geschäfte in der Nähe, Schwimmbad (0,1 km).
Zufahrt: An der D 5 nach St. Rémy.

Da das Tal von Les Baux, so nennt man die anmutige Landschaft südlich der Alpilles, in deren Zentrum Maussane liegt, eine der reizvollsten Gegenden der Provence ist, haben wir besonders gründlich nach Stellplätzen gesucht. Keiner ist perfekt, aber alle sind, je nach Jahreszeit, gut bis sehr gut. Der einsamste, es ist der letzte in nachfolgender Reihe, gehört landschaftlich zu den Spitzenplätzen:

WOMO-Stellplätze: Maussane-les-Alpilles

(118) Espace Agora

GPS: N 43°43'23" E 04°48'16"; Av. des Alpilles; **max. WOMOs**: >5.
Ausstattung/Lage: Gaststätten, Geschäfte, Wanderwege, Wasser und Toilette siehe Nr. 116, gut gelegen / im Ort.
Zufahrt: Biegen Sie von der D 5, der Straße nach St. Rémy, beim Campingplatz nach Westen ab und fahren Sie geradeaus, bis an der Straße der große Parkplatz vor der neu gebauten Mehrzweckhalle liegt.

(119) Marktplatz

GPS: N 43°43'21" E 04°48'12"; Place Henri Giraud; **max. WOMOs**: >5.
Ausstattung/Lage: Gaststätten, Geschäfte, Wanderwege, Wasser (mehrfach an der Nordseite der Hauptstraße und an der Südostecke der Kirche), Toilette (westlich der Kirche); wegen des Marktes nicht in der Nacht auf Donnerstag / im Ort..
Zufahrt: Es ist nicht der Dorfplatz bei der Kirche ! Fahren Sie auf der Hauptstraße, der D17, nach Westen durch den Ort; westlich des Rathauses biegen Sie rechts (nach Norden) ab. Wegweiser *'Les Baux'*, nach 150 m rechts auf den großen Parkplatz unter Platanen.

(120) Rue Simon Barbier
GPS: N 43°43'13,5" E 04°48'10,5" **max. WOMOs**: 5.
Ausstattung/Lage: wie Nr. 116, aber kein Markt / im Ort.
Zufahrt: Wo sie bei Platz Nr. 116 nach Norden Richtung *,Les Baux'* abbiegen, biegen sie genau gegenüber nach Süden ab und bei der zweiten Straße nach links in die *Rue Simon Barbier*, der Platz liegt dann sofort links und hat einen grasigen Untergrund.

(121) Alpilles zwo
GPS: N 43°44'08" E 04°48'03" **max. WOMOs**: 3.
Ausstattung/Lage: Wunderbare Umgebung, schöne Sicht auf Les Baux; klappstuhlgeeignet, der Platz eignet sich auch für einen ruhigen Nachmittag in der Natur, bitte höchstens drei WOMOs und kein Feuer / in freier Natur, nicht ganz so einsam wie es scheint.

Zufahrt: Fahren Sie wie zu Platz Nr. 116, Richtung *,Les Baux'*; Sie stoßen nach einigen hundert Metern auf die Einmündung der D 27. Halten Sie sich dort schräg links und nehmen Sie etwa 200 m nach (nördlich) der Einfahrt zum *Golfclub* die erste kleine Asphaltstraße nach rechts (nordöstlich). Sie fahren darauf ca. 300 m bergauf, bis Sie vor niedrigen Felsen links zwischen Ginsterbüschen eine Wiese erkennen. **Ersatzweise** fahren Sie weiter und stoßen kurz danach auf eine imposante Zypresse, wo Sie links fahren und nach etwa 100 m auf eine größere, etwas schattigere Ebene gelangen.

Neu aufgenommen haben wir das **Restaurant *Ou Ravi Prouvençau***, weil wir von dem leckeren und einfallsreichen Essen besonders angenehm überrascht wurden. Die 34 Euro, die wir für ein Menu ablegen mussten, haben wir selten besser und viel zu oft schlechter ausgegeben. Das klingt so, als würden wir ständig 34 Euro pro Nase auf den Kopf hauen und Ihnen dasselbe zutrauen. Aber wir tun das seltener, als es in diesem Buch scheint. Wir testen das auch für Sie, und mit *Steak-Frites* für zwölffünzig müssten wir sehr lange testen, bis wir eine einzige Empfehlung zu Papier bringen könnten *(im westlichen Teil der Hauptdurchgangsstraße; Tel. 04 90 54 31 11; dienstags und mittwochs geschlossen; www.ouravi.net)*. Bei einem zweiten Lokal hat unsere Nachrecherche bestätigt, was wir uns dachten: Das **Restaurant *La Pitchoune*** hat die Qualität weitgehend gehalten, aber der Zulauf und die Preise sind gestiegen. Die schnörkellose Küche gibt sich alle Mühe, nicht durch übertriebene Teller-Arrangements aufzufallen. Erwarten Sie keinen Feinschmeckertempel, sondern Essen wie in der französischen Provinz, aber auf erfreulichem und bezahlbarem Niveau *(bei der Kirche; Tel. 04 90 54 34 84; montags geschlossen)*.

Hier können Sie aus auf den Tischen stehenden Glaskaraffen nach Herzenslust Olivenöl testen. Nicht irgend eines, sondern die Pressung der **Ölmühle *Mas de Barre***, die den Preis für das **weltbeste Olivenöl** der Klasse *mittelfruchtig* errungen hat. Ich erwähnte oben bereits, dass man bei Maussane die edelsten Olivenöle presst. Sicher werden Sie den bescheidenen Hof des Erzeugers anfahren, den Sie leicht finden, wenn Sie östlich von Maussane an der Abzweigung der D 5 (das ist die Straße nach St. Rémy) noch ein paar Meter nach Osten fahren, dann links abbiegen und für die nun verbleibenden 2 km dem Wegweiser folgen. Ein derart prämiertes Öl hat seinen Preis *(17 € für einen Liter, 47 € für drei und 77 € für fünf Liter)*. Es lohnt sich wegen des vortrefflichen Geschmacks, ein wenig auch wegen der bunten Dosen (wir haben mehrere ½-Literdosen gekauft und bringen diese bei Einladungen statt Wein mit); empfehlenswert ist auch die ***Cooperative Jean Marie Cornille***, im westlichen Teil von Maussane beschildert, dort gibt es mehrere Öle zur Auswahl.

Dass ich Maussane, ein Dorf, welches ich in früheren Auflagen nicht einmal erwähnt habe, nun derart umfassend beschreibe, liegt auch an dem schönen Wanderweg, der von hier nach Les Baux führt. Meine Beschreibung basiert auf G. Henke (siehe Stichwort: *Wandern*):

Von Maussane-les-Alpilles nach Les Baux-de-Provence

Wandern Sie in **Maussane** entlang der ostwestlichen Straße zwischen den obigen Stellplätzen *Marktplatz* und *Espace Agora*. Die Straße beginnt schon weiter östlich an der D 5 beim **Campingplatz**. Überqueren Sie westlich des Marktplatzes auf einer Brücke einen kleinen Bach und gehen Sie nun auf einem Fußweg bis zu dessen Ende. Dort biegen Sie nach rechts ab, vorbei an der Ölmühle der ***Cooperative*** (siehe oben); dahinter kreuzen Sie die *Avenue Cornille*, nehmen auf der ansteigenden Straße den Linksbogen und wandern dann geradeaus in den *Chemin de Burgeac*. Nach etwa 200 m verlassen Sie diesen Fahrweg wieder und gehen auf die Kalkfelsen zu. Links liegt nun bald ein Anwesen und geradeaus überqueren Sie den Bewässerungskanal auf einem Betonsteg.

Nun wird die Orientierung etwas schwierig, weil Sie die Markierung zum Teil im Stich lässt. Sie müssen den Kamm durch die **deutlich sichtbare Einkerbung** in den felsigen Bergzacken queren. Nach diesen Felsen gehen Sie ein kleines Stück nach rechts, danach dann bald nach links, bis Sie auf einen Weg gelangen, der Sie leicht nach links in eine Senke vor ein Wäldchen führt. Dort können Sie nichts mehr falsch machen, denn Sie sehen Les Baux schon auf der anderen Seite. Sie müssen immer auf dem Hauptweg bleiben, und spazieren dann an dem bäuerlichen Anwesen des **Mas de Mejean** vorbei. Kurz danach überqueren Sie die Asphaltstraße, jenseits derer Sie geradeaus weitergehen, danach zunächst ein kurzes Stück rechts und dann links unterhalb des **Burgfelsens von Le Baux** vorbei, den Sie also auf seiner Südseite umrunden.

Unsere relativ kurze, insgesamt und ohne Pausen nur 2 ½ Stunden lange Wanderung führt nun auf Treppen hoch nach Les Baux und durch den Ort nach Norden. An der nördlicher Straßenzufahrt gehen Sie rechts auf die D 27A, die Sie ein Stück bergab nehmen, um sich dann bei einer scharfen Linkskurve nach rechts in die Büsche zu schlagen. Sie laufen nun südöstlich unterhalb des Burgfelsens und stoßen kurz vor Erreichen der Asphaltstraße wieder auf den Hinweg.

Nun gehen Sie nicht mehr bis vor zur Straße, sondern Sie wählen den breiten Fahrweg, der fast parallel und nördlich der D 27 nach Osten führt. Sie durchqueren am Ende kurz vor Maussane den **Golfplatz**, nachdem Sie an unserem oben beschriebenen einsamen Stellplätzchen vorbeigekommen sind *(mit den Karten 3043 O und 3042 OT ist die Orientierung einfach, wenngleich dort der Hinweg nur ganz am Anfang und erst wieder ab dem Mas Mejean als Wanderweg eingezeichnet ist).*

In **St. Rémy-de-Provence** (8.500 Einwohner) waren Sie möglicherweise schon, weil Sie von dort nach Les Baux-de-Provence gewandert sind. Dann wissen Sie bereits, dass es sich um ein liebenswürdiges Landstädtchen handelt, touristisch ambitioniert, aber auch mit viel Originalität. Komischerweise fahren die meisten Urlauber daran vorbei bis nach Les Baux oder wenigstens bis zum Parkplatz bei den römischen Altertümern und bemerken gar nicht, dass St. Rémy unter dem Nachteil leidet, über keinen zentralen, für WOMOs zugänglichen Parkplatz zu verfügen (lediglich bei der Arena – auf der D 5 Richtung Les Baux und bald nach links dem Parkplatzschild folgen). Von den beiden Stellplätzen brauchen Sie zu Fuß ins Zentrum zwischen 10 und 20 Minuten:

WOMO-Stellplätze: St. Rémy de Provence

(122) Jüdischer Friedhof
GPS: N 43°46',46" E 04°49',45"; Av. Antoine de la Sale; **max. WOMOs**: 5.
Ausstattung/Lage: Gaststätten, Geschäfte (nach knapp 10 Minuten Fußweg im Ort), Wanderwege / Ortsrand.
Zufahrt: Biegen Sie von der Innenstadt kommend von der Straße nach Les Baux, der D 5, etwa 250 m vor dem Ortsende beim (schwer zu erkennenden) Wegweiser *‚Barrage'* nach rechts (Westen) ab; Sie stoßen nach weiteren 200 m auf eine rechts des Weges liegende Wiese. Darauf wachsen ein paar Bäume vor einer auffällig großen Mauer. Hier stehen Sie ruhig und wegen der nahen Häuser auch sicher.
Der Stausee am Ende der Straße, der Lac des Peiroou, eignet sich nicht für die Übernachtung, er ist sehr einsam und kein Badesee (siehe oben bei der Wanderung nach Les Baux).

(123) Les Antiques
GPS: N 43°46'34" E 04°49'50"
max. WOMOs: >5;
Ausstattung/Lage: Wasser (seitlich der D 5 am stadtnahen Ende des Mäuerchens um die beiden Mo-

numente), Mülleimer, Wanderwege / außerorts, leicht einsam: es stehen aber bestimmt andere WOMOs in der Nachbarschaft, sehr stimmungsvoll, große Wiese.
Zufahrt: Auf der D 5, Richtung Les Baux, zum Parkplatz bei den röm. Monumenten. **Parkgebühr**: 5 €, wer spät kommt, zahlt nichts.

(124) Einen kostenlosen **weiteren Parkplatz** sehen Sie praktisch gegenüber, östlich der D 5, vor dem Kloster St. Paul de Mausole am Rand einer Wiese, wobei ich hier oft nachts WOMOs sah, jedoch nicht sicher bin, ob das wirklich erlaubt ist; **GPS**: N 43°46'39' E 04°49'59".

Der Parkplatz bei den römischen Monumenten ist einer der schönsten Plätze in diesem Teil Frankreichs. Behandeln Sie ihn bitte gut. Vor dem Zubettgehen können Sie noch ein romantisches Glas Wein auf dem Mäuerchen am Rand der vom Mond beschienenen antiken Bauwerke trinken.

In St. Rémy haben wir auch ein Restaurant im Programm: Das **Bistrot *Chez Xa*** ist bunt und witzig eingerichtet, und es schmeckt dort genauso gut wie die Einrichtung das Auge erfreut *(an der nordöstlichen Seite des Altstadtrings Boulevard Mirabeau, mittwochs geschlossen, Tel. 04 90 92 41 23)*.

Die größte Sehenswürdigkeit sind die beiden römischen Edelmonumente, die so trefflich ***Les Antiques*** heißen: Das Stadtgründungstor und das Mausoleum der Julier. *Le mausolée* enthält aber gar kein Grab, vielmehr wurde das turmartige Ge-

St. Rémy - Les Antiques

bäude vermutlich zur Erinnerung an die bereits in der Jugend verstorbenen Enkel des Kaisers Augustus, Lucius und Caius, erbaut. Es gilt als das besterhaltene römische Denkmal in der Provence, dem lediglich ein steinerner Pinienzapfen auf dem Dach fehlt. Nicht mehr ganz so gut in Schuss ist das rund 10 Jahre jüngere Tor. Nur Ignoranten betiteln dieses, wie uns die heutige Reiseliteratur lehrt, als *Triumphbogen*. Über den Unterschied gegenüber einem *Stadtgründungstor* habe ich mich bereits bei der 2. Tour ausgelassen.

Die beiden Monumente von *Les Antiques* zierten einstmals die römische Stadt Glanum. Außerdem standen sie tiefer im Gelände. Wie man gerade am Tor gut sehen kann, sind dessen Fundamente, die in römischer Zeit noch im Erdboden gründeten, inzwischen frei gespült. Während man Turm und Tor mangels Umzäunung rund um die Uhr betrachten kann, muss man sich bei den gegenüberliegenden **Ausgrabungen von Glanum** an die Öffnungszeiten halten *(Sept. bis März montags geschlossen, April – Sept. 9.30-18.30 Uhr, im Winter 10-17 Uhr; 7 €).* Hier siedelten erst Griechen, später übernahmen die Römer die Stadt, deren Ruinen seit 1921 ausgebuddelt werden. Das Ausgrabungsgelände wird hochtrabend ‚Pompeji der Provence' genannt, was angesichts der eher bescheidenen Mosaike und der für einen Laien schwer zu deutenden Mauern eine ziemliche Übertreibung ist. Nach meinem Eindruck kann man auch schlecht die einzelnen Bauten oder gar den kelto-ligurischen Ursprung des bis zu 2.500 Jahre alten Mauerwerks erkennen. Entweder kauft man sich an der Kasse einen deutschsprachigen Führer und trotzt entsprechend lange der provenzalischen Sonne, oder man verschiebt den Rundgang bis zum nächsten Jahr.

Interessanter als die ausgegrabenen Steine und »Trümmer« finde ich den ‚van Gogh-Weg', einen Rundgang den man am Tor von Glanum beginnen kann, und der bis in den Ort an verschiedenen Schaukästen vorbeiführt. Dort ist dann jeweils ein Gemälde des Künstlers abgebildet, das Vincent an dem Standort der Schautafel gemalt haben könnte. Man ist erstaunt, wie wenig sich die Landschaft seit den Jahren 1889 und 1890 bis heute geändert hat. In jener Zeit nämlich lebte van Gogh freiwillig in der Nervenklinik des ehemaligen **Klosters St. Paul de Mausole**, das direkt neben dem Ausgrabungsgelände liegt *(sehenswerter romanischer Kreuzgang; 9.30-19 Uhr, im Winter kürzer; 3 €)*. Viele der bedeutsamsten Bilder sind hier entstanden, so fast alle Darstellungen der flammenartigen Zypressen oder der eigentümlichen Olivenbäume. Auch das berühmte Motiv von der Iris wurde hier geschaffen, es war einmal das teuerste Bild der Welt (zu van Gogh siehe auch bei der 10. Tour).

An **Pfingstmontag** hoffen Fotografen auf gutes Wetter, weil dann Schäfer und Hirten in historischer Berufsbekleidung mit mehr als tausend Schafen und Ziegen durch St Rémy ziehen.

Bevor Sie von St. Rémy in Richtung Avignon weiterfahren, empfehlen wir noch einen Abstecher nach Osten. Sie finden nämlich in **Eygalières** (nicht zu verwechseln mit Eyguières) eine Menge von dem, was andere Touristen in Les Baux erwarten. Beide Dörfer thronen auf einem Fels, auch Eygalières (1.400 Einwohner) ist teilweise verfallen, nur wurde es vom Massentouristen noch nicht entdeckt. Im Gegensatz zu seinem entfernten Verwandten, dem Gourmettou-

Blick auf Eygalières

risten, über dessen Ziel, das *Bistrot d'Eygalières*, in diesem Buch aus Kostengründen der Mantel des Schweigens gehüllt wird. Der Stellplatztourist hat leichte Orientierungsprobleme, aber er wird mehrfach fündig:

WOMO-Stellplätze: Eygalières

(125) Avenue Léon Blum

GPS: N 43°45'40" E 04°56'55"; **max. WOMOs**: 3-5.
Ausstattung/Lage: Gaststätten, Geschäfte, möglicherweise zeitweise gesperrt / im Ort.
Zufahrt: Biegen Sie von der D 24 b, das ist die Straße nach Westen, westlich des Ortes Richtung altes Dorf auf einen kleinen Parkplatz ab (noch östlich des größeren Platzes mit dem grässlichen Dauer-Querbalken).

(126) Chemin du cimétière
GPS: N 43°45'42" E 04°56'41" **max. WOMOs**: 3-4.
Ausstattung/Lage: Gaststätten, Geschäfte in der Nähe, grasiger Boden / Ortsrand.
Zufahrt: Biegen Sie von der D 24 B westlich des Ortes, die erste Straße westlich des Sportplatzes, etwa 100 m westlich des Querbalkens, in Richtung Friedhof ab und parken Sie nach ca. 120 m seitlich des Weges.

(127) Chemin de la Grotte Tarascon
GPS: N 43°45'52" E 04°56'47" **max. WOMOs**: 5.
Ausstattung/Lage: Gaststätten, Geschäfte im Ort, klappstuhlgeeignet, sehr schöne Sicht, landschaftlich der schönste der drei Plätze / Ortsrand, leicht einsam.

Zufahrt: Fahren Sie im Ort auf der breiten, geraden Straße zwischen den Geschäften bergauf, wenden Sie sich vor der Kirche links auf die *Route des Écoles* und biegen Sie nach den Häusern nach rechts ab, auf den *Chemin de la Grotte Tarascon.* Der Platz liegt dann gleich rechts in einer Senke; genauso können Sie von der D 99 auf der westlichen D 74 A (es gibt auch eine östliche D 74 A, von dort müssten Sie ein Stück durch den Ort) nach Eygalières fahren, der Platz liegt dann links vor dem Ort.

Der Campingplatztourist wird Eygalières spätestens ab dieser Auflage auf seine Agenda setzen. Das liebenswerte, gartenähnliche Gelände liegt günstig im Dorf:

(128) WOMO-Campingplatz-Tipp: Eygalières (Les Oliviers)

GPS: N 43°45'37,6" E 04°57'05,5"; **Ortszentrum**: 0,2 km. **Zeiten**: 15.3.-15.11. **Tel**. 04 90 95 91 86. **Ausstattung**: Gaststätten und Geschäfte in der Nähe, nicht sehr geräumig. **Zufahrt**: An der D 24 B nach Orgon.

Zu diesen erfreulichen Übernachtungsmöglichkeiten gehört dann doch noch eine **Restaurantempfehlung**, dachten wir und haben uns an die

bunt gedeckten Tische ***Sous les Micocouliers*** gesetzt. Wir hätten an einem warmen Sommerabend kaum besser sitzen können, und wir dürfen auch die preislich gemäßigte Küche loben *(Tel: 04 90 95 94 53; www.souslesmicocouliers.com)*. Nun möchten Sie aber noch wissen, unter welchen Bäumen Sie dort Platz nehmen, zumal diese merkwürdigen Pflanzen mit ihren gezackten Blättern überall im Dorf wachsen. *Micocoulier* ist der französische Name des Europäischen Zürgelbaums *(celtis australis)*, und man streitet, ob er zu den Ulmen- oder zu den Hanfgewächsen gehört. Unstreitig sind aber die kirschartigen Früchte essbar.

Sehr schön liegt auch östlich von Eygalières auf einem kleinen Aussichtsplateau die **Kapelle St. Sixte**. Dieses Kirchlein (Straße nach Orgon, beim Campingplatz weiter fahren) und das Dorf Eygalières sollten Sie ansteuern, wenn Sie der touristisch ausgelaugten Plätze überdrüssig sind.

St. Sixte

Das gilt auch für die romanische **Kirche St. Gabriel** (12. Jahrhundert) am anderen, westlichen Ende der Alpilles und an der D 33 nach Tarascon. Das Entscheidende an ihr ist die Lage inmitten eines naturbelassenen Olivengartens.

Tour 13: Wie Gott in Frankreich ?

Tarascon - Barbentane - Avignon - Villeneuve lès Avignon

Stellplätze:	in Tarascon, beim Kloster Michel-de-Frigolet, in Barbentane, in Avignon, in Villeneuve lès Avignon
Campingplätze:	in Tarascon, auf der Rhône-Insel in Avignon
Besichtigen:	Schloss von Tarascon; Schloss von Barbentane; in Avignon: Papstpalast, Kathedrale, Petit-Palais, Pont d'Avignon, Kirche St. Didier, den Osten der Altstadt; in Villeneuve: die Hauptstraße, Chartreuse Val de Bénédiction, Fort St. André, Tour Philippe le Bel, Museum
Essen: in	*Hôtel St. Jean* in Barbentane; Restaurants *La Fourchette, Le Brigadier du Théâtre, Hiély-Lucullus* und *Le Bercail* Avignon
Karte:	Seite 194

Bei der vorigen Tour habe ich schon die romanische Kirche **St. Gabriel** am Weg nach **Tarascon** (13.000 Einwohner) erwähnt. Der Straßenknoten bei der Kapelle sieht neuzeitlich aus, er hat aber einen römischen Ursprung und war seinerzeit die wichtigste Kreuzung in Gallien. Hier traf die Via Domitia kurz vor ihrem Rhône-Übergang auf die Via Aurelia. Der Fluss wurde etwa dort überquert, wo heute an der Stelle einer ehemaligen römischen Festung die spätmittelalterliche **Burg von Tarascon** zu sehen ist. Das Schloss ist Teil jeder Bildungsreise *(9.30-17.30 Uhr, im Sommer länger; 6,50 €)*, weil es so gut erhalten und ein perfektes Zeugnis eines Wehrbaus aus der Zeit ist, als die Provence noch nicht zum französischen Königreich gehört und der provenzalische König René an seiner Grenze, der

Tarascon - Schloss

Rhône, eine durch Wassergraben und Zugbrücke gesicherte Behausung errichtet hat. Das *Château* ist deshalb gut erhalten, weil man erst um 1930 die Umbauten wieder entfernt hat, die notwendig waren, um die 1449 vollendete Burg als Gefängnis zu nutzen. Das Beste ist heute der Blick von der Dachterrasse. Aber ähnlich eindrucksvoll ist das Schloss von der Rhône-Brücke (siehe unser Foto).

Tarascon wird stets mit Alphonse Daudet in Verbindung gebracht. Der schrieb nicht nur die berühmten *'Briefe aus meiner Mühle'* (siehe 12. Tour), sondern auch den Roman des *'Tartarin von Tarascon'*, in dem die Bewohner der Stadt nicht gut wegkommen. Ursprünglich hieß der Held *'Barbarin'*, so wie eine alteingesessene Familie. Die zog erfolgreich vor Gericht, und Daudet musste seine Romanfigur in *'Tartarin'* umtaufen.

Tarascon

Eine Nacht in der Stadt empfiehlt sich vor allem am letzten Juni-Sonntag, wenn beim **Tarasque-Fest** ein Drache aus Holz, Pappe und Segeltuch durch die Stadt gezogen wird. Der Sage nach soll so ähnlich das Ungeheuer ausgesehen haben, das Jahr für Jahr aus der Rhône aufgetaucht ist, um Schiffer und Kinder zu fressen. Bis die Heilige Martha aus Stes.

Tarasque aus Stein

Maries einflog, um dem Reptil den Garaus zu machen. An die Schutzheilige erinnern nicht nur ihr Grab in der nach ihr benannten Kirche, schräg gegenüber der Burg, sondern auch die zu ihren Ehren veranstalteten Umzüge mit einem künstlichen Nachkommen des Untiers. Die Pappattrappe soll zugleich die bösen Wassergeister vertreiben, die den Fluss immer wieder über die Ufer treten lassen. Direkt neben dem Schloss finden Sie einen empfehlenswerten Campingplatz und einen schön gelegenen Stellplatz an der Rhône:

(129) WOMO-Stellplatz/Campingplatz: Tarascon

GPS: N 43°48'27" E 04°39'19"; Route de Vallabrègues; **max. WOMOs**: >5.
Ausstattung/Lage: Gaststätte, Geschäfte in der Nähe.
Zufahrt: Nördlich direkt neben dem Schloss an der Rhône; biegen Sie zum Campingplatz ab und bleiben auf dem geräumigen Platz direkt davor unter Platanen.
Hinweise: Der »freie« Stellplatz ist eigentlich nicht verboten. Der Campingplatzbesitzer ist aber wegen seines schwach besuchten Geländes häufig frustriert und schickt gelegentlich WOMOs weg. Wir haben daher einfach mal den **Campingplatz** besucht, samt ordentlicher **Pizzeria**. Die Preise sind niedrig, der kleine **Pool** ist rührend, und es gibt ein paar richtig schöne Parzellen. Ungenießbar ist nur das selbstgebackene Brot (1.4-15.10).

Nördlich von Tarascon beherrschen wieder kleinere Hügel die Landschaft, was sich auch im Namen des Gebietes ausdrückt: Es ist die **Montagnette**, und in deren Zentrum, an der schönsten Stelle, liegt die **Abtei St.-Michel-de-Frigolet** in anmutiger Landschaft. Zugegeben, die Klosterbauten samt Kirche sind eher uninteressant und ziemlich kitschig (hauptsächlich aus dem 19. Jahrhundert; im nördlichen Seitenschiff der Kirche gibt es den Rest einer Kapelle aus dem 11. Jahrhundert). Wegen der weiß gekleideten Mönche des Prämonstratenserordens würde ich Sie auch nicht hinter die niedrige Gebirgskette locken. Denn Kräuterlikör und Getränke-Sirup (den man fabrikmäßig in der Nähe herstellt) werden auch anderswo von geschäftstüchtigen Ordensbrüdern verkauft. Aber ein Kloster in einer derart bezaubernden Gegend und würzigen Luft gibt es selten.

Erstaunlich ist auch das kleine, fast unbewohnte Gebiet selbst, das man im dicht besiedelten Rhônetal gar nicht vermutet. So wurde das Kloster zu einem beliebten Ausflugsziel der Avignonesen und ihrer Nachbarn. Erschrecken Sie nicht, wenn in der Woche noch am Nachmittag Schulklassen Ballspiele veranstalten, oder wenn am Sonntag halb Avignon hier picknickt. St.-Michel-de-Frigolet spielt seine Stärken erst zwischen Tag und Dämmerung aus. Dann steht man unter ausladenden Schirmkiefern, oder man hat sich auf einem verschwiegenen Weg ein stilles, von der Straße nicht sichtbares Plätzchen gesucht. Man lauscht dem Abendgesang der Vögel und vergisst den Radau der nahen Städte. Ungeniert kann man Tisch und Klappstühle auspacken, das Federballspiel genauso, und wenn schon ein paar andere Wohnmobile dastehen, stellt man sich unter eine andere Pinie. Platz gibt es genug! Der Parkplatz vor dem Kloster ist einer meiner liebsten Provence-Übernachtungsplätze. Allerdings kann ich für das Wochenende meine Hand nicht ins Feuer legen, und die Stelle ist nachts ziemlich einsam:

(130) WOMO-Picknickplatz: St.-Michel-de-Frigolet

GPS: N 43°51'37" E 04°43'43"; **max. WOMOs**: >5.
Ausstattung/Lage: Bänke und Tische, Mülleimer, klappstuhlgeeignet, Toilette und Gaststätte im Klosterbereich, Wanderwege / außerorts, nachts einsam.
Zufahrt: Der Parkplatz vor der Abtei ist nicht zu verfehlen.
Weitere Plätze finden Sie eine Etage höher und hinter dem Kloster, wenn Sie rechts (westlich) daran vorbei fahren (dort am wenigsten einsam).
Hinweis: Die Plätze sind sehr dem Wind ausgesetzt und bei starkem Mistral kaum benutzbar und dann vielleicht auch feuergefährdet. Außerdem besteht tagsüber Einbruchgefahr.

Es gibt auch Alternativen, zum Beispiel in **Barbentane** (3.600 Einwohner). Dort wähnt man sich angesichts des Schlosses aus dem 17. Jahrhundert eher in Italien als 10 km vom Zentrum Avignons. Der Marquis de Barbentane war lange französischer Gesandter beim Großherzog der Toskana und hat seine Erinnerungen baulich umgesetzt *(Führungen ¾ Std., Ostern bis 1.Nov. 10-12 und 14-18 Uhr; von Dezember bis März* *und, außer von Juli bis September, mittwochs geschlossen; 7 €)*. Lohnend ist insbesondere die schöne Inneneinrichtung. Nett ist aber auch das Städtchen selbst, mit Rathaus, Kirche und viel Flair.

Am Abend sitzen wir im ***Hôtel St. Jean*** und freuen uns an einem einfachen, eher deftigen Essen bei freundlichen Leuten. Hier versucht man sich nicht an komplizierten Speisen, die dann doch misslingen, und zum Nachtisch gibt es, was schon Generationen schmeckt: Karamellpudding oder *Tarte des pommes* (Apfelkuchen). Dass die Rechnung uns dann schließlich auch nicht die Stimmung verdirbt, versteht sich fast von selbst *(Tel. 04 90 95 50 44; außer im Juli und August montags geschlossen)*.

Überdies gibt es direkt bei Barbentane einen (vielleicht passen auch drei Fahrzeuge hin) schönen Schlafplatz. Auch auf die Gefahr hin, dass ich selbst in Zukunft keinen Platz mehr finde:

(131) WOMO-Stellplatz: Barbentane

GPS: N 43°53'50,8" E 04.°44'50,3"; Rue du Séquier; **max. WOMOs**: 1-3. **Ausstattung/Lage**: Gaststätten, Geschäfte (in der Nähe), Wanderwege / Ortsrand. **Zufahrt**: Verlassen Sie Barbentane nach Süden, Richtung St. Michel d. F.; bei der Windmühle *(moulin)* biegen Sie links ab und nehmen sofort danach den linken, schmaleren Weg bis zum kleinen Parkplatz unterhalb eines alten Turms (dort nochmals links). Stellen Sie sich in die dem Tal zugewandte Ausbuchtung neben die Straße (siehe Foto).

Oberhalb eines Hangs mit schönem Blick auf Barbentane und das Rhônetal können wegen der nahen Häuser auch ängstliche Naturen ruhig schlafen. Man darf auch rechts am Turm hoch in das Wäldchen fahren, wo man an diversen **Picknick-Plätzen** – nun deutlich einsamer – ebenfalls nächtigen kann.

Wenn Sie hier um die Ecke fahren, sitzen Sie bald, vielleicht an einem Nachmittag im Sommer, wo jeder Provence-Reisende einmal sitzt. Der Kellner klatscht Ihnen lieblos das Wechselgeld auf die Marmorplatte des kleinen Tischchens; der Milchkaffee ist ihm zu billig. Auch die anderen Kellner in den Straßencafés gleich nebenan gehen ihrer beruflichen Tätigkeit kaum freudvoller nach. Wenn Sie sich umschauen, Sie sitzen hier ausschließlich, um sich umzuschauen, sehen Sie vorherrschend Popcorn, Pizza und Hamburger. Sie können kaum glauben, dass es hier entstanden ist, das geflügelte Wort vom lieben Gott in Frankreich!

Gott war der Papst, und **Avignon** (heute 89.000 Einwohner) war Frankreich. Sogar sieben Päpste residierten zwischen 1309 und 1377 in der Stadt an der Rhône, die späteren Gegenpäpste noch nicht mitgerechnet.

Päpste in Avignon

Nachdem die Päpste in der Mitte des 13. Jahrhunderts den Machtkampf mit den deutschen Kaisern, den Stauffern, siegreich beendet hatten, gewann in Europa der französische König an Einfluss. Papst und König, die Anfang des 13. Jahrhunderts noch gemeinsam gegen die Sekte der Albigenser und gegen deren Schutzherren, den Grafen von Toulouse, zu Felde gezogen waren, gerieten nun zunehmend in Konflikt. Sie stritten um Macht und um das Recht zur Besteuerung des Klerus (wann in der Geschichte stritt man eigentlich nicht um Macht und Geld?). Der französische König Philipp ließ sogar den Papst gefangen nehmen, der sich zwar befreien konnte, aber bald danach starb. Sein Nachfolger blieb dem französischen Einfluss weiter ausgesetzt und schon der übernächste Papst, Clemens V., wurde nicht nur in Lyon gewählt, er war auch der erste Franzose auf dem Stuhl Petri. Er zog erst gar nicht nach Rom um, wo zudem zwischen den Adelsfamilien blutige Fehden ausgebrochen waren. Auf Zureden des auf Machtzuwachs bedachten Königs ließ der Papst sich samt seinem Gefolge in der Provence zunächst in Carpentras nieder. Das gehörte, wie die Grafschaft Venaissin, bereits der Kirche und war der Lohn des Königs für die Beteiligung am Kreuzzug gegen die Albigenser.

Diese Stadt lag aber nicht so günstig wie Avignon, und so zog der Kirchentross bald in das Dreieck zwischen Rhône und Durance, das damals Gianna, der Königin von Neapel und Gräfin der Provence, gehörte. Gianna stand im Verdacht, ihren Mann gemeuchelt zu haben und zeigte sich dankbar, als der Papst sie von Schuld freisprach: Sie verkaufte ihm als Gegenleistung Stadt und Umland für einen lächerlichen Preis.

Die Päpste hielten nun in Avignon prachtvoll Hof und mit ihnen Kardinäle, Diplomaten sowie alle anderen, die zu einem Hofstaat gehörten. Der Papst war nämlich im Mittelalter einer der mächtigsten Männer der Welt. Kritik aus den eigenen Reihen blieb nicht aus, eine Pestepidemie raffte in der Umgebung von Avignon mehr als 10.000 Menschen dahin, und in Rom beruhigte sich das Klima, so dass Gregor X. im Jahre 1377 nach Rom zurückkehren konnte.

Damit war aber die Zeit der Päpste in Avignon noch nicht vorbei, denn der französische König ließ einfach einen Gegenpapst in Avignon wählen. Damit beschwor er das große abendländische Schisma (Kirchenspaltung) herauf, welches die katholische Christenheit für ein halbes Jahrhundert spalten sollte und dem Ansehen der Kurie großen Schaden zufügte. Zeitweilig gab es in Pisa sogar einen dritten Heiligen Vater. Jeder war päpstlicher als der Papst. Erst das Konzil von Konstanz (mit 700 Dirnen) beseitigte die Verwirrung: Ein Papst trat zurück, die beiden anderen wurden ab- und ein vierter als nunmehr einziges Kirchenoberhaupt eingesetzt. Man schrieb das Jahr 1417, und die Zeit der Päpste in Avignon war endgültig vorbei.

Ich wette, die wenigsten Urlauber, die heute vor den gewaltigen Mauern des **Papstpalastes** stehen, wissen, dass die Nachfolger Petri nicht nur als Gegenpäpste, sondern auch als Einzige ihres Berufes in Avignon weilten. Der *Palais des Papes* ist eigentlich gar kein Palast, sondern ein verschachtelter Festungskomplex, bestehend aus zwei ziemlich verschiedenen

Teilen, dem *Palais-Vieux* (alter Palast) und dem *Palais-Neuf* (neuer Palast). Der alte Palast lässt mit seiner nüchternen und strengen Architektur noch erkennen, dass sein Erbauer, Papst Benedikt XII., Zisterzienser-Mönch (und letzter Verfolger der Albigenser) war, während der weltoffene Clemens VI. (bevor er Papst wurde, war er Kanzler des Königs) mehr die schönen Künste liebte und nach Süden und Westen den gotischen, neuen Teil des Palastes anbauen ließ. Ansprechend ist weder der alte noch der neue. Nur gewaltig und imposant, fast schon erdrückend; von außen wie von innen.

Avignon - Papstpalast

Aber das Bauwerk, es steht auf der UNESCO-Liste des Welterbes, ist architektonisch und historisch einmalig, es zieht alljährlich mehr als eine halbe Million Menschen in sein Inneres und gehört zu den zehn am meisten besichtigten Bauwerken Frankreichs. Dennoch wage ich die Behauptung, es werden bestimmt nicht die kurzweiligsten 60 Minuten Ihrer Provence-Reise, wenn Sie durch die meist kahlen, abweisenden und letztlich auch etwas uninteressanten Räume geschleust werden. Die Teppiche an den Wänden haben mit der Geschichte des Palastes ohnehin nichts zu tun und dienen nur der Auflockerung – was eigentlich schon alles sagt. Immerhin muss man sich nicht einer Führung anvertrauen, sondern darf einem frei bedienbaren Bandgerät lauschen, das man an der Kasse in Empfang nimmt – perfekt deutsch gesprochen, wenn man *allemand* verlangt.

Richtig schön finde ich nur das **Hirschzimmer** *(Chambre du Cerf)*, auf dessen Wandgemälde die Fischfänger am Rande eines Bassins noch besser zur Geltung kommen als die Hirschjäger. Es fehlen dem Bild noch die Perspektive und die

Klarheit der späteren Renaissance, auch wurde nicht in den feuchten *(fresco)* Putz gemalt, sondern *al secco*. Trotzdem sind die Jagdmotive dieses Raums sicher der Höhepunkt der Visite. Ursprünglich war ein großer Teil des Bauwerkes derart ausgemalt, aber ein Brand im 15. Jahrhundert und die spätere Verwendung haben Narben geschlagen. Zeitweise war das Palais Gefängnis und nach 1818 sogar Kaserne. Spektakulär ist noch der riesige Speisesaal, der größte Raum des Palastes *(9-18 Uhr oder länger, 10,50 €)*. Wenn Sie in Anbetracht des überhöhten Eintrittspreises auf die Innenansicht ganz verzichten, sollte Sie auch kein schlechtes Gewissen plagen!

Kurz noch zum sonstigen »Muss« der Stadt: neben dem Papstpalast die **Kathedrale N. D. des Doms**, romanisch mit kitschiger, goldener Dachstatue aus dem 19. Jahrhundert; links davon, am Ende des Platzes, liegt der **Petit-Palais** *(Mittagspause von 13-14 Uhr, dienstags geschlossen; 6 €)*. Der ehemalige Bischofssitz war die Behausung der Päpste vor Fertigstellung des Papstpalastes, er beherbergt heute eine bei Kunstkennern vor allem wegen ihrer Geschlossenheit hoch geschätzte Sammlung italienischer Malerei, darunter einen Botticelli (Saal XI) und die berühmte *‚Sacra Conversazione'* des venezianischen Malers Carpaccio (Saal XVI B).

Bis zur Fassade des Petit-Palais dringen noch die meisten Touristen vor, die Treppenstufen hoch zum Papstgarten, dem **Rocher des Doms**, sind der Mehrzahl schon zu viel. Dabei schießt man von hier eines der klassischen Fotos Südfrankreichs, der vier noch vorhandenen Bögen der **Brücke St. Bénézet** in der träge dahin fließenden Rhône. Ursprünglich hatte das sich dem Fluss entgegenstemmende Brückenbauwerk mit dem kleinen Kapellchen 22 Bögen bei einer Gesamtlänge von rund 900 Metern. Der *Pont* überspannte nicht nur die beiden Arme der Rhône, sondern auch die dazwischen liegende Insel, jenseits derer die Brücke leicht nach Süden abgeknickt war. Der Turm Philipps ‚des Schönen' auf der anderen Seite (Näheres siehe unten), war ein bewachtes Brückentor. Welches französische Kinderlied geht Ihnen momentan im Kopf herum? Natürlich! *‚Sur le pont d'Avignon'*. Und vermutlich wissen Sie auch schon, dass der Text im Laufe der Jahrhunderte verfälscht wurde: Man tanzte nicht *sur (auf)*, sondern *sous (unter)* den Brückenbögen auf

Avignon - Papstpalast und Brücke St. Bénézet

der Insel, weil nämlich dort Tanz- und Vergnügungslokale einluden. Die Brücke wurde durch Hochwasser zerstört und wird schon seit dem Jahre 1660 nicht mehr benutzt.

Genauso unvermeidlich wie der Blick auf den Papstpalast ist die Erfrischung auf der **Place de l'Horologe**, dem zentralen Platz am Rathaus, wo das Leben, vor allem das touristische, pulsiert. Wie das im Allgemeinen so aussieht, erwähnte ich eingangs. Hinzu kommen noch Gaukler und Feuerschlucker, „»Lebende Puppen« und Penner. Und wer in der ersten Reihe sitzt, sieht bestimmt irgendwann ein von zu Hause bekanntes Gesicht zum Papstpalast eilen.

Als ich im Jahre 1968 zum ersten Mal in Avignon war, stand am Ende des Platzes noch ein großes Denkmal mit einem kolossalen Löwen davor. Das Monument musste einem einträglicheren Karussell weichen, und insgesamt ist der ganze Platz touristisch geglättet, ähnlich wie das übersanierte Stadtviertel dahinter. Wie oft habe ich von diesem Platz geträumt? Und wie nüchtern ist er heute! Genauso wie die von hier schnurgerade nach Süden verlaufende Hauptstraße, die Rue de la République. Auch wenn oder gerade weil Avignon im Jahre 2000 zur Kulturhauptstadt Europas gekürt wurde, ist die mitteleuropäische Einheitsgeschäftswelt von solchen Straßen nicht mehr hinweg zu denken.

Aber es gibt Ausnahmen: Das Restaurant *Hiély-Lucullus,* nahe der Place de l' Horologe, und die **Kirche St. Didier**, auf derselben Seite, ein Stück weiter südlich; fast unveränderte Gotik seit 1359 und in der ersten rechten Seitenkapelle ein berühmtes Relief des Bildhauers Francesco Laurana. Erbauer der Kirche war übrigens Benedikt XII., der auch den älteren Papstpalast errichten ließ.

Von Gott in Frankreich aber, von dem, was man heutzutage darunter versteht, kann in Avignon nur noch in wenigen Häusern die Rede sein; das *Hiély* erwähnte ich bereits (Genaueres siehe unten), die anderen werden Sie gleich kennen lernen. Ansonsten macht sich südfranzösische Lebensart erst dort breit, wo kaum ein Tourist mehr hinkommt. Im **Osten der Altstadt**, bei den **Markthallen**, an der Place Pie oder in der **Rue des Teinturies**, der Hauptstraße des einstigen Gerberviertels. Der kleine Bach seitlich der Straße ist, man glaubt es kaum, die Sorgue, deren wasserreichen Oberlauf wir anlässlich der 3. Tour bestaunt haben. Eines ist sicher: Wer nicht innerhalb der Stadtmauer ein wenig ziellos durch die einzelnen Altstadtquartiere streift, versäumt zwar nicht das besternte Avignon, jedoch das sehenswerte.

Avignon - Rue des Teintures

Der liebe Gott *en France*: Zum Essen sitzen wir wegen des guten Preis-/Leistungsverhältnisses gerne im **Restaurant *La Fourchette***, in der 17 Rue Racine *(Tel. 04 90 85 20 93; die ersten drei Wochen im Aug. sowie samstags und sonntags geschlossen).* Gehen Sie am obersten Ende der Place de l'Horologe, etwa beim Karussell, nach links in westlicher Richtung und an der nächsten Querstraße – es ist die Rue Racine – rechts; das Lokal liegt dann bald links. An den dicht stehenden Tischen sitzen fast nur Einheimische, was ja bekanntlich kein schlechtes Gütezeichen ist. Bedauerlich ist nur, dass man ohne Voranmeldung kaum Platz findet, denn relativ preiswert ist *Die Gabel* obendrein. Als Alternative bietet sich ***Le Brigadier du Théâtre***, der unmittelbare Nachbar, an, den wir zunächst nur widerwillig als Notlösung betreten, nach zwei Stunden aber hochzufrieden wieder verlassen haben *(Tel. 04 90 82 21 19, dienstags geschlossen)*.

Eine Portion gediegener und dementsprechend auch teurer speisen Sie im ***Hiély-Lucullus***, einem traditionellen Avignoner Esstempel, beinahe schon einer Institution, wenn auch nicht mehr mit Michelinstern dekoriert. Die Kellner lassen mir eine Spezialbedienung angedeihen. Ich bin nämlich zu Recherchen für dieses Buch ein paar Tage alleine unterwegs (solche Fahrten sind bisweilen kein Familienausflug, sondern echte Arbeit) und sitze abends *tout seul* an einem Zweiertisch. Das ist für sich schon suspekt. Mit der Bestellung eines seltenen offenen (!), weißen (!) *Châteauneuf-du-Pape* weise ich mich scheinbar als Weinkenner aus - und mit ein paar Notizen als bedrohlich. Nach dem Bezahlen platzt der Ober schier vor Neugier und fragt höflich, ob ich für einen Restaurantführer schreibe. Nicht ohne Stolz darf ich mich als Abgesandter der berühmten WOMO-Reihe outen und sein wirklich erstklassiges Menü loben *(die Place de l' Horologe im Rücken am Anfang der Hauptstraße links im Obergeschoss; Tel. 04 90 86 17 07; kein Ruhetag)*. Zu einem echten Geheimtipp führen wir Sie weiter unten.

Von Mitte Juni bis Mitte August, wenn Festspielzeit ist, bekommt man überall in Avignon Reservierungsprobleme, dann läuft die Stadt fast über. Ich gehe mal davon aus, dass Sie für die interessanten Theatervorführungen ohnehin keine Karten besitzen, da man diese Monate vorher bestellen muss *(ich habe es noch nie versucht, Tel. 04 90 14 14 14; www.festival-avi-*

gnon.com). Wahrscheinlicher erleben Sie auf den Straßen und Plätzen der Stadt oder im Garten des Papstpalastes kleinere, manchmal sogar spontane Vorführungen. Für das alternative *,Festival off'*, an dem sich hauptsächlich freie Theatergruppen beteiligen, kann man die Karten nämlich nur vor Ort erstehen *(Näheres auf der Internetseite der Stadt, www.ot-avignon.fr).*

Wie überall stellen sich auch in Avignon die Fragen, nach einem Park- und nach einem Übernachtungsplatz. Die Papststadt hat mit das höchste Touristenaufkommen aller südfranzösischen Städte. Demnach sind auch organisierte Autoknackerbanden unterwegs, und ein im Dunkeln parkendes WOMO gehört zu deren liebster Beute. Wir wurden bisher zwar verschont, mir ist es aber in solchen Städten schon tagsüber mulmig, erst recht natürlich am Abend. Weniger, wenn ich drin liege, wohl aber wenn das Auto in einer finsteren Parkplatzecke steht. Fahren Sie also aus der Stadt heraus oder gehen Sie auf einen der beiden Campingplätze. Deren Lage ist wirklich empfehlenswert. Man hat beim Hinweg einen schönen Blick auf den Papstpalast und den *Pont d'Avignon* (siehe unser Titel-bild). Und man kann bequem zu Fuß oder mit einem kleinen Boot die Altstadt erreichen:

WOMO-Campingplatz-Tipps: Avignon

(132) Camping Bagatelle
GPS: N 43°57'12" E 04°47'56"; **Ortszentrum**: 0,8 km. **Zeiten**: ganzjährig. **Tel**. 04 90 86 30 39. **Ausstattung**: Öffentliches Schwimmbad (0,1 km; bis Ende August), Laden, Restaurant.
Zufahrt: Wenn Sie aus Richtung Altstadt kommen, fahren Sie über die nördlichere der beiden Rhône-Brücken, den *Pont E. Daladier* (Sie müssen auf jeden Fall zuvor ein Stück an der Stadtmauer vorbeigefahren sein – N 580). Wenn die Brücke Land berührt, sind Sie auf der Rhône-Insel, wo Sie bei erster Gelegenheit nach rechts fahren; gleich danach nochmals rechts; spätestens am frühen Nachmittag anreisen.

(133) Camping Pont d'Avignon
GPS: N 43°57'23" E 04°48'08"; **Ortszentrum**: 1,3 km; **Zeiten**: 14.3.-30.10. **Tel**. 04 90 80 63 50. **Ausstattung**: Pool, Laden, Snack, leider wurde der schöne Blick auf die Rhône durch einen dümmlichen Sichtschutz verdorben; sonst hätten Sie einen Blick, wie ihn unser Titelbild zeigt.
Zufahrt: Wie zum vorgenannten Platz, ebenfalls auf die Rhôneinsel abbiegen und hinter dem erstgenanntem Platz vorbei zum Nachbarplatz (also nur einmal rechts).
Hinweise: Dieser Camping ist deutlich schöner als sein Nachbar, aber der Weg zu Fuß in die Stadt dauert ca. 10 Minuten länger. Die schönsten Parzellen im nördlichen Teil haben keine Stromanschlüsse.
Nördlich des Platzes (aus dem Tor und zweimal rechts) legt eine **Rhône-Fähre** für Fußgänger und Radfahrer an, die unterhalb des Papstpalastes ankommt. Leider fährt sie nicht bei Dunkelheit. Die Zeiten sind angeschrieben.

Ich schlafe stets auf einem der beiden Campingplätze. Die Ersparnis lohnt sich in Avignon nicht. Wer aber sonst sogar auf Tiernahrung 20 Prozent einfordert, kann unweit »frei« stehen, ebenfalls auf der Rhône-Insel, jedoch südlich der Brücke:

(134) WOMO-Stellplatz: Avignon (Île de Piot)

GPS: N 43°57'06" E 04°47'37";
max. WOMOs: >5.
Ausstattung/Lage: Die Innenstadt und die vorgenannten Campingplätze sind zu Fuß gut erreichbar / Stadtrand; der Platz liegt direkt an der Rhône, aber auch an einer Hauptverkehrsstraße etwas einsam. Er ist vermutlich immer auch von anderen Urlaubern besucht. Tagsüber von Montag bis Samstagmittag bewacht. Ich finde den Platz nicht schön.
Zufahrt: Fahren Sie wie zu Campingplatz Nr. 132, jedoch nach dem Verlassen der 4-spurigen Straße links unter der Brücke nach Süden, wieder hoch auf die Brücke und unterwegs in der Kurve nach rechts auf ein Parkplatzgelände mit Sonderfläche für WOMOs.
Hinweise: Nachts wird zumindest der benachbarte Parkplatz aus Sicherheitsgründen abgeschlossen, Sie können dann dort bleiben und im Notfall eine Telefonnummer wählen, ansonsten aber nicht abreisen. Vermutlich laut, von uns aber noch nicht getestet.

Für die reine **Parkplatzsuche** bleiben Sie bitte außerhalb der rundum verlaufenden **Stadtmauer**, die übrigens von den Päpsten im 14. Jahrhundert gebaut wurde. Gegen die Raubritter, heißt es. Imponiergehabe dürfte der wirkliche Grund gewesen sein, denn sehr widerstandsfähig ist sie nicht. Man stößt, egal woher man kommt, immer auf die Mauer, und die Straße führt rundherum. Wo im Mittelalter noch ein Graben war, zwischen heutiger Straße und Mauer, finden Sie Parkplätze. Nehmen Sie den ersten, es könnte der letzte sein! Die größten Parkplätze sind an der Rhône nahe der oben erwähnten Brücke angelegt.

Bevor Sie mir schreiben, auch in dieser Auflage kämen preiswerte Restaurants zu kurz (das Essen in Frankreich ist leider teuer), schauen Sie nach, wo am Sonntagmittag die Einheimischen den geräumigen Parkplatz zustellen und wohin sich kaum ein Tourist verirrt. Letzteres wird sich bald ändern, wenn die Terrasse des **Restaurant *Le Bercail*** in die gängigen Reiseführer eingezogen ist. Jene liegt nämlich direkt an der Rhône und erlaubt einen Weltblick auf die berühmte Brücke und die nicht weniger berühmte Stadt. Zu ausgesprochen fairen, bei einer solchen Lage sogar sensationellen Preisen wird solide, provenzalische Küche geboten. Als Hauptgang dürfen Sie sogar ohne Ausreden Pizza bestellen, aber Sie dürfen niemals *Haute Cuisine* erwarten *(auf der Rhôneinsel, gleich nördlich des hinteren der beiden Campingplätze rechts abbiegen und bis zum Lokal weiterfahren, bzw. -laufen; vom Stellplatz und den Campingplätzen gut zu Fuß erreichbar; Tel. 04*

90 82 20 22; April bis November täglich, über Winter vermutlich geschlossen).

Bisweilen fahren wir abends aus der Stadt heraus, nach Barbentane oder zum Kloster St. Michel-de-Frigolet. Dort gibt es Übernachtungsplätze, die in etwa dem entsprechen, was man sich vorgestellt hat, als man zum ersten Mal an einen Wohnmobil-Urlaub dachte (siehe oben). Eine gute Alternative ist aber auch das beschauliche **Villeneuve-lès-Avignon** (9.500 Einwohner). Trubel und Nepp lassen wir auf der östlichen Rhône-Seite zurück. Stattdessen tauchen wir am anderen Ende der Brücke, schon im Languedoc, in ein Stück provinzielles Frankreich. Das war im 14. Jahrhundert nicht anders, als die Päpste kamen und Avignon zu dem wurde, was Petrarca einmal als *»Abfallgrube, in der sich aller Unrat der Welt sammelt«* bezeichnet hat. Manch kirchlicher Würdenträger oder Kardinal setzte sich daher ans andere Ufer ab, das man zu dieser Zeit schon bequem über die Brücke St. Bénézet erreichen konnte. So entstanden eine Reihe stattlicher Paläste (so genannter *Livrées*), die heute in sympathischer Weise vor sich hin gammeln.

Schon als wir in Villeneuve auf dem großen Platz vor der Altstadt parken, zweifeln wir, ob wir überhaupt richtig sind. Verirren sich tatsächlich so wenige Touristen über die Rhône in ein derart interessantes Städtchen? Dabei offenbart ein Spaziergang durch die Hauptstraße des Ortes, die Rue de la République, ein Höchstmaß von Charme. Wenn sich erst Denkmalschützer und Altstadtsanierer

Villeneuve - Fort St. André

auf die Schultern klopfen, wenn es aus den Palästen nicht mehr modrig riecht, wenn Fensterscheiben und Dächer repariert sind, wenn nicht mehr die Armen in den Häusern der einstmals Reichen wohnen, wenn in den malerischen Innenhöfen keine Autos mehr rosten dürfen, wenn dort, wo heute noch die unterschiedlichsten Plastikklingelknöpfe die Vorderansicht verunstalten, eine kleine Gedenktafel hängt, wenn die Stadt nicht mehr nur den Bewohnern gehört, dann wird es hier aussehen wie überall in Europa. So wie in Deutschland, Italien oder Spanien, nachdem Altstadterneuerer ganze Straßenviertel entkernt und touristisch aufpoliert haben.

Aufgebaut und restauriert ist heute schon der größte Palast der Stadt, die **Chartreuse Val de Bénédiction**. Man kann wieder nachvollziehen, wie das einst bedeutendste Kartäuserkloster Frankreichs funktioniert hat. Drei Kreuzgänge gibt es zu sehen und das prunkvolle Grabmal von Papst Innozenz VI., der zur Klostergründung beitrug: Er schenkte nämlich dem Kartäuserorden seinen Kardinalspalast,. Aus Dankbarkeit, weil der an seiner Stelle eigentlich zum Papst bestimmte Kartäuser-Kardinal Jean Birel den Stuhl Petri im Hinblick auf die strengen Regeln des Ordens ausgeschlagen hatte. Seit etwa 20 Jahren stehen einzelne Kartausen französischen Schriftstellern und Drehbuchautoren vorübergehend zur Verfügung *(täglich 9.30-18.30 Uhr; im Winter kürzer; 7 €; angenehm sind die schriftlichen Erläuterungen in deutscher Sprache, sehenswerter Internetauftritt unter www.chartreuse.org/)*.

Zu einer Besichtigung von Villeneuve gehört auch das **Fort St.-André** *(10-13 und 14-18 oder 17.30 Uhr; 5 €)*. Die Festung wurde im 14. Jahrhundert gebaut, um die Benediktiner-Abtei des Klosters St.-André zu schützen. Wie Sie bereits wissen, endete nämlich damals am linken Rhône-Ufer das französische Königreich. Die massigen Tortürme wurden Ende des 20. Jahrhunderts renoviert, dabei hat man auch verschiedene Pechnasen zugemauert, um Unfälle zu verhindern. Das Fort besucht man nämlich der schönen Aussicht wegen, die man

Blick von Villeneuve nach Avignon

von den beiden Rundtürmen hat. Unser Besuch nach der Mittagspause ist dazu eigentlich noch zu früh, denn der Papstpalast von Avignon, auf den sich alle Blicke richten, wirkt am späten Nachmittag am besten. Das gilt genauso für den fast noch schöneren Blick vom **Turm Philipps** 'des Schönen' *(Tour Philippe le Bel; 10-12.30 und 14-18.30 Uhr; 2 €)*. Der französische König Philipp hatte hier das westliche Ende der Rhône-Brücke mit einem Kastell gesichert, um den Zugang zum Ostufer der Rhône zu kontrollieren.

Fast hätten wir nach Festung und Turm die Stadt wieder verlassen, ohne einen Blick in das **Musée Pierre-de-Luxembourg** zu werfen. Schon die bemalte Elfenbeinmadonna im Erdgeschoss (14. Jahrh. – beachten Sie auch die leichte Krümmung des Stoßzahns auf der Rückseite) ist den Eintritt wert, erst recht das Bild der berühmten *'Marienkrönung'* im ersten Stock, das der DuMont-Reiseführer als ein »Kunstwerk von Weltrang« würdigt. Die Mutter Gottes von Enguerrand Quarton gilt als eines der schönsten Gemälde französischer Gotik und wurde Mitte des 15. Jahrhunderts für die Kartause gemalt. Es lohnt sich wirklich, auch hier das Ende der Mittagspause abzuwarten *(10-12.30 und 14-18.30 Uhr, im Winter kürzer, montags und im Februar vollständig geschlossen; 3 €)*.

Der Stellplatz von Villeneuve, genau genommen sind es drei Plätze hintereinander, ist kein Allerweltsplatz, auf dem Sie die Leser unserer Konkurrenzprodukte antreffen werden. Das sollte Sie anspornen:

(135) WOMO-Stellplatz: Villeneuve-lès-Avignon

GPS: N 43°57'57" E 04°47'54"; Chemin des Chatreux; **max. WOMOs**: insgesamt 5-7. **Ausstattung/Lage**: Gaststätten, Geschäfte und Schwimmbad in der Nähe / Ortsrand.

Zufahrt: Fahren Sie auf der D 980, der Straße zwischen Rhône und Ort, und biegen Sie vor dem nördlichen Ortsende (nach einer Linkskurve) gegenüber der Campingplatzzufahrt von der D 980 nach Westen, also Rich-

tung Ort, ab (Wegweiser *,Fort/Chartreuse'*). Gleich am Anfang sehen Sie gegenüber einer langen Mauer einen Stellplatz; 200 m weiter, links des Sträßchens, finden Sie zusätzliche schön gelegene Übernachtungsmöglichkeiten, deren beste Sie erreichen, wenn Sie - nicht weitersagen - noch etwa 50 m entgegen der Einbahnstraße bergauf gefahren sind. Sie können sich in Ruhe umsehen, der Gesamtbereich ist sehr übersichtlich.

In Villeneuve lès Avignon finden Sie in der Nähe des Stellplatzes auch einen ortsnahen **Campingplatz** *(1.4.-15.10.).*

Der Kreis unserer West-Provence-Reise schließt sich nun fast. Villeneuve lès Avignon wäre für die letzte Nacht durchaus geeignet. Vielleicht fragen Sie sich aber, wo wir den Abend vor der Heimreise verbringen. Es ist nie ein Autobahnrast- oder Supermarktparkplatz, und ich hoffe, dass mit diesem Buch auch in Ihrem WOMO-Leben diese lauten (und gefährlichen) Notlösungen ausgemerzt sind. Ansonsten unterscheidet sich unser Urlaub wenig von Ihrem. Auch wir fristen gelegentlich weniger schöne Nächte und haben miserable Stimmung. Auch unsere Kinder, als sie noch mitgefahren sind, nörgelten und stritten, und bisweilen wünschen auch wir uns ein gemütliches Hotelbett, eine Flugreise oder auch mal, aber selten, das heimische Sofa. Es geht uns also nicht anders als Ihnen. Als Autor von WOMO-Reiseführern idealisiere ich allerdings ab und an das wohnmobilistische Leben mehr, als es der Wirklichkeit entspricht.

Campingplätze

In kaum einer Region Europas werden Sie mehr Campingplätze finden als in der Provence. Von den Zeltplätzen am Meer soll hier noch nicht die Rede sein (Näheres dazu siehe unter dem Stichwort *Strände* und in Teil 2). Frankreich hat, aufs Ganze gesehen, vermutlich das weltweit dichteste Netz unterschiedlichster Campingplätze. So dass jeder, der einen Platz sucht, auch in der Hochsaison im Landesinneren fündig wird, solange der Zeltplatz nicht an einer Badestelle liegt. Aber niemand muss ein abendliches Refugium missen.

Die sanitären Ausstattungen sind verschiedenartig, am schlichtesten sind sie in der Regel auf den städtischen Plätzen *(Camping municipal)*, die aber auch wiederum die preiswertesten sind. Wer häufig auf Campingplätzen nächtigt, kauft sich am besten den Michelin-Führer, *Guide Camping Caravaning France*, der jedes Jahr in Neuauflage erscheint, aber nur einen Bruchteil aller französischen Campingplätze verzeichnet.

Camping *Le Mas* (Tour 9)

Auch in Südfrankreich gibt es Plätze, die von Dauercampern beherrscht werden. Die Campingführer weisen dezent auf Dauercamper hin. Leider nehmen fest installierte Behausungen, die sich offenbar rentabel vermieten lassen, auf den Campingplätzen pestartig zu. Man nennt sie *Mobilhomes* (wegen der beiden Alibi-Rädchen), in Wirklichkeit sind es aber Baracken – und sehen auch so aus. Sie nehmen viel Platz weg, und füllen den Campingplatz, auch wenn sie leer stehen. Sie sind umso hässlicher, je weniger besucht der Platz insgesamt ist.

Ich erwähnte bereits, dass die Plätze an den Stränden, sei es am Meer, an Flüssen oder an Seen, in der Hochsaison häufig belegt sind. Zumeist hängt dann am Eingang ein Schild mit der Aufschrift *‚complet'*. Die glücklichen Urlauber im Inneren haben sich bisweilen schon ein Jahr vorher für den nächsten Urlaub angemeldet – und mit mobilem Reisen nichts am Hut. Wenn Sie mit einem derartigen Platz spekulieren, fragen Sie bei der Leitung, ob Sie überhaupt Chancen haben, und reisen Sie am nächsten Tag gegen Mittag an oder am besten freitags.

Die Nacht auf dem Campingplatz kostet natürlich Geld, Kinder über 6 Jahre zahlen immer voll, und so legt man für eine 4-köpfige Familie schon mal pro

Nacht bis zu 35 Euro auf den Tisch, Almosen im Vergleich zu italienischen Verhältnissen. Nicht selten zahlen Sie aber auch weniger als 20 Euro. Je aufwendiger die Ausstattung des Campingplatzes ist, umso teurer wird die Chose, wobei die aufgemotzten Plätze oft nicht die schönsten sind.

in Bonnieux (Tour 7)

Der Leser jeden Alters stellt heutzutage wenigstens zwei Fragen: Darf ich meinen Hund mitnehmen, und komme ich auf dem Campingplatz ins Internet? Ich arbeite an den Antworten. Hunde sind vermutlich überall dort erlaubt, wo ich nicht auf ein Verbot hinweise, und WLAN wird oftmals kostenlos angeboten. Wenn ich das weiß, behalte ich es bei den Tourenbeschreibungen nicht für mich.

Ich empfehle Ihnen ein gültiges *Camping-Carnet*, ersetzt es nämlich die Hinterlegung des Passes in der Schreibtischschublade des Campingplatzbesitzers. Man erhält das *Carnet* beim ADAC oder dem Deutschen Campingclub für ein paar Mark (und nach meinen Erfahrungen tut es auch die Plastikkarte vom Vorjahr). Wir freunden uns, ein wenig auch wegen der Verschlechterung freier Möglichkeiten, immer mehr mit Campingplätzen an – und widmen diesen in unserem Buch zunehmend mehr Raum (erst recht in Teil 2).

Diebstahl

Niemand ist vor Dieben gefeit – weder in Südfrankreich noch anderswo. Aber leider gehört die Provence seit einigen Jahren zu den Gebieten, in denen man besonders aufpassen muss. Frankreich rangiert in der Kriminalitätsbelastung inzwischen vor den USA, vor allem wegen der Vermögensdelikte. Je sorgloser man ist, umso eher schlagen die Diebe zu.

Es gilt eine **Grundregel**, die Sie eisern befolgen müssen: **Verlasse nie dein WOMO mit nichts als dem Autoschlüssel in der Hand**. Denn die Diebe lauern womöglich hinter den Büschen und wissen, dass Sie mehr als diesen Autoschlüssel dabei haben: Geld, eine Fotoausrüstung und die Damen eine Handtasche. Tragen Sie aber nichts unterm Arm, müssen diese Dinge zwangsläufig im WOMO zurückgeblieben sein. Eine Auto- oder Reisemobiltür ist aber für einen Profi ein Klacks. Er öffnet sie in Sekunden.

Das betrifft besonders die Leser, die ein Wohnmobil gemietet haben, weil diese Fahrzeuge gegen Autoknacker schlecht gesichert sind. Die Besatzung solcher Mietmobile muss damit rechnen, das schwächste Glied in der Kette zu sein. Den Fahrzeugen, durchweg neuesten Modellen mit wenig individuellen Innereien, sieht der erfahrene Einbrecher an, dass die Mieter unkundiger und sorgloser sind als alte Hasen. **Das dürfen Sie in keiner Minute vergessen**, schon gar nicht auf dem Autobahnrastplatz oder an anderen Stellen, an denen Sie nur kurz Ihr Fahrzeug verlassen. Die wenige Minuten dauernde Einkehr ist oft die beste Gelegenheit, im Auto herumliegende Wertgegenstände zu stehlen. Wenn es irgendwie geht, sollte auf Rastplätzen immer ein Familienmitglied im Auto bleiben. Ansonsten müssen die Wertsachen zur kurzen Erfrischung (und Entleerung) mitgenommen werden!

Wer meine Bücher kennt, weiß, dass mein Wohnmobil über Sicherungsvorkehrungen verfügt. Diese sind zwar für einen brutalen Einbrecher nur eine Hemmschwelle, wer nämlich ein derart leicht gebautes Fahrzeug aufbrechen will, über erforderliches Werkzeug und einen entsprechenden Zerstörungswillen verfügt, kriegt jedes Reisemobil auf. Aber der Bösewicht zaudert, wenn er sieht, dass ihm sein Handwerk nicht leicht gemacht wird. Immer wieder wird mir in Leserbriefen von aufgebrochenen Wohnmobilen berichtet, aber erst zweimal, dass die **Alarmanlage** scharf geschaltet war. Abgesehen davon, dass eine solche Vorrichtung Lärm macht, den Sie im benachbarten Restaurant oder am nahen Strand möglicherweise selbst hören, dürften schon entsprechende Aufkleber an den Seitenscheiben oder ein blinkendes Lichtchen eine gewisse Warnfunktion haben. Der Einbau ist leider teuer und kostet gut und gerne 500 Euro, aber er belohnt Sie mit einem deutlich sorgenfreieren Urlaubserleben (Sie sollten ab und zu an entlegener Stelle die Funktion testen).

Es gibt auch wirksame **mechanische Hürden**: Der WOMO-Verlag verkauft Ihnen den *WOMO-Knacker-Schreck*, den Sie auch in Mietmobilen einsetzen können und der die Vordertüren wirksam verriegelt (funktioniert nicht bei Ford-Modellen). Außerdem vertreibt in Deutschland die Firma Oelmühle (*Tel 02174/2223* oder *www.quick-safe.de*) leicht zu montierende Ketten, mit denen Sie die Fahrzeugtüren verrammeln können, und zwar so gut, dass jeder Dieb sie von außen erkennt und (wie auch beim Produkt des WOMO-Verlages) ahnen kann, dass die Ketten nicht einmal nach dem Einschlagen der Scheibe problemlos auszuklinken sind. Wer über handwerkliche Grundkenntnisse verfügt, ist auch in der Lage, die Schlösser zu montieren, die Oelmühle ebenfalls für die Aufbautüren anbietet, und deren Riegel auch nachts einen optimalen Einbruchsschutz bieten. Pfiffig sind auch die Schlösser von *Heosafe (www.heosolution.de)* und die Produkte der Firma *Fiamma (www.fiamma.it* mit Preisen und Bezugsquellen – ein Blick in den Online-Katalog lohnt sich auch wegen anderer Produkte). Dabei wundert uns nur, dass derlei Zubehör nachgerüstet werden muss, wo doch der Käufer eines Wohnmobils, der durchschnittlich über 50.000 Euro hinblättert, zu seiner Sicherheit gerne ein paar Euro mehr ausgeben würde (löblich ist das ab Werk lieferbare Zusatzschloss, das beispielsweise *Hymer* auch zum Nachrüsten für die Aufbautüren anbietet). Wie viel mehr haben Sie doch von einem sicheren Fahrzeug als von der aufwändigen Badezimmerarmatur! Aber da Sie, liebe Leser, schon erfahrene Wohnmobil-Reisende sind, oder sich zumindest auf dem Weg dorthin befinden, werden Sie der Industrie ihre an Äußerlichkeiten orientierte Verkaufspolitik lassen, die Ihnen einen gewissen Einbruchsschutz bietet, weil neben Ihrem WOMO zumeist ein schlechter gesichertes steht, das von den Dieben bevorzugt wird.

Ein ganz wichtiger Tipp: Bewahren Sie wertvolle Dinge und wichtige Utensilien (täglich benötigte Medikamente) nicht in Aktentaschen oder kleinen Koffern auf. Alles, was ein Schloss hat, wird als erstes geklaut. Besonders der Schminkkoffer, der, wie uns die Leserbriefe zeigen, nicht nur zum festen Repertoire eines deutschen Mietmobils, sondern auch zur Lieblingsbeute eines eiligen Womo-Knackers gehört.

Verbreitet ist in der Provence der Überfall an der Ampel: Sie halten bei Rot und neben Ihnen ein Motorrad. Der Soziusfahrer reißt Ihre Autotür auf, grabscht die von außen sichtbare Handtasche - und entschwindet mit Karacho. Verriegeln Sie also stets die WOMO-Tür und lassen Sie Wertsachen auch während der Fahrt nie offen rumliegen oder -hängen.

Das alles hat mit der **Übernachtungssicherheit** auf freien Stellplätzen nichts zu tun. Nur drei Provencefahrer haben mir im Verlauf von 17 Jahren von einem nächtlichen Überfall berichtet. Und die standen alle auf einem Autobahnrastplatz, wo ich **niemals** übernachten würde. Es gibt nichts Gefährlicheres, auch wenn Sie wohnmobile Nachbarn haben !!!

Falls Ihr Auto einmal aufgebrochen worden ist, brauchen sie unbedingt eine polizeiliche Bestätigung von der Anzeige, damit Ihre Kaskoversicherung und, in Maßen, auch Ihre Reisegepäckversicherung bezahlen. Ich habe übrigens die Versicherungsbedingungen beider Sparten stets bei mir, um ab und zu nachzulesen, was nicht versichert ist. Ist der Schaden erst einmal eingetreten und hat man die polizeiliche Anzeige aufgegeben oder gar die Meldung an die Versicherung abgeschickt (!), nutzt Ihnen die nachträgliche Lektüre der Versicherungsbedingungen nichts mehr.

Das Schlimmste ist oft die eingeschlagene Scheibe. Deshalb nimmt man den 24 Stunden- / 7-Tage-Dienst der Firma *CARGLAS* gerne in Anspruch. Mit der Telefonnummer können wir dienen (08 00 77 24 24), mit praktischen Erfahren zum Glück nicht.

Fahrrad fahren

Ich bin immer wieder erstaunt darüber, in welch großer Anzahl Fahrräder auf dem Heckgepäckträger nach Südfrankreich transportiert werden (seit ein paar Jahren in sogenannten Heckgaragen, die das WOMO länger und unhandlicher machen, auch wenn man gar keinen Zweiventiler mitführt – die aber die Bilanz der Hersteller schönen; wie auch die inzwischen immer breiteren Wohnmobile; die stets größer werdenden Fahrzeuge sind der Tod des unbeschwerten, mobilen Reisens; das aber nur nebenbei). Wer seinen Urlaub hauptsächlich auf einem Campingplatz verbringt, der abseits einer Ortschaft liegt, wer sein WOMO dort wohnwagenmäßig installiert, kann auf einen Drahtesel nicht verzichten. Wer das Fahrrad hingegen mitnimmt, um damit die Provence zu durchstreifen, wird möglicherweise etwas enttäuscht. Denn die Bedingungen sind keineswegs ideal:

Vom Mistral, dem kräftigen Nordwind, wird später noch ausführlicher die Rede sein; hier nur so viel: Wenn er bläst, steigen nur noch die Profis in den Sattel. Leider weht er dort am kräftigsten, wo es die wenigsten Steigungen gibt: im Rhônetal und in der Camargue. Die anderen Strecken sind hügeliger als man sich dieses zu Hause vorstellt, so dass man für größere Unternehmungen trainiert sein muss.

Auf den Nationalstraßen werden Sie ohnehin nicht radeln, die Nebenstraßen sind weniger stark befahren als bei uns, dafür sind sie häufig schmal und nur selten mit einem Radweg versehen.

Gute Bedingungen finden Sie im Luberon, dem Gebiet im weiteren Umkreis von Apt (Touren 5, 6 und 7) mit vielen ausgeschilderten Radstrecken. Ein Tipp: Radeln Sie auf der Kammstraße der Montagne du Luberon (Tour 7).

FRANCE-PASSION

FRANCE-PASSION ist eine Vereinigung von **Winzern und Landwirten**, die Ihnen in Frankreich etwa 1400 kostenlose Stellplätze bereit halten. Jeder Grundstückseigentümer, der an dem Programm teilnimmt, hat eine Einladung unterschrieben, die sich ausschließlich an Urlauber im Campingbus oder Wohnmobil mit selbständiger sanitärer Versorgung (Wasser, Toiletten, Abfallentsorgung) wendet. Interessenten erhalten die Einladung über *www.france-passion.com*. Mit diesem Dokument und einer gleichzeitig versendeten **Vignette** erteilen die Eigentümer des Grund und Bodens den Urlaubern die Erlaubnis, auf dem Land tagsüber wie auch nachts für jeweils 24 Stunden pro Rastpunkt Station zu machen. Alle in Frage kommenden Grundstücke sind in einem jährlich erscheinenden Verzeichnis, dem ***Carnet des Invitations*** *(Einladungsverzeichnis)*, aufgeführt. Das Verzeichnis kostet 28 Euro und ist, wie die Erlaubnis, ein Jahr, von Ostern bis Ostern, gültig.

Nach unseren Erfahrungen werden Sie auch geduldet, wenn Sie keine Vignette an der Scheibe haben. Denn die Winzer wollen Ihnen Wein verkaufen. Bitte fahren Sie aber nicht planmäßig ohne den an die Windschutzscheibe geklebten Ausweis auf die privaten Böden. Jedenfalls mit Plakette unterliegen Sie keinem Kaufzwang – und sollten sich dennoch besser bei Ihren Gastgebern als im Supermarkt eindecken.

Freie Übernachtung/Stellplätze

Wer an **freie Stellplätze** denkt, also an eine Übernachtung außerhalb der Zeltplätze, hat oft zwiespältige Gefühle. Einerseits will man beim freien Camping alles das erleben, was man sich vorgestellt hat, als man ein Wohnmobil gemietet oder gekauft hat. Man erwartet das leichte, ungeregelte Leben und möchte an den Stellen bleiben, die einem gerade gefallen oder die einem vom WOMO-Führer vorgeschlagen werden. Befragungen haben ergeben, dass erstaunlich viele Wohnmobilfahrer fast ausschließlich Zeltplätze besuchen, obgleich ihnen freie Plätze zumindest zeitweise viel lieber wären. Viele Leser haben also Angst. Insbesondere die Deutschen, die in Betracht ziehen, etwas Verbotenes zu tun. Und genauso vielen ist deshalb bange, weil sie einen nächtlichen Überfall befürchten.

Auch in Südfrankreich ist aber abseits der Autobahnen die Wahrscheinlichkeit einer nächtlichen Attacke nahe Null, soviel ist sicher. Die Angst spielt sich also nur in Ihrem Kopf ab, sie ist dort am größten, wo sie am unberechtigtsten ist. Ein einsames WOMO mutterseelenallein im stockdunklen Wald ist gleichbedeutend mit der Garantie für eine unbehelligte Nacht, und doch werden Sie dort von jedem Knacken erschreckt. Der umtriebige Autobahnrastplatz hingegen wiegt Sie weit mehr in Sicherheit, obwohl gerade hier die gelegentlich in der Presse veröffentlichen Überfälle stattfinden (Bösewichte sprühen angeblich Narkosegas ins Auto und knacken dann die schlecht gesicherten Türen; dagegen helfen sowohl die oben schon erwähnten Zusatzschlösser und -Ketten wie auch ein elektronisches Gerät, das Sie vor Narkosegas warnt und das Sie im Fachhandel kaufen können).

Die Angst vor der Nacht auf den von uns erwähnten Stellplätzen ist objektiv also unbegründet, zumal die Existenz dieses Reiseführers neben dem Nachteil, dass die Stellplätze überbelegt sein könnten, auch den Vorteil hat, dass Sie in der Ferienzeit sehr häufig neben einem gleich gesinnten Nachbarn stehen.

Genauso unbegründet ist die Sorge vor dem Gesetzesverstoß. Die kontrovers diskutierte Frage, ob in Frankreich ein generelles Verbot gilt (ich habe ausführlich recherchiert, ein solches Verbot gibt es nicht), ist eigentlich egal. Entscheidend ist die Praxis, ob Sie von der Obrigkeit behelligt oder gar zur Kasse gebeten werden. Bei aller Bescheidenheit, ich gehöre WOMO-mäßig zu denen, die man in der Werbung *‚Die Profis'* nennt. Ich wurde nur einmal im Elsass weggeschickt und ich habe noch niemals Strafe bezahlt. Die generelle Legalität spielt in der Praxis also keine Rolle. Nach meinen Erfahrungen kann man mit etwas Sensibilität und bei Meidung Waldbrand gefährdeter Gebiete überall stehen, wo es nicht konkret ausdrücklich verboten ist, oder wo man wegen des berüchtigten Balkens in 2 m Höhe erst gar nicht hinkommt.

Ob man mit *Camping interdit (Camping verboten)*, mit *Camping et caravaning interdit* oder mit *Camping sauvage interdit (wildes Camping verboten)* auch ein Wohnmobil meint, wird heiß diskutiert. Französische Wohnmobilisten ignorieren diese Verbote notorisch. Sie behaupten, damit sei nur das Zelten (oder das Aufstellen von Wohnwagen) gemeint – und machen sich oft über unseren deutschen Obrigkeitsgehorsam lustig. Ich könnte Ihnen belegen, dass Sie trotz eines solchen Schildes sogar vor der Gendarmerie übernachten dürfen. Ich halte diese Schilder beim reinen Übernachten (ohne Markise ohne Klappstühle und ohne Gewähr) aufgrund langjähriger Erfahrungen in der Praxis nicht für einschlägig. Gehen Sie davon aus, dass Schilderaufsteller fähig sind, ein eindeutiges WOMO-Verbotsschild, beispielsweise *Camping-Car interdit (Wohnmobil verboten)*, zu montieren, wenn sie das so wollen (leider sieht man viel zu viele eindeutige Schilder).

Offizielle, kommunale oder private (meist entgeltliche) Stellplätze, sind in der Provence selten.

Und wie **findet** man einen passenden Stellplatz, der in diesem Buch nicht vorkommt? Natürlich braucht man Gespür, Erfahrung und ein bisschen Glück, um einen guten Platz zu entdecken:

Die meisten touristisch ambitionierten Gemeinden haben in Südfrankreich ordentliche Parkplätze eingerichtet, an denen es oftmals auch Toiletten gibt. Diese Parkmöglichkeiten liegen nicht immer landschaftlich reizvoll, sehr oft findet man aber einen brauchbaren Übernachtungsplatz, wenn man dem weiß-blauen *‚P'* hinterher fährt. Hier kann man zwar meist keinen Campingtisch vor die WOMO-Tür stellen, aber oftmals sicher und einigermaßen ruhig schlafen. Nicht selten wird man auch fündig, wenn man den Wegweisern zu außerhalb von Ortschaften stehenden Kirchen oder anderen Sehenswürdigkeiten folgt. Wenn nichts mehr hilft, suchen wir den Wegweiser zum Sportplatz *(centre sportif* oder *stade)* und, da wir nicht abergläubisch sind, zum Friedhof *(cimétière)*.

Machen Sie es sich zur Regel, lieber einen mittelschlechten Stellplatz zu nehmen (einen halbwegs ruhigen Parkplatz finden Sie immer) als genervt und schlecht gelaunt stundenlang durch die Gegend zu kurven.

Die Grundregeln für die Stellplatzsuche lauten: möglichst nie im Dunkeln, möglichst nie müde und nach langer Fahrt und möglichst nicht hungrig. Oder man reduziert die Erwartungen auf ein Minimum, also auf einen einigermaßen ruhigen und ebenen Platz. Und bevor Sie mit der Sucherei der ganzen Familie an den Nerven zerren, gehen Sie auf den Campingplatz. Es gibt nirgends so viele – auch preiswerte – Plätze wie in Südfrankreich.

Dass Sie an allen Orten, also auch auf dem Campingplatz, so stehen sollten, dass Sie jederzeit ohne Rangiermanöver abfahren können, versteht sich für den erfahrenen Wohnmobilisten fast von selbst. In diesem Zusammenhang liegt mir für Südfrankreich nochmals eine besondere Warnung am Herzen: Jedes Jahr lesen Sie in der Zeitung von **Waldbränden**. Aus diesem Grunde schreitet die Polizei in feuergefährdeten Bezirken gegen »wildes« Campieren ein. Auch wenn Sie nicht vertrieben werden, stellen Sie sich niemals so, dass Sie im Schlaf von einem Feuer überrascht werden könnten. Meiden Sie

Wälder und die *Garique*, besonders bei starkem Wind !! Und schlafen Sie bei schlechtem Wetter in Gebirgsnähe nicht an (ausgetrockneten) Flussläufen, wo mit **Überschwemmungen** zu rechnen ist (dazu Näheres in meinem Languedoc-Buch).

Wenn ich gelegentlich im Internet in Wohnmobilforen, unter anderem im Forum des WOMO-Verlages, surfe, lese ich immer wieder Klagen über **Parkgebühren** oder **andere Entgelte**, und es entsteht der Eindruck, dass nur der die perfekte Wohnmobilreise erlebt, der möglichst wenig ausgibt. Das verstehe ich nicht, habe ich nämlich nicht den Eindruck, die meisten unserer Kollegen hätten nach der Anschaffung ihres Wohnmobils den letzten Groschen aus der Hand gegeben. Wie kann man sich darüber beklagen, dass man für eine Nacht fünf Euro bezahlen muss, wenn man Fünfzigtausend oder mehr für ein einziges Auto hingeblättert hat, das schon durch die erstmalige Zulassung zehn Prozent seines Wertes eingebüßt hat?

In einer Welt, in welcher der Tourismus eine feste Wirtschaftsgröße ist, sollten wir in keiner Sekunde daran zweifeln, dass wir nur dort, wo wir auch Geld ausgeben, in Zukunft geduldet sind. Damit meine ich nicht verschwiegene Plätzchen in untouristischen Gebieten, sondern den Wohnmobilurlauber als in Haufen auftretende Spezies. Warum sollten einer solchen Gruppierung Wasser, Müllkapazitäten, Toilettenanlagen, wertvolles Bau-, Garten- oder Agrarland unentgeltlich zur Verfügung gestellt werden, wenn der Nutzer nur das konsumiert, was er in seiner voluminösen Heckgarage herangekarrt hat? Diese Zeiten sind in allen Gebieten, in denen mit dem Tourismus Geld verdient wird, vorbei. Sie werden auch nicht wiederkehren, ganz gleich, wie laut man das beklagt.

in Les Stes. Maries-de-la-Mer - Plage Est (Tour 9)

Fremdenverkehrsbüros

Jede Stadt oder Gemeinde, die touristisch auf sich hält - das tun die meisten -, hat ein Fremdenverkehrsbüro *(Office de Tourisme oder Syndicat d'Initiative)* eingerichtet, wo man die verschiedensten Informationen bekommt, manchmal sogar über Stellplätze. In den örtlichen Büros spricht selten jemand deutsch, außerdem hat man hier nur im Sommer geöffnet. Regional übergreifende Informationen und in Deutsch erhält man in den ausländischen Vertretungen des französischen Fremdenverkehrsamtes, *Maison de la France*, wenngleich dort spezielle, regionale Fragen gelegentlich unbeantwortet bleiben:

D-60325 Frankfurt/M., Westendstr. 47, Tel. 069/97581034
www.franceguide.com
A-1033 Wien, Landstrasser Hauptstr. 2A , Tel. 01/7157062
CH-8023 Zürich, Löwenstr. 59, Tel. 01/2213561

Gas

Das Stichwort hat an Aktualität verloren, nachdem fast alle Wohnmobile über zwei 11 kg **Flaschen** verfügen, mit denen ein durchschnittlicher Leser ohne zu heizen beinahe einen ganzen Sommer lang verreisen kann. Aber es wird wieder aktueller, seit Fahrzeuge mit Dieselheizungen nur noch 5 Kilo Gas bunkern können.

Wer zur Vorratswirtschaft nicht fähig ist, kann sich in Frankreich eine teure, blaue *Camping-Gaz* Flasche kaufen (auf vielen Campingplätzen, in Supermärkten und in Eisenwarengeschäften). Für den Einsatz im WOMO braucht man aber auch ein spezielles Anschlussstück (möglichst schon zu Hause kaufen und ausprobieren, ob es an Ihren Regler passt). Langzeiturlauber benötigen ein Euro-Füll- und Anschluss-Set, mit dem sie in Frankreich an wenigen Stationen die eigene Flasche füllen lassen können (nach einer Füllstation fragt man bei den zahlreichen Gastankstellen, die nur eingebaute Tanks befüllen). Mit den genannten Überbrückungsteilen lässt sich der eigene Regler auch an eine französische Gasflasche schrauben. Hat man das Set nicht zur Hand, ist Vorsicht geboten, denn ein französischer Regler eignet sich nicht immer für Ihre Gasanlage. Die Wohnmobile haben nämlich heutzutage einen Gasdruck von 30 mbar, der auf dem in Ihrem WOMO eingebauten Regler, dem runden Ding an der Gasflasche, aufgedruckt ist, und der unbedingt beibehalten werden muss (ältere Fahrzeuge haben 50 mbar).

Wohnmobilbesitzer mit fest eingebautem **Gastank** oder Gastankflasche sind in Frankreich gut dran, dort ist das Gas-Tankstellennetz relativ dicht, außerdem ist das Gas preiswert. Gas-Tankstellen erkennt man an dem Schild *G.L.P.*

In Frankreich durfte man bislang – theoretisch, von Kontrollen habe ich nie gehört – nur mit zugedrehtem Gasflaschenventil fahren. Nach dem 1.1.2007 erstmals (!!) zugelassene Fahrzeuge müssen in der EU mit einer Schlauchbruchsicherung oder dem Strömungswächter ***Monocontrol CS*** (oder *Duocontrol CS*, beides von Truma und Nachfolger von *SecuMotion*) ausgerüstet sein, der serienmäßig eine Schlauchbruchsicherung, bzw. einen Crashsensor enthält. Dieser Regler ist am Fahrzeug montiert, und Sie brauchen für ausländische Gasflaschen passende Anschlussschläuche (Tabelle und Einzelheiten über *www.truma.com*).

Für ältere Fahrzeuge empfehle ich eine **Schlauchbruchsicherung**, der Einbau dauert 15 Minuten. Sie ist unerlässlich, wenn Sie, was fast alle tun, was aber ohne *SecuMotion* oder *Monocontrol* in Frankreich verboten ist, unterwegs mit Gas kühlen. Die Sicherung verhindert, dass Gas bei einem Unfall oder nach einem Schlauchbruch in großer Menge ausströmt.

Geld

Frankreich ist in Europa das Land der **Kreditkarte**. Mit der *Carte bleue* kann man fast überall bezahlen. Zu dieser Kreditkarte zählen angeblich die *Visa-Karte* und die *Eurocard*, wobei die *Visa-Karte* unerklärlicherweise eine noch größere Akzeptanz besitzt (bei beiden fällt eine happige Tauschgebühr an, und an Tankstellenautomaten hat meine *Visa-Karte* oft nicht funktioniert, weshalb ich die völlige Gleichwertigkeit mit der *Carte bleue* bezweifle). Der bargeldlose Zahlungsverkehr ist in Frankreich wesentlich weiter verbreitet als bei uns, und auch im Supermarkt wechseln kaum noch Geldscheine den Besitzer. Ich brauche inzwischen in Frankreich nur noch für kleine Einkäufe richtiges Geld – und ganz selten in Restaurants nicht nur für das Trinkgeld. Geld ziehen Sie flächendeckend mit der **ec-Karte** (die inzwischen *Girocard* heißt).

Zu den Reisedokumenten höchster Wichtigkeit, deren diebstahlgeschützter Ablageplatz niemals in Vergessenheit geraten darf, gehört der Zettel mit der Kreditkarten- und Scheckkartennummer sowie der Telefonnummer der Zentrale. Beides brauchen Sie für die Kartensperre: In Deutschland erreichen Sie unter 0049-116 116 die Hotline für etwa 90 Prozent aller Bank- und Zahlungskarten wie Maestro, EC, Euro/MasterCard, VISA und American Express (Näheres unter *www.kartensicherheit.de*). Rufen Sie dort **umgehend** an, wenn die Karte abhanden gekommen ist, und sei es auch mitten in der Nacht. Nur wenn Sie davon berichten können, dass Ihnen das Stück Plastik gerade erst, vor wenigen Minuten, verlustig gegangen ist (und dass Sie die Geheimzahl nirgends aufgeschrieben haben), zahlt die im Kredit- oder Scheck-Kartenvertrag enthaltene Versicherung, falls ein Bösewicht Missbrauch treibt!

Glockenkäfig in Lacoste (Tour 7)

GPS

In diesem Reiseführer sind für alle Stell- und Campingplätze die Koordinaten (Kartendatum: WGS 84 = World Geodetic Sorvey 1984) angegeben. Das nutzt Ihnen nur, wenn Sie selbst ein Navigationsgerät besitzen, in das man Koordinaten eingeben oder, noch besser, zugleich eine Datei mit allen Koordinaten aufspielen kann. Sie können beim WOMO-Verlag die CD zum Buch erwerben und auf diese Weise alle Stell- und Campingplätze als sogenannte **POIs** (das ist die Abkürzung von **P**oint **o**f **I**nterest) auf Ihr Navi überspielen. Die CD enthält die gebräuchlichen Formate. Näheres erfahren Sie beim Kauf der CD oder im Buch *Multimedia im Wohnmobil* des WOMO-Verlages.

Benutzen Sie bitte ein GPS-Gerät, in dem Sie die Darstellung der so genannten **Winkelschreibweise** einstellen können. Der WOMO-Verlag hat sich zwar inzwischen für die Darstellung von Grad, Minuten und Sekunden entschieden, aber es sind noch ältere Auflagen in Umlauf, und es gibt jede Menge Konkurrenz mit anderer Schreibweise. Wer sein Gerät nicht umstellen kann, benötigt einen Taschenrechner im Handschuhfach und muss umrechnen: Um die Sekunden und Minuten zu dezimalisieren, muss man jeweils mit 0,01667 multiplizieren (zuerst also den Sekundenwert multiplizieren, danach dasselbe mit dem Minutenwert). Umgekehrt geht es auch: Man nehme den

Nachkomma-Anteil der Gradzahl, multipliziere mit 60 und setze das Komma nach der zweiten Stelle (Beispiel: aus 43,84537 Grad rechnet man 0,84537 x 60 = 50.7222 Minuten = 43°50.722'). Um die Sekunden zu erhalten, muss man den Nachkomma-Wert erneut mit 60 multiplizieren und bekommt so 43 Sekunden; die Winkelschreibweise führt nun also zu 43 Grad, 50 Minuten und 43 Sekunden (= 43°50'43"). Sie müssen das ausprobieren. Vielfaches Hin- und Herrechnen bringt allerdings Rundungsdifferenzen.

In diesem Buch werden Ihnen teilweise Sekunden mit einer Nachkommastelle genannt, überwiegend auch nicht. Eine Systematik dafür gibt es nicht. Sie werden die Nachkommastelle, die viele Geräte (z.B. *tomtom*) gar nicht anzeigen, vermutlich nicht brauchen.

Wir empfehlen Ihnen ein Navigationsgerät von ***Tomtom***. Es ist sehr übersichtlich, funktioniert tadellos und kann die POIs des WOMO-Verlages gut integrieren. Das kleinere Gerät reicht völlig. Geben Sie lieber zusätzliches Geld für eine *aktive* (also mit Stromversorgung) Armaturenbretthalterung aus. Sie können damit nämlich das Navi ohne größere Fummeleien einfach abziehen und zum Stadtbummel mitnehmen (auch deshalb empfehlen wir kleine Geräte). Vermutlich die besten Autohalterungen bietet der Hersteller *Brodit* an. Lieferadressen können Sie mit dem Stichwort *Brodit* leicht ausgoogeln. Sie müssen in Ihrem Auto nichts bohren oder beschädigen.

Falls Sie mit einem sogenannten *Smartphone* den rechten Weg suchen, einem Telefon, mit dem man auch navigieren kann oder umgekehrt, kommt nach unseren Erfahrungen ausschließlich das Programm von *Tomtom* in Frage, das leider nur auf wenigen Handys installiert werden, dann aber – mit einer *Brodit*-Halterung – dem »richtigen« Navi fast das Wasser reichen kann. Wenn Sie allerdings das Handy wechseln, ein Hard-Reset ausführen oder aus anderen Gründen das *Tomtom*-Navigationsprogramm neu aufspielen müssen, werden Sie irgendwann in das Display beißen, auf jeden Fall an der inkompetenten Hotline von *Tomtom* verzweifeln, der Sie Kaufbelege und sonstige Urkunden zumailen müssen und danach doch nicht problemlos frei geschaltet werden. Ein taugliches anderes Smartphone-Navigationsprogramm kennen wir nicht. Was wir getestet haben, hatte den Charakter eines Mäusekinos oder hat die Navigation aufgrund Koordinaten nicht zugelassen. **Achtung**: Ebenfalls ungeeignet ist bei Drucklegung das Programm von *Tomtom* für das *I-Phone* von *Apple*, weil Sie auch dort keine Koordinaten eingeben können.

Zu den Nachteilen der satellitengesteuerten Navigation haben wir uns am Anfang des Buches unter der Überschrift *Gebrauchsanweisung* geäußert.

Landkarten

Die Firma ***Michelin*** macht mir inzwischen bei jeder Neuauflage Arbeit, weil sie das System der lieferbaren Karten ständig umstellt. Wahrscheinlich haben eine gewisse Kaufzurückhaltung und zahlreiche Protestschreiben die Rückkehr zum Maßstab 1:200.000 erzwungen. Die Karten sind nun orange und nennen sich ***Region***. Außerdem sind sie reißfest, weil auf dünnem Plastik gedruckt. Mit der **Nr. 527** ist das gesamte Gebiet dieses Buches und von Teil 2 abgedeckt. Sie benötigen zumindest diese Karte, alleine schon wegen der neuen Straßennummerierung. Gehen Sie nicht davon aus, die gelben Karten im Maßstab 1:150.000, genannt *Departements*, seien genauer. Sie sind nur größer, auf Papier gedruckt, mit Geländeprofil hinterlegt und mit Sternen für sehenswerte Orte und Landschaften aufgehübscht.

Glauben Sie bitte nicht, Ihr Navigationssystem mache eine dieser beiden Karten überflüssig. Sie dürfen mit diesem Buch nur verreisen, wenn Sie sich eine der beiden Karten am Zielgebiet, besser aber schon vorher zu Hause und am besten beim WOMO-Verlag, gekauft haben.

Falls Sie ab und zu wandern möchten, suchen Sie natürlich nach **Wanderkarten**, die es in Frankreich inzwischen flächendeckend gibt; Näheres können Sie unter der Überschrift *Wandern* nachlesen.

Sie fragen vielleicht noch nach **Stadtplänen**? Ich kann auch in diesem Buch nicht damit dienen. Was daran liegt, dass Zeichnungen von Konkurrenzverlagen urheberrechtlich geschützt und gar nicht oder nur für teures Geld zu bekommen sind, und ich nach Zeit raubenden und aufwändigen Versuchen dem Beispiel anderer Reiseführer, dem Leser mit unzulänglichen Plänen Orientierungshilfen nur vorzugaukeln, nicht folgen will. Die Lücke schließen Sie problemlos, wenn Sie sich den Michelin Restaurantführer leisten (siehe bei *Restaurants*), wo Sie einen Stadtplan von jedem halbwegs großen Ort finden. Die Pläne sind so genau, dass sie im 2. Weltkrieg von den Alliierten für die Befreiung Frankreichs benutzt wurden. Das behauptet jedenfalls Peter Mayle. Wenn Sie weitere Geldausgaben scheuen, bekommen Sie bei den meisten örtlichen Fremdenverkehrsbüros kostenlose Pläne.

Lebensmittel/Getränke

Es gibt auch unter den erfahrensten Wohnmobilisten Leute, die befürchten, in Frankreich zu verhungern. Schauen Sie mal, was Ihre deutschen Campingplatznachbarn zum »Kochen« aus den Stauräumen des WOMOs herauskramen: Konserven, Tütensuppen, Konserven... Das ist in Südfrankreich wirklich eine Sünde! Nichts gegen ein paar Vorräte. Für Notfälle bei geschlossenen Geschäften oder für die Tage übergroßer Urlaubsfaulheit. Wer möchte aber in einem Land mit allerbesten frischen Lebensmitteln bei konservierter Geschmacklosigkeit darben? In Frankreich reiben sich die Hobbyköche die Augen: Schon in kleineren Orten überzeugen Fisch- und Gemüsegeschäfte mit einer Auswahl, die es bei uns nicht mal in der Großstadt gibt. Vom Käse gar nicht zu reden. Nur beim Brot wird es etwas schwieriger, denn so lecker das frische Baguette auch ist, am Nachmittag wird es knatschig, und übermäßig gesund ist es leider auch nicht. In einigen Bäckereien und in den meisten Supermärkten gibt es inzwischen jedoch auch dunkles Brot.

Das **Preisniveau** entspricht im Wesentlichen dem hiesigen, so dass Sie nichts sparen, wenn Sie sich im Urlaub mit heimischen Konserven ernähren (genau genommen *ernährt* man sich mit Konserven auch kaum, man wird nur satt). Die französischen **Supermärkte** sind die größten in Europa. Das Angebot ist teilweise so gigantisch und erschlagend, dass ich dort schnell übel gelaunt bin. Stets habe ich das Gefühl, mehr kaufen zu müssen als ich brauche. Die meisten Supermärkte sind an allen Wochentagen geöffnet, teilweise sogar sonntags morgens. Kleinere Lebensmittelgeschäfte sterben allmählich aus und sind in der Regel montags vormittags geschlossen. Andere Geschäfte sind häufig montags den ganzen Tag über zu, es gibt aber keinen einheitlichen Brauch, insbesondere kein Ladenschlussgesetz. Gehen Sie sicherheitshalber davon aus, dass Sie montags allenfalls Brot einkaufen können. Die üblichen **Ladenöffnungszeiten**: Dienstag bis Samstag von 9 bis 12 Uhr und von 14.30 bis 19.30 Uhr.

Das **Getränkeangebot** ist ebenfalls groß. Als Deutscher nimmt man zufrieden zur Kenntnis, dass es in Frankreich inzwischen auch alle Arten von Gerstensaft gibt, denn die Franzosen legen im Bierkonsum von Jahr zu Jahr zu (was den Produzenten von einfachem Landwein zu schaffen macht). Viel Umweltbewusstsein haben die Franzosen aber noch nicht entwickelt, denn die Getränkebehältnisse sind weiterhin ein Ärgernis: Berge von Plastikflaschen für Mineralwasser, Sprudel und Limonaden füllen die Regale – und die Müllhalden. Dem *Wein* widmen wir weiter hinten ein eigenes Stichwort.

Literatur

Sie werden sich vermutlich noch einen Reiseführer kaufen, der sich mit dem beschäftigt, was bei uns zu kurz kommt; dies sind in erster Linie Kunst, Kunstgeschichte und Architektur.

In dieser Hinsicht traut man dem ***DuMont-Kunstreiseführer***, *Die Provence,* von Thorsten Droste mit Recht die meiste Kompetenz zu. Wobei mir allerdings noch nie ganz eingeleuchtet hat, weshalb diese Bücher so einseitig und so trocken sein müssen.

Wesentlich lockerer und umfassender ist der Reiseführer aus dem **Michael Müller Verlag**, dessen Titel, *Provence - Côte d'Azur* auch nicht einfallsreicher ist als der meines Buches. Dafür hat Ralf Nestmeyer mit unglaublicher Fleißarbeit eine Informationsfülle vorgelegt, vor der man nur den Hut ziehen kann. Das zweitbeste Provence-Buch auf dem Markt!

Eine sehr gute Ergänzung zu unserem WOMO-Führer ist auch der, beim WOMO-Verlag erhältliche grüne ***Michelin***, *Provence*. Furztrocken, zum Schmökern völlig ungeeignet und wegen der alphabetischen Aneinanderreihung auch unübersichtlich. Aber mit präzisen, in sich hervorragend gegliederten Infos und Stadtplänen sowie Karten, die alles andere in den Schatten stellen.

Die **Wanderführer** erwähnen wir unter dem dazugehörigen Stichwort.

Vor allen anderen Werken steht das einfühlsamste Buch über Südfrankreich, *Provence* von **Jean Giono**, ein französischer Klassiker.

Ob **Peter Mayle** ins Reisegepäck gehört, ist umstritten. *Mein Jahr in der Provence*, *Toujours Provence, Encore Provence* und *Hôtel Pastis*, mit Abstrichen auch *Trüffelträume* und *Ein guter Jahrgang* – alles Bestseller in Millionenauflage – spielen im Luberon, sie erzielen einen hohen Wiedererkennungseffekt und sind eine leichte Lektüre für unbeschwerte Urlaubstage (siehe auch beim Stichwort *Wein*). Intellektuelle Menschen rümpfen bei Herrn Mayle die Nase. Mich amüsiert er trotzdem.

Nicht ganz so dem Massengeschmack angepasst sind die tiefgründigen Krimis von **Pierre Magnan**, dessen *Kommissar Laviolette* bizarre Fälle in der Haute Provence löst. Wer die Provence wirklich liebt, hat in allen Ferien eines von Magnans Bücher dabei – und wird damit in wenigstens acht Urlauben unterhalten.

Vielleicht interessiert es Sie auch, welchem Geheimnis Hans Dobler, so heißt der Held, in der ***Gordischen Lüge*** auf die Spur kommt. Ich könnte es Ihnen hier schon verraten, schließlich habe ich mir die Geschichte ausgedacht.

Notfälle

Wir empfehlen dringend eine sehr preisgünstige **Auslandskrankenversicherung** (bis zu 45 Tagen). Sie sollte für jeden Wohnmobilreisenden eine Selbstverständlichkeit sein. Wer sich dazu nicht entschließen kann, benötigt für Frankreich und die Transitländer eine **europäische Krankenversichertenkarte** (EHIC). Das Dokument im Scheckkartenformat kann direkt bei Ärzten und Kliniken vorgelegt werden. Die Ausstellung der Karte ist kostenfrei und muss bei der heimatlichen Krankenkasse beantragt werden. Gewährt werden bei der Vorlage alle notwendigen Leistungen – allerdings zu den Bedingungen, die vor Ort gültig sind. Wer die EHIC nicht vorweisen kann, wird zu entsprechen Tarifen als Privatpatient behandelt und muss in Vorleistung treten. Gegen Rechnungsvorlage wird in der Heimat möglicherweise ein Teil wieder erstattet.

Adressen deutschsprachiger **Ärzte**: erhält man bei den Konsulaten oder vom ADAC, München (Tel. 0049 89 22 22 22), aber auch bei den örtlichen Touristenbüros oder beim Campingplatzverwalter.

Im schlimmsten aller schlimmen Fälle: Wenn Sie einen Auslandsschutzbrief haben, werden Sie, Ihre Familie und das WOMO kostenlos nach Hause transportiert; ADAC siehe eben.

Apotheken

Französische Apotheken *(Pharmacies)* haben nicht einheitlich geöffnet. Vor allem montags sind die meisten Apotheken dicht. Normalerweise müsste ein Schild an der Eingangstür auf die Dienst habende Apotheke hinweisen *(Pharmacie de Garde)*. Die Bereitschaftsapotheke steht auch in der Zeitung;

wenn Sie nicht weiterkommen, wenden Sie sich an die Polizei, die Sie angeblich nachts ohnehin brauchen, denn dann öffnet Ihnen wahrscheinlich kein Apotheker die Tür, weil er Angst vor Überfällen hat.

Konsulate/Botschaften
Honorar-Konsulat der **Bundesrepublik Deutschland**: c/o Automobile Club Vauclusien, 185, Route des Rémouleurs, Z.I. La Courtine Ouest, 84095 Avignon. (Postanschrift: Consul Honoraire de la République fédérale d'Allemagne, B.P. 1000, 84095 Avignon Cedex 9, Frankreich.); Tel. 04 90 86 28 71; www.konsulate.de;
Botschaft: 13/15 Avenue Franklin D. Roosevelt, 75008 Paris, Tel. 01 53 83 45 00;
Konsulat der **Republik Österreich**: 27, Cours Pierre Puget, F-13006 Marseille; Tel. 04 91 53 02 08
Botschaft: 6 Rue Fabert, 75007 Paris. Tel. 01 40 63 30 63;
Konsulat der **Schweiz**: Consulat géneral de Suisse 7, rue d'Arcole 13291 Marseille Cedex 6, Tel. 04 96 10 14 10 / 11;
Botschaft: 142 Rue de Grenelle, 75007 Paris, Tel. 01 49 55 67 00

Notrufe (die auch per Handy funktionieren)
Polizei *(police secours)*: 17
Feuerwehr, Unfallrettung *(sapeurs-pompiers)*: 18
ADAC-Auslandsnotruf, München: 0049-89-222222
ADAC-Auslandsnotruf, Paris: Tel. 01 45 00 42 95; von Mo. bis Fr. 9 bis 15 Uhr, von Mai bis Oktober bis 17 Uhr

Pannendienst
über den Polizeinotruf (siehe oben), und zwar entweder über die Notrufsäulen an der Autobahn und einigen Nationalstraßen, sonst überall über die Rufnummer 17. Außerdem kann man mittels der Telefonnummer 05 10 61 06 über *AIT-FIPA Assistance* einen Pannenhilfsdienst rufen. Weitere Infos erhalten Sie unter dem Stichwort *Unfall*.

Preise
Das Preisniveau Südfrankreichs liegt leicht über dem deutschen, und ist um so höher, je touristisch orientierter ein Gebiet ist. Wenn der Einkauf im Supermarkt größere Löcher in den Geldbeutel reißt, liegt dies in erster Linie daran, dass man in einem fremden Land nicht so genau weiß, was man wo erstehen sollte und noch mehr kauft als man braucht. Erstaunlich hoch sind die Eintrittspreise, deutlich teurer als bei uns ist das Essen im Restaurant.

Reisezeit/Klima
Bei der Wahl der richtigen Reisezeit spielen das Klima und der Touristenansturm die entscheidende Rolle. Die Angst vor **Überfüllung** der Strände und besonders der Campingplätze ist nur in der Zeit zwischen dem 15.7. und dem Sonntag nach dem 15.8 (in Frankreich ein Feiertag) berechtigt. Schon Ende August sind viele Zeltplätze allenfalls noch halb voll. Nur während des eben genannten Monats steht man, liegt der Platz an Badestellen oder nahe den Hauptsehenswürdigkeiten, gelegentlich vor dem Schild ‚*complet*', was bedeutet, dass der Platz belegt ist. An der Côte d'Azur dauert die Saison länger und bis Ende August.

Differenzierter ist das **Wetter**. Unser Reisegebiet fällt zum größten Teil in den Bereich des Mittelmeerklimas. Was schreibt ein ordentlicher Reiseführer über die beste Reisezeit in dieser Klimazone? Sie ahnen es, aber wir enttäuschen Sie: Wir teilen Ihnen nämlich nicht mit, dass die günstigsten Reisemonate Mai und September sind, dass Sie die Provence im Juli und August meiden sollen. Vermutlich gehören nämlich auch Sie zu den Leuten, die just zu jener Zeit in ein südliches Land reisen, von der unsere Zunft abrät. Weil Sie nur dann Urlaub bekommen oder die Kinder Ferien haben. Außerdem wäre eine solche Aussage für unser Reisegebiet teilweise auch gar nicht zutreffend, denn es gibt – gerade in Teil 2 – Landstriche, die ich Ihnen im Juli oder August besonders empfehle. Wir müssen also bezüglich der Reisezeit zwischen den einzelnen Landschaften dieses Buches unterscheiden:

Januar und **Februar** sind keine Wohnmobilmonate, praktische Südfrankreicherfahrungen für diese Zeit besitzen wir nicht, obwohl unsere Ahnen zur Zeit der Jahrhundertwende gerade im Winter die Côte d'Azur als Urlaubsziel entdeckt haben. Auch heute noch schwärmt mancher von den klaren Wintertagen in der Provence, die erstaunlich sonnig und regenarm sind.

Zum **Frühjahr** hin nehmen leider die Niederschläge kräftig zu. Wenn Ende März die Osterreise beginnt, erlebt man wahrscheinlich ein klimatisches Wechselbad. Man hat traumhaft schöne Tage, mit blühenden Bäumen unter tief blauem Himmel, man legt sich in das schon sichtbar gewachsene Gras und döst in der Sonne. Oder, allerdings wesentlich seltener, man schlägt sich an grauen Tagen die Zeit um die Ohren, die Wohnmobilheizung ist unverzichtbar und der Regen trommelt stundenlang aufs Dach. Sie werden während 10 Tagen **Ende März/Anfang April** normalerweise beides erleben. Fahren Sie zu dieser Zeit möglichst ins Rhônetal, in die angrenzenden Regionen und an die Calanques. Trotz der unsicheren Wetterlage sind mir die Wochen um Ende März/Anfang April fast die liebste Zeit in Südfrankreich, denn man reist schon merklich in den Sommer. Schrauben Sie Ihre Erwartungen aber nicht zu hoch, eine Wettergarantie gibt es mit Sicherheit nicht.

Ende April kann man bei gutem Wetter schon mal im Meer baden, die Küste liegt dann aber noch im Winterschlaf. Campingplätze und Kneipen sind vielfach noch geschlossen, aber dafür findet man, wenn auch Jahr für Jahr seltener, das eine oder andere Stellplätzchen, das einen Monat später zugeparkt, abgesperrt oder verboten ist.

Im **Mai**, wenn Klatschmohn und Ginster blühen, wenn die Regentage seltener werden, wenn noch keine drückende Schwüle über dem Land liegt, ist – ich kann es mir doch nicht verkneifen – die beste Zeit für den größten Teil unseres Gebietes, für das Rhône-Tal, besonders für das Plateau de Vaucluse und den Luberon. Aber auch für die Küste, wo man um Pfingsten erleben darf, wie angenehm ein Campingplatz sein kann. Auf den schönsten Plätzen direkt am Strand ist noch Raum, Sie liegen in der Sonne und kommen sich vor wie im Sommerurlaub. Und als Tourist sind Sie manchmal sogar noch ein Indivi-

duum. Das Wetter ist um Pfingsten aber leider weniger stabil als Sie es sich wünschen. Wir haben schon fast zwei Wochen am Stück unter wechselhaftem, gewittrigem Klima gelitten.

Ab Mitte **Juni** rollen die ersten Sommerurlauber heran. Jetzt beginnt auch das beständige Klima, in Meeresnähe sind Regentage nun selten (in manchen Jahren gibt es Ausnahmen). Ab Anfang **Juli** kann man in den Flüssen des Hinterlandes baden. Das Rhône-Tal ist dann allerdings weniger attraktiv, es kann dort glühend heiß und vor allem auch schwül werden. Aber auch in den anderen Teilen unseres Reisegebietes misst man im Juli/August locker mal 35 Grad.

Wettermäßig beständig sind auch **September** und **Oktober**. Wir haben Anfang September schon wunderbare Sommertage erlebt, die nur durch ihren kühleren Abend die Nähe zum Herbst verraten haben. Aber ab der zweiten Septemberwoche kippt häufig das Wetter. Es regnet sintflutartig, bisweilen mehrere Tage, denen wieder der Sommer folgt. In vielen Jahren kann man bis Anfang November noch baden. Ein schöner Monat soll der **Dezember** sein, aber jetzt sind wir schon fast wieder bei der Theorie.

Zu allen Jahreszeiten gilt, dass nicht selten über einem relativ schmalen **Küstenstreifen** das Wetter deutlich besser ist als im gebirgigeren Landesinneren.

Während des ganzen Jahres, aber häufiger im Winter und Frühjahr und deutlich seltener und schwächer im Sommer, kann Sie der **Mistral** nerven. Der »Herr der Winde« ist ein überaus rauer Geselle, der aus nordwestlicher Richtung kräftig und durch die Berge kanalisiert das Rhône-Tal hinunterbläst, aber auch auf den Landstrichen seitlich davon noch sturmartig die Zypressenreihen hin und her schüttelt, welche die Felder vor dem Wind schützen sollen. Die typische Mistral-Konstellation ist ein Hoch über der Biskaya und ein Tief im Golf von Genua. Wenn hier der Luftdruckunterschied ein bestimmtes Maß erreicht, ist es so weit: Das Barometer steigt ein wenig, und der »Herr der Winde« pustet die Wolken weg, weshalb nicht selten das Phänomen entsteht, dass im Rhône-Tal und in den angrenzenden Gebieten ein tiefblauer Himmel strahlt, während anderswo das Wetter schlecht ist. *Maître Mistral* kann verdammt unangenehm werden und ihren eingeölten Körper mit Sand panieren, sofern Sie überhaupt an den Strand gehen können. Wenn man den Wind am nötigsten braucht, an glutheißen Sommertagen, weht er am wenigsten, da dann die für die Sogwirkung verantwortlichen Tiefdruckgebiete fehlen.

Der Sturm rüttelt mitunter brutal an Ihrem WOMO, und wenn Sie nicht aufpassen, weht Sie ein Seitenwind auch mal in den Graben. Sein großer Vorteil aber besteht darin, dass er den Dunst weg bläst und Ihnen ideale, klare Lichtverhältnisse beschert. Jetzt ist die Zeit der Fotografen. Aber auch die der Gipfelstürmer, die dann vom Mont Ventoux aus das Meer sehen. Vorbei sind dafür die lauen Abende, an denen Sie vor Ihrem WOMO den Grillen lauschen. Und so sind Sie froh, wenn das nervige Winden wieder aufhört. Angeblich weht der Mistral 1, 3, 6 oder 9 Tage, und hat damit einiges mit dem Schnupfen gemeinsam: Wie lange er dauert, weiß kein Mensch. Und wenn Sie nicht genügend Pullover dabei haben, lernen Sie schnell die Gemeinsamkeiten mit dem Katarrh kennen.

Der ideale Südfrankreich-Urlaub beginnt wettermäßig übrigens mit einem kräftigen Mistral; der Rückenwind wird Ihre Treibstoffrechnung fast halbieren, aber wehe, wenn er Ihnen auf der Heimfahrt ins WOMO-Gesicht bläst! Dann lobe ich mir schon eher den in Südfrankreich gar nicht so seltenen Südwind, der bisweilen bräunlichen Saharasand auf Ihrem Dach ablädt.

Insgesamt macht man sich bei der Wohnmobilreise leider viel zu abhängig vom Wetter. Achten Sie lieber darauf, dass Sie Ihre Aktivitäten dem Wetter anpassen. Bei Regen haben Sie nichts von der Landschaft, aber viel von den Städten, den Kirchen und den Museen. Und Sie freuen sich dann auf ein gemütliches Restaurant. Bei Sonne und klarer Luft müssen Sie aber raus, auf die Berge und Hügel. Planen Sie also kurzfristig und dem Wetter angepasst.

Restaurants

In keinem Land Europas hat das Essen eine solche Bedeutung wie in Frankreich. Von der reichhaltigen Auswahl an Lebensmitteln sprach ich bereits oben. Ein richtiger Franzose knausert auch nicht außer Haus, ein frankophiler Tourist ebenso wenig. Wohin aber soll man gehen?

Das Essen in den von uns bei den Tourenbeschreibungen erwähnten Restaurants ist sein Geld wert. Gehen Sie aber bitte nicht davon aus, dass wir immer die preiswertesten Lokale empfehlen, und verwechseln Sie andererseits unseren WOMO-Führer schon gar nicht mit einem Schlemmeratlas.

Nun möchten Sie aber nicht nur das nachschmecken, was wir Ihnen vorkauen, Sie werden vielmehr selbst auf Entdeckungsreise gehen, meistens ins **Restaurant**. So nennt sich das normale Speiselokal, in dem man niemals nur ein Getränk zu sich nimmt. Ein Restaurant sollte nur betreten, wer Zeit, Lust und Geld für ein richtiges Essen hat. Für einen kurzen Happen ist es ungeeignet. Das Preisniveau liegt über dem deutschen, selbst wenn man einkalkuliert, dass in der Regel mehrere Gänge serviert werden. Ist das Essen preisgünstig, zahlt man 20 Euro pro Person, in den Spitzenrestaurants muss

man aber für eine Mahlzeit zwischen 40 und 80 Euro/Person einplanen. Hinzu kommen noch die Getränke, wobei man sich nicht scheuen sollte, auch in besseren Lokalen nach offenem Wein zu fragen *(vin ordinaire* oder *vin au pichet)*. Wenn man zu einem gepflegten Essen den entsprechenden Wein trinken möchte, kann der Abend schnell zu einem sehr teuren Vergnügen werden.

In den Restaurants kann man meistens zwischen einem oder mehreren Menüs und Speisen *à la carte* wählen, wobei die Menüs wesentlich billiger sind, selbst wenn darin einzelne Speisen der regulären Karte zusammengestellt sind.

Mögen Sie kein *menu*, können Sie in Frankreich ungeniert auch nur einen Hauptgang bestellen. Ich glaube auch nicht, dass man Sie schief anschaut, wenn Sie nur eine Vorspeise ordern. Eigene Erfahrungen fehlen mir jedoch diesbezüglich. Sehr oft werden auch spezielle Kindermenüs angeboten *(menu enfant)*, die leider gelegentlich etwas lieblos zusammengestellt sind, meine Töchter einst trotzdem immer wieder beeindruckt haben. Isst Ihr Nachwuchs nur *Pommes*? Dann bestellen Sie ihm in Frankreich *frites*, die Sie aber nicht in jedem französischen Restaurant bekommen. Wenigstens wird man Sie wegen dieses Wunsches nicht schief anschauen, auch wenn eine solch kärgliche Mahlzeit für das französische Kind undenkbar ist. Das tritt nämlich, sobald es kauen kann, in die Fußstapfen der Eltern: Es sitzt stundenlang artig bei Tisch, verdrückt mehrere Gänge, darunter zumeist ein blutiges Steak – und trinkt dazu Wasser, niemals Limo. Aber ich schweife ab, zurück zu Ihnen:

Wie finden Sie nun das richtige Lokal? Folgen Sie möglichst einer Empfehlung, es kann ja auch die eines anderen Reiseführers sein (Sie werden übrigens merken, dass viele Reiseführer dieselben Lokale anpreisen, was weniger daran liegt, dass die Autoren voneinander abschreiben, als daran, dass die Köche ihr Handwerk wirklich verstehen). Und wenn Sie noch rund 25 Euro übrig haben, entscheiden Sie sich für den dicken, roten ***Guide Michelin***. Wir sind bestimmt nicht restaurantunerfahren und haben schon so manches Lokal erst nach sorgfältiger Prüfung der Speisekarte und der Preise beehrt, wir fallen aber auch immer wieder herein. Gelegentlich waren wir auch schon von einem Gasthaus begeistert, das nicht im *Michelin* erwähnt ist, wir sind aber umgekehrt fast noch nie total eingebrochen, wenn wir ein Haus in dem roten Wälzer gefunden haben. Schon wenn Sie einen einzigen Reinfall vermeiden, hat sich die Anschaffung gelohnt, wenngleich ich zugeben muss, dass *Michelin* nicht gerade die preiswerten Lokale favorisiert. Selbst in billigeren Kneipen läppert sich auf der Rechnung einiges zusammen. Der rote *Michelin* lohnt sich zusätzlich wegen seiner einmalig präzisen Stadtpläne!

In den Restaurants sollte man sich so frühzeitig wie möglich anmelden, je bekannter das Haus ist, umso eher. Oft genügt es, ab 18 Uhr vor Ort zu reservieren. Abends öffnen die Restaurants meist erst um 19.30 Uhr und sind dann sehr schnell besetzt.

Wie aber verständigt man sich? Französisch natürlich, gelegentlich auch englisch. Damit kann man aber eine anspruchsvolle Speisekarte noch lange nicht übersetzen. Ein Kellner als Dolmetscher führt oft nur zu Verwirrung. Seine Erklärungsversuche sind meistens so flott, dass man sie nicht richtig mitbekommt, irgendetwas bestellt und dann ein langes Gesicht macht, wenn das Essen aufgetragen wird. In einem normalen Wörterbuch sucht man die kulinarischen Fachausdrücke vergeblich, weshalb wir Ihnen früher einen ***Gourmet-Sprachführer*** empfohlen habe. Die Herstellung dieser Literatur wurde aber eingestellt. Vielleicht bekommen Sie unter *Amazon* noch ein gebrauchtes Buch.

Für den kleinen Hunger sucht man kein Restaurant, sondern eine **Crêperie**. Sie ist zwar nicht typisch südfranzösisch, aber das ist der Hunger ja auch nicht. Leider summiert sich auch dort die Rechnung.

Je nach touristischer Nachfrage gibt es dann noch weitere Abfütterungsbetriebe: Pizzerien, Rôtisserien, und vor allem Hamburgerien... Die **Pizza-Lokale** sind meistens sehr ordentlich, der Teig ist dünn und die Rechnung noch dünner, mit der eines Restaurants nicht zu vergleichen (aber höher als in Deutschland).

Sehenswürdigkeiten/Öffnungszeiten

Nicht selten werden Ihre Pläne durch ungünstige **Öffnungszeiten** durchkreuzt. Am besten gehen Sie davon aus, dass über Mittag, also zwischen 12 oder 12.30 und 14.30 Uhr, alles dicht ist, mitunter sogar die Kirchen. Museen und andere Sehenswürdigkeiten haben manchmal auch einen ganzen oder halben Ruhetag, häufig dienstags. Das Unangenehme daran ist aber, dass es keine Gesetzmäßigkeit oder Verlässlichkeit gibt. Die Öffnungszeiten ändern sich leider von Jahr zu Jahr. weshalb auch die von mir angegebenen Zeiten sicherlich nicht mehr überall zutreffen.

Ich bin immer wieder erstaunt, wie hoch die **Eintrittsgebühren** sind, Kinder zahlen immer weniger, nach dem Alter fragt niemand so genau. Staatliche Museen müssen Bürgern der EU, sind diese unter 18 oder über 64 Jahre alt, kostenlosen, Schülern und Studenten (gegen Ausweis) zum halben Preis Eintritt gewähren. Die Franzosen neigen dazu, sehr viele Sehenswürdigkeiten nur im Rahmen von offiziellen Führungen zu zeigen. Wer nicht über gute Französischkenntnisse verfügt, versteht wenig, weshalb derartige Visiten oft zu langweiligen Urlaubsepisoden entarten. Der durchschnittliche *Guide* lässt sich nämlich selten einen Parforceritt quer durch die bewegte französische Geschichte nehmen.

Sprache

Franzosen sind dafür bekannt, dass sie Fremdsprachen gegenüber wenig aufgeschlossen sind. Erwarten Sie also nicht, dass man Ihnen auf Deutsch sprachlich entgegenkommt; zunehmend radebrecht jemand Englisch. Schaffen Sie sich einen Sprachführer an und machen Sie sich etwas mit der Aussprache vertraut, was allerdings nicht einfach ist, wenn Sie kein Französisch gelernt haben. Allein mit einem Wörterbuch kommen Sie dann nicht weit. Insgesamt kann man aber sagen, dass der Südfrankreich-Urlaub nicht an der Sprache scheitern wird.

Strände/Bademöglichkeiten

Ich habe Sie schon mehrfach gewarnt, denn Südfrankreich am Meer ist in der Zeit zwischen Mitte Juli und dem 20. August ein Horror. Geeignet nur für den, der sich das wohnmobile Reisen schon länger abgewöhnen wollte. Gehen Sie im Zweifel davon aus, dass Sie in dieser Zeit auf schönen, küstennahen Campingplätzen keinen Einlass finden, dass Sie am Strand kaum eine Parkmöglichkeit antreffen werden, dass das Übernachten für WOMOs fast überall verboten ist und oft genug sogar das Parken. An der Côte d' Azur ist alles so zugebaut, so dass es schon deswegen dort praktisch keine Stellplätze gibt.

Wenn Sie meinen Warnungen nicht glauben und vielleicht doch irgendwo wenigstens ein Badeplätzchen finden, nehmen Sie unbedingt Ihre Wertsachen mit zum Strand und lassen Sie diese dort nicht aus dem Auge. Auf Parkplätzen an der Küste wird besonders viel geklaut.

In der Vorsaison ist alles besser, wenn man einmal von den baulichen Verunstaltungen absieht. Für den Hochsommer können Sie sich natürlich schon Monate vorher auf einem Campingplatz anmelden, um dann dort an der täglichen Animation teilzunehmen, um in der Disco zu schwofen und um deutsches Bier zu trinken. Mit mobilem Reisen hat das aber nichts mehr zu tun.

Man muss in der Provence jedoch nicht auf das Schwimmen verzichten oder sich mit Freibädern begnügen (da die französischen Jugendlichen ganztags in die Schule müssen, sind viele Freibäder nur während der Ferien, im Juli und August geöffnet). Es gibt Stauseen, in denen man baden kann; unsere Touren in Teil 2 führen an einige schöne Badeplätze. Die Binnengewässer sind im Großen und Ganzen weit weniger überlaufen als die Küste, obwohl das Wasser im Hochsommer gerade richtig temperiert ist.

Für alle Strände und Badeplätze gilt: Am Wochenende gibt es einen besonderen Run; das ist die beste Zeit für den Campingplatz, denn der bleibt vom einheimischen Ausflugstourismus verschont. Und freitags bekommt man dort um die Mittagszeit ohnehin die besten Plätze, wenn ein Teil der Urlauber abgereist ist, während der andere Teil noch zu Hause die letzten Sachen einpackt.

Straßenverhältnisse/Tankstellen

Frankreich ist berühmt für sein **Straßennetz**. Leider – muss man fast schon sagen, denn auch durch die landschaftlich schönsten Gebiete führen befahrbare Wege, wenn auch gelegentlich ohne Asphalt. Wohnmobilisten kommt das natürlich entgegen. Die Straßen sind häufig schmal und kurvig, aber fast ausnahmslos auch für breite Wohnmobile passierbar (das wird sich ändern, wenn der Trend zu immer breiteren Reisemobilen anhält). Wenn einmal ein Verkehrsschild das Befahren einer Straße für ein Fahrzeug Ihrer Größe verbietet, können Sie sicher sein, dass Sie hier niemand schikaniert. Denn mit dem Aufstellen von Verbotsschildern ist man in Frankreich zurückhaltender als bei uns. In neuerer Zeit sind Strecken – gerade in Ortschaften – für Fahrzeuge mit einem Gesamtgewicht von mehr als 3,5 t gesperrt. Das hat häufig nichts mit der Straßenbreite zu tun, sondern soll LKWs fern halten. Schwere

WOMOs ziviler Größen sind davon betroffen, obwohl die Durchfahrt physikalisch möglich ist.

Fahren Sie ansonsten ruhig kleinste Sträßchen. Wenn diese auf Ihrer Michelin-Karte ohne erkennbare Beschränkungen eingezeichnet sind, kommen Sie auch durch. Sie werden dabei viel mehr erleben, als wenn Sie auf einer breite Nationalstraße durch die Landschaft brettern.

Die **Autobahnmaut** schmälert Ihre Urlaubskasse. Wenigstens werden dort normale WOMOs nicht mehr wie ein Laster berechnet. Sie können mit der Kreditkarte zahlen, wenn Sie diese einfach dem Kassierer aushändigen. Eine Kontrolle durch Unterschrift oder Geheimzahl findet nicht statt.

Die **Höchstgeschwindigkeiten**: Innerorts 50 km/h; auf Landstraßen 90 km/h (bei Nässe 80 km/h); bei zwei Fahrstreifen in jeder Richtung 110 km/h (bei Nässe 100 km/h); auf Autobahnen: 130 km/h (bei Nässe 110 km/h). Ist Ihr Führerschein jünger als ein Jahr, dürfen Sie höchstens 90 km/h fahren. Frankreich hat keinen Lichtzwang, aber eine **Warnwestenpflicht**.

Das **Tankstellennetz** ist dichter als in Deutschland. Dieselkraftstoff kostet ähnlich viel wie bei uns. Meiden Sie möglichst die Autobahntankstellen, denn dort ist der Sprit am teuersten. Am preiswertesten tankt man bei großen Supermärkten. An Tankstellenautomaten funktioniert neben der VISA-Karte neuerdings auch oft die EC-Karte.

Telefonieren

Innerhalb Frankreichs ist immer eine Null zu wählen (auch für Paris). **Vom Ausland wird diese Null weggelassen**, es folgen dann also nur noch 9 Ziffern. Die Vorwahl **nach** Frankreich, der die 9-stellige Nummer folgt (also ohne Null!), ist aus Deutschland, Österreich und der Schweiz dieselbe, es ist die 0033. Alle Angaben gelten auch für das Mobiltelefon, bei dem Sie im französischen Netz keine Ländervorwahl, dafür aber die Null wählen müssen.
Die Auslandvorwahlen **von** Frankreich aus sind:

nach Deutschland	0049
nach Österreich	0043
in die Schweiz	0041

Toiletten

Viele Leser werden dabei nur an die legalen Entleerungsmöglichkeiten für das Chemieklo denken. Eine saubere **öffentliche Toilette** entlastet aber auch das eigene Klo und spart Chemie; darauf kann man gar nicht oft genug hinweisen.

Manche *WC public* sind so sauber, dass man sich den Umweg über die WOMO-Toilette schenken kann. Wir erwähnen Toiletten bei den Stellplätzen weniger als Ort der Entleerung des Toilettentanks, als für unsere Leser mit Kleinbussen oder für die anderen zum Zwecke der unmittelbaren Entleerung.

Wir unterstellen einmal, dass jeder, der dieses Buch zur Hand nimmt, sich darüber im Klaren ist, dass die Chemikalien Kläranlagen und Umwelt belasten. Fast alle Mittel arbeiten nach dem Prinzip, Bakterien zu zerstören. Leider tun sie dieses auch in der Kläranlage, wo aber gerade Bakterien die Abwässer reinigen. Wer auf diese Chemie nicht verzichten kann, oder gar nicht weiß, wie das Mittelchen wirkt, muss unbedingt richtig dosieren, damit die Chemie von den eigenen Fäkalien weitgehend aufgebraucht wird. Bei aller Chemie gilt der Grundsatz: So wenig wie möglich!

Noch besser ist es, zunächst gar keine keimtötende Flüssigkeit einzufüllen, denn einen Tag lang geht es – außer im Hochsommer – auch ohne. Leider gibt es in der Provence außerhalb der Campingplätze immer noch zu wenige **Entsorgungsstationen**. Kaum mehr als auf unseren Karten eingezeichnet.

Wir haben in unseren Toilettentank eine **Toilettenentlüftung** eingebaut. Marktführer ist die *'SOG-Toilettenentlüftung'*, bei der ein etwas dickerer Schlauch ins Freie geführt wird. In diesem sitzt ein kleines, kräftiges Elektromotörchen, das Ihnen beim Öffnen des Toilettenschiebers die schlechte Luft unter dem Hintern wegsaugt. Vorbei sind die Zeiten, in denen sich die restliche Urlaubsbesatzung außerhalb des Wohnmobils die Beine vertreten musste, während sich ein Mitreisender zurück gezogen hatte. Mit dieser elektrisch gesteuerten Toilettenentlüftung gehören schlechte Gerüche der Vergangenheit an, selbst wenn Sie gar keine oder nur wenig Toilettenflüssigkeit verwenden. Sie finden im Werbeteil der Wohnmobilzeitschriften Bezugsquellen, auch die Campinghändler sind bestückt. Einziger Wermutstropfen: Die Entlüftungsanlage kostet rund 130 Euro, und man muss sie sich beim Händler einbauen lassen, wenn man handwerklich weniger geschickt ist (mir gelang mal der Einbau auf Anhieb).

Unfall

Wenn das Schicksal Sie ereilt, sollten Sie als erstes daran denken, dass Sie auf sich selbst gestellt sind. So Sie einen Unfallgegner haben, notieren Sie sich die Versicherungsgesellschaft und die Versicherungsnummer. Sie finden bei jedem französischen Auto an der Windschutzscheibe einen Aufkleber, der die Versicherung ausweist (bei Motorrädern am vorderen Schutzblech). Es ist nämlich weiterhin schwierig, nur anhand des Kennzeichens den Haftpflichtversicherer zu ermitteln. Machen Sie möglichst eine Vielzahl von Fotos von Kennzeichen und Versicherungsplakette, den Unfallendständen, den Verkehrszeichen, Spuren und der Gesamtsituation. Achten Sie darauf, dass in den Unfallbogen, den fast alle Franzosen haben, den sogenannten *Constat amiable*, nur solche Daten aufgenommen werden, die unstreitig sind, unterschreiben Sie keinen Text, den Sie nicht verstehen. Und lassen Sie sich bei größeren Unfällen von Ihrer Rechtsschutzversicherungsgesellschaft sofort einen Deutsch sprechenden Anwalt nennen.

Die Polizei kommt nur bei schweren Sachschäden, oder wenn Personen verletzt wurden. Falls der Unfallgegner keine Polizei möchte und Sie eindeutig schuld sind (die Verkehrsregeln sind im Wesentlichen die gleichen wie bei uns), falls niemand schwer verletzt worden ist, können Sie auch mit Ihrem Kontrahenten Formalitäten austauschen, ohne die Polizei zu rufen. Dann ersparen Sie sich nämlich mit hoher Wahrscheinlichkeit ein nicht geringes Bußgeld oder gar eine Kautionszahlung. Ihr **Haftpflichtversicherer** wird den Schaden nämlich auch regulieren, wenn Sie ohne Zuhilfenahme der Polizei über den Unfall wahrheitsgemäß berichten. Nur unverzüglich, das heißt so schnell Sie können, also spätestens am nächsten Tag, sollten Sie die Haftpflichtversicherung telefonisch informieren und Weisungen zu weiteren Verhaltensmaßnahmen entgegen nehmen. Einzelheiten können Sie meistens in der Heimat nach Rückkehr aus dem Urlaub nachreichen. Unterschreiben Sie nichts, was Sie nicht verstehen und lassen Sie sich nicht von gegnerischen Mitfahrern oder von Passanten beeinflussen.

Inzwischen hat der EU-Gesetzgeber Ihnen die **Regulierung von Unfallschäden** deutlich leichter gemacht: Wenn sich der Schaden in einem EU-Staat ereignet hat oder wenn der Unfallgegner aus der EU stammt, kann der Schaden von zu Hause aus in deutscher Sprache reguliert werden. Beim Zentralruf der Autoversicherer nennt man Ihnen in Deutschland (unsere Leser aus Österreich und der Schweiz bitte ich um Nachsicht, dass ich die Einzelheiten nicht recherchieren konnte) unter 0180-25026, falls Sie das Kfz-Kennzeichen und möglichst auch die Versicherung des Unfallverursachers angegeben haben, einen Regulierungsbeauftragten, meist ein anderes Versicherungsunternehmen. Dort melden Sie Ihre Ansprüche an. Es gilt aber das Schadensrecht des Unfallortes (also die dortigen Verkehrsregeln und auch die dortige Gesetzgebung über Schmerzensgeld, Rentenansprüche etc.). Informationen finden Sie unter *www.adac.de/Auslandsunfall*. Inzwischen können deutsche Bürger Schadensersatzansprüche aus einem in Frankreich von einem Franzosen verursachten Verkehrsunfall auch in Deutschland vor deutschen Gerichten, aber nach französischem Recht, einklagen. Das ist wesentlich besser als früher, aber immer noch so kompliziert, dass ich Ihnen weiterhin eine **Rechtsschutzversicherung** dringend empfehle. Dass Sie für Ihr Wohnmobil eine Vollkaskoversicherung abschließen sollten, muss ich nicht gesondert erwähnen.

Sie haben ein Wohnmobil **gemietet**? Fragen Sie Ihren Vermieter *vor* Abschluss des Mietvertrages, ob das Fahrzeug auch vollkaskoversichert ist. Fragen Sie Ihren Vermieter nach der Rechtsschutzversicherung. Falls er keine unterhält, Sie sich aber selbst rechtsschutzversichert haben, beispielsweise für Ihr normales Auto, genießen Sie Rechtsschutzversicherungsschutz auch als Fahrer eines fremden Autos, sofern Ihre eigenen Rechte betroffen sind. Dieses gilt für den gesamten strafrechtlichen Bereich, also für Geldstrafen, Freiheitsstrafen (manch einem kann der Urlaub nicht alternativ genug sein) und auch für die Durchsetzung Ihrer eigenen Schadensersatzansprüche, wenn Sie einen Körperschaden erlitten haben. Achten Sie darauf, dass Ihre Familienmitglieder in dieser Rechtsschutzversicherung mitversichert sind. Wir können Sie, um dieses unheilvolle Kapitel zu beschließen, nicht eindringlich genug bitten, alle diese Dinge nicht auf die leichte Schulter zu nehmen.

Schließen Sie nach einem Unfall sofort das **Gasflaschenventil**, auch wenn Ihr Fahrzeug mit *SecuMotion* oder dessen Nachfolger ausgerüstet ist. Zuletzt verweise ich auf das Stichwort *Notfälle*. Sowie darauf, dass meine versicherungsrechtlichen Ratschläge nur für Deutschland überprüft sind. Für Österreich dürften sie aber in ähnlicher Weise gelten.

Wanderungen

Die Provence bietet ideale Wanderreviere. Auch für die erforderlichen Hilfsmittel ist gesorgt: Es gibt viele markierte Wege und ein flächendeckendes Netz von **Wanderkarten**.

Die *Karten des IGN* sind blau und haben einen Maßstab von 1: 25.000. Sie sind so genau, dass jeder Trampelpfad und alle in der Natur mehr oder weniger gut markierten Wanderwege eingezeichnet sind. Die Karten kosten fast 10 Euro und haben den Nachteil, dass man bei manchen Wanderungen gleich zwei von ihnen braucht. Sie können die Karten in Frankreich überall im Buchhandel, teilweise auch in Tabak- oder Andenkenläden kaufen oder von Deutschland schon per Internet und Kreditkarte bestellen. Das funktioniert, wie ich getestet habe, bestens, bei einer Woche Lieferzeit, aber knapp 5 Euro Porto *(www.ign.fr)*.

iin den Dentelles de Sarrasines - im Hintergrund Mont Ventoux

Ich habe Ihnen bei den einzelnen von mir beschriebenen Wanderungen stets die Karte genannt, die ich benutzt habe. Die Orientierung ist mit Hilfe der Karten auch auf nicht markierten Wegen einfach. Sie wird zum Kinderspiel, wenn man auf einem Fernwanderweg, einer *'GR' (Grande Randonnée)* marschiert, die immer gründlich rot-weiß bepinselt ist (und an Gabelungen meist mit gekreuzten roten und weißen Strichen vor dem Weg in die falsche Richtung warnt). Auf den anderen, weniger bekannten Wegen ist die Markierung meist gelb, nicht so pedantisch, eher nachlässig, ohne Karte verfranzt man sich hier schnell.

Ohne Wanderschuhe sollten Sie nicht starten, denn der Untergrund ist sehr oft steinig und geröllartig. Noch im April empfehle ich Ihnen wegen des starken Windes eine Wollmütze und, lachen Sie nicht, Handschuhe. Ich habe um Ostern schon bibbernd meine Hände in den Ärmeln vergraben, als ich auf den Gipfeln des Luberon oder des Ventoux stand.

Drei **Wanderführer** habe ich getestet: Optimale Dienste leistet der **Rother Wanderführer** *Provence*; mit präzisen Karten, guten Fotos, informativem Text und Taschenformat. Eine fast unverzichtbare Ergänzung ist das Buch von Georg Henke ***Wandern in der Provence*** aus der Reihe DUMONT aktiv. Vielleicht wird der von mir geschätzte Ralf Nestmeyer mit seinem Wanderbuch *Provence* aus dem **Michael Müller Verlag** ähnlich unentbehrlich. Jedenfalls liefert er die schönsten Fotos.

Mit Wanderkarte und vorliegendem **WOMO-Führer** kommen Sie aber auch zurecht und haben Stoff für mehr als einen Urlaub.

Bitte beachten Sie die sommerlichen **Beschränkungen** wegen **Waldbrandgefahr**, in den Calanques zusätzlich bei Mistral. Im Département Vaucluse dürfen manche Strecken vom 1.7. bis 31.8. nur in der Zeit von 5 – 12 Uhr begangen werden. Näheres erfahren Sie telefonisch unter 04 88 17 80 00. Im Département Bouches du Rhône, besonders in den Calanques, sind die Wege zwischen dem 1.7. und 15.9. nur von 6 – 11 Uhr offen, bei starkem Wind gar nicht. Hier lautet die Telefonnummer: 0811 20 13 13. Auskünfte erfolgen auch in englisch. Die Restriktionen dienen Ihrer Sicherheit. Sie sollten sich im Hochsommer auch vor Ort erkundigen und die zahlreichen Warnschilder ernst nehmen.

Nachfolgend eine Aufzählung der in diesem Buch abgewanderten Strecken:

Von Gigondas durch die Dentelles Sarrasines	Tour 3
Wanderung bei Vaison	Tour 3
Von Mont Serein auf den Mont Ventoux	Tour 3
Durch die Nesque-Schlucht	Tour 4
Von Fontaine-de-Vaucluse zur Pestmauer	Tour 4
Von Gordes zum Kloster Sénanque	Tour 5
Zu den Mühlen der Véroncle	Tour 5
Von Auribeau zum Mourre Nègre	Tour 6
Wanderungen beim Colorado Provençal	Tour 6
Umrundung des Canyon d'Oppedette	Tour 6
Von Céreste auf die Luberon-Kammstraße	Tour 6
Vom Fort de Buoux zum Kamm des Luberon	Tour 7
Durch den Zedernwald	Tour 7
Von Oppède-le-Vieux auf den Luberon	Tour 7
Von Robion nach Taillades	Tour 7
Von Mérindol zur Schlucht von Régalon	Tour 8
Von Cassis in die Calanque d'En Vau	Tour 9
In die Calanques von Morgiou und Sormiou	Tour 9
Zum Leuchtturm von Gacholle	Tour 11
Von St. Rémy nach Les Baux-de-Provence	Tour 12
Von Maussane nach Les Baux-de-Provence	Tour 12

Wasserversorgung

Es gibt in Südfrankreich viele öffentliche Wasserzapfstellen, allein schon wegen der zahlreichen *WC publics*. Es stellt sich daher nur selten die Frage, wo finde ich Wasser als vielmehr wie kommt das Wasser in den Tank? Denn die Wasserhähne kann man oft sehr schlecht anfahren, oder sie haben ein unförmiges Maul, auf das kein Gartenschlauchgewinde passt. Häufig kommt beides zusammen. Wir hantieren mit einer 10 l Gießkanne, es gibt nichts Praktischeres, wenn man das Gartengerät sauber hält und unterwegs Platz dafür hat. Alternativ empfehle ich einen faltbaren Wasserkanister, bei dem das Umfüllen in den eigenen Tankstutzen allerdings schwieriger ist (beliebt ist auch die Spülschüssel-Methode, sofern man einen großen Trichter besitzt). Für die Schlauch-Technik brauchen Sie einen Plastikschlauch, der wenigstens 8 m lang sein muss. Sie sollten einen Schraubanschluss für 1/2 Zoll dabeihaben, weil Sie doch nicht selten einen entsprechenden Wasserhahn finden. Außerdem gibt es im WOMO-Handel einen kurzen Schlauch (zumeist mit einem Duschkopf) mit einem dehnbaren Gummianschluss, den man über die meisten Wasserhähne schieben kann. Befestigen Sie dieses Gummiteil an Ihrem Füllschlauch!

Damit Sie sorglos durch die Lande fahren können, haben wir auf den Karten zu den einzelnen Touren einige Wasserentnahmemöglichkeiten eingezeichnet und bei vielen Stellplätzen darauf hingewiesen. Gehen Sie aber bitte nicht davon aus, dass Sie dort immer mit Hilfe eines Schlauches Wasser tanken können. Wasser gibt es aber an allen auf den Karten eingezeichneten Entsorgungsstationen.

Wir analysieren natürlich nicht die Trinkwasserqualität, dafür entkeimen wir ziemlich regelmäßig mit *Micropur*, einem fast geruchs- und geschmacklosen Mittelchen, frei von Chlor und Jod, das auch der Veralgung Ihrer WOMO-Wasserleitungen vorbeugen soll.

Mont Ventoux (Tour 3)

Wein

Zwei Hinweise vorab: In Frankreich gilt die **0,5-Promille-Grenze**, und Alkoholkontrollen nehmen zu. Ich musste am helllichten Tag, wie alle anderen Chauffeure, die gleichzeitig auf dem überprüften Streckenabschnitt unterwegs waren, schon zweimal blasen. Und meine Weinmeinung trifft, wie das bei einer Weinmeinung nicht anders sein könnte, nicht jedes Lesers Geschmack und Geldbeutel.

Wer meine WOMO-Reiseführer über das Elsass oder Italien kennt, wird sich vielleicht wundern, dass in den Provencebüchern das Weinkapitel knapp ausgefallen ist. Der Grund ist einfach: In Südfrankreich wird zwar viel Wein angebaut, jedoch wenig guter. So wenig, dass man ganze Urlaube damit zubringen müsste, die wirklich beachtlichen Gewächse zu erschmecken. Und die guten Weine haben auch hier schon ihren Preis.

Dabei hat sich die Qualität in den letzten Jahren stark verbessert. Das war auch dringend nötig, denn in Südfrankreich achtete man Jahrzehnte nur auf Quantität. Ausschlaggebend dafür war eine Reblausplage, die Ende des vorletzten Jahrhunderts die Weinkulturen in Südfrankreich zerstörte. Viele Bauern mussten ihre Anbauflächen an Großproduzenten verkaufen. Es war die Zeit des Entstehens der schier grenzenlosen Weinfelder, wie wir sie heute noch im Languedoc antreffen. Es wurde nur noch Masse produziert, Kontrollen gab es in der viel gepriesenen Gründerzeit nicht. An die Stelle von Rebensaft traten oftmals Zucker und Chemie. Die ehrgeizigeren Kleinbauern mussten sich dem anpassen; kurz, die Weinkultur verfiel. Es blieb nicht aus, dass man viel zu viel produzierte und dass die Verarmung der Weinbauern weiter zunahm. Bei der berühmten Weinrevolte im Jahre 1907 gab es etliche Tote, sogar Soldaten wurden eingesetzt.

Heutzutage ist die Weinmasse nicht mehr gefragt, Qualität wird verlangt, zumal der Franzose im Alltag mehr und mehr zur Bierflasche greift. Aber in Südfrankreich (incl. Languedoc und Roussillon) wird immer noch ein Zehntel des gesamten Weins auf der Welt produziert, etwa die Hälfte der französischen Menge. Kein Wunder, dass die Regierung und die EU Flächenstilllegungen prämiieren und Wein zur Destillation aufkaufen. Außerdem ist man, jedenfalls in der Provence, mit der Vergabe einer *Appellation Contrôlée* (einer *geschützten Ursprungsbezeichnung*, die es heute auch schon für Käse und Olivenöl gibt – siehe Tour 2) großzügiger geworden. Wenn die nämlich auf der Flasche steht, greift der Kunde lieber zu. Mit Glück findet man auch mal einen richtig guten Tropfen, im Supermarkt fast nie, am ehesten im Restaurant, wenn der Sommelier sein Handwerk versteht – zu bezahlbaren Preisen eher beim Weißwein und höchst selten beim Rosé. Wer es nicht lassen kann und in der Provence für den heimischen Weinkeller einkaufen möchte, teste am besten im Restaurant die besseren Flaschen und fahre anschließend zum Winzer. Dessen Name und Adresse (zumindest der Ort) stehen auf dem Etikett.

Den höchsten Ruf genießt der *Châteauneuf-du-Pape*, ein kräftiger Rotwein, der oft überteuert gehandelt wird. Preiswerter und mit Glück sogar besser ist der Gigondas; beide sind letztendlich Weine, die unter den Oberbegriff *Côtes du Rhône* fallen. Mein Geheimtipp sind die weißen, keineswegs billigen *Châteauneuf-du-Papes*, die Sie auch über das Restaurant kennen lernen können (z.B. Château *Mont-Redon* nördlich von Châteauneuf und *Château La Nerthe* - südlich an der D 17 – beide auf der Michelinkarte und bei Tour 2 eingezeichnet).

Der mit Abstand am meisten hergestellte Wein ist in Südfrankreich ein Rosé-Wein, der gut gekühlt an heißen Tagen das Urlaubserleben steigert. Dass er ein rechter Durstlöscher wäre, wie man häufig liest, scheint mir eher ein zweifelhaftes Werbeargument der Weinindustrie.

Aber ich will Ihnen den Weinkauf gar nicht ausreden. Wenn es Ihnen Spaß macht, fahren Sie zum Erzeuger, verkosten Sie ein paar Qualitäten und packen Sie auch was ein. Gelegenheit haben Sie dafür genug. Unzählige Erzeuger werben für ihre *Caves (Keller).* Ein **Weingut** möchte ich Ihnen dann doch noch empfehlen, das **Château *La Canorgue***, bei Bonnieux *(Tour 7; 800 m nördlich von Bonnieux, Richtung Pont Julien, beschildert; 9-12 und 14-18 Uhr, sonntags geschlossen; das neue Verkaufsgebäude kann problemlos angesteuert werden, man wird Sie freundlich empfangen).* Alle Weine werden biologisch angebaut, der einfache Weiße kostet etwa 8 Euro. Der harmonische Rote ist nicht nennenswert teurer, er ist der Vorzeigewein und wird Ihnen gefallen, wenn Ihr Weingeschmack noch nicht von den aromatisch aufgemotzten Blendern verdorben ist, die Ihnen heutzutage als sogenanntes Schnäppchen im Einkaufsmarkt angeboten werden.

Bei *Canorgue* habe ich mich beim vorletzten Mal für den langen Winter so nachhaltig eingedeckt, dass der Transport zu unserem Wohnmobil eines

Chariot (Handwagen) und einer Hilfskraft bedurft und logistische Probleme aufgeworfen hat. Wir wurden nämlich schon an der Straße von aufgeregten Ordnungshütern zum Anhalten gedrängt. Die Zufahrt zum Château war versperrt, weil im Hof des alten Weingutes (nicht des heutigen Verkaufshauses) über Wochen Filmaufnahmen gedreht wurden, mit riesigen Gerüsten für die Beleuchtung, Sattelschleppern für die Ausrüstung und einer ganzen Zeltstadt in der Nähe. Ich schätze, dass hier mehr als 100 Menschen am Werke waren, um einen großen Film zu drehen, dessen Regisseur kein geringerer war als Ridley Scott (Oscar-Preisträger für den Film *‚Gladiator'*), der hier Aufnahmen für die Verfilmung eines Buches von Peter Mayle ausführte. Der Roman heißt im Original *‚A good Year'* und in deutsch *‚Ein guter Jahrgang'*. Den Film gibt es in Deutschland auch als DVD unter dem Titel *‚Ein gutes Jahr'* (ein wenig schnulzig, aber lohnend, besonders die Szene am Teich von Cucuron). Würde ich einen Film über ein provenzalisches Weingut drehen, ich hätte mich vermutlich auch für *Canorgue* entschieden. Hoffentlich treibt der Streifen die Preise der angenehmen Weine auch in Zukunft nicht in unrealistische Höhen.

Sie sollten sich nur mit Vorsicht im südfranzösischen Supermarkt für zu Hause eindecken. Mancher Wein, der in französischen Einkaufswagen landet, ist nicht preiswerter und nicht besser als das, was Sie in hiesigen Supermärkten kaufen. Die drei oder vier Euro, die der Kunde pro Flasche zahlt, enthalten Steuer, Zoll, Kosten für Glas, Etikett und Korken, Transport, Handelsspanne, Marketing- und Vertriebskosten. Vom Rest muss der Erzeuger den gesamten Weinanbau und den Ausbau im Keller samt seinem Gewinn kalkulieren. Das kann auch bei halbindustriell gefertigten Massenprodukten nicht funktionieren.

Vielleicht machen Sie es wie die Franzosen. Die greifen zunehmend zum Bier. Das schmeckt nicht nur fast wie zu Hause, sondern kommt oftmals auch von da. Warum also überhaupt noch verreisen?

Wenn Sie diese Frage jetzt, am Ende des Buches, noch nicht beantworten können, haben Sie sich verkauft: Entweder bei der Anschaffung Ihres Wohnmobils – oder mit meinem Buch.

Stichwortverzeichnis

Info-Blatt für das WOMO-Buch: Provence (W) '10

(ausgefüllt erhalte ich 10% Info-Honorar auf Buchbestellungen direkt beim Verlag)

Lokalität: Seite: Datum:
(Stellplatz, Campingplatz, Wandertour, Gaststätte, usw.)

unverändert gesperrt/geschlossen folgende Änderungen:

Lokalität: Seite: Datum:
(Stellplatz, Campingplatz, Wandertour, Gaststätte, usw.)

unverändert gesperrt/geschlossen folgende Änderungen:

Lokalität: Seite: Datum:
(Stellplatz, Campingplatz, Wandertour, Gaststätte, usw.)

unverändert gesperrt/geschlossen folgende Änderungen:

Lokalität: Seite: Datum:
(Stellplatz, Campingplatz, Wandertour, Gaststätte, usw.)

unverändert gesperrt/geschlossen folgende Änderungen:

Lokalität: Seite: Datum:
(Stellplatz, Campingplatz, Wandertour, Gaststätte, usw.)

unverändert gesperrt/geschlossen folgende Änderungen:

Lokalität: Seite: Datum:
(Stellplatz, Campingplatz, Wandertour, Gaststätte, usw.)

unverändert gesperrt/geschlossen folgende Änderungen:

Meine Adresse und Tel.-Nummer:

(nur komplett ausgefüllte Infoblätter können berücksichtigt werden)

Info-Blatt für das WOMO-Buch: Provence (W) '10

Bitte möglichst innerhalb von vier Wochen nach Ihrem Urlaub zusenden!

Lokalität: Seite: Datum:
(Stellplatz, Campingplatz, Wandertour, Gaststätte, usw.)
unverändert gesperrt/geschlossen folgende Änderungen:

Lokalität: Seite: Datum:
(Stellplatz, Campingplatz, Wandertour, Gaststätte, usw.)
unverändert gesperrt/geschlossen folgende Änderungen:

Lokalität: Seite: Datum:
(Stellplatz, Campingplatz, Wandertour, Gaststätte, usw.)
unverändert gesperrt/geschlossen folgende Änderungen:

Lokalität: Seite: Datum:
(Stellplatz, Campingplatz, Wandertour, Gaststätte, usw.)
unverändert gesperrt/geschlossen folgende Änderungen:

Lokalität: Seite: Datum:
(Stellplatz, Campingplatz, Wandertour, Gaststätte, usw.)
unverändert gesperrt/geschlossen folgende Änderungen:

Lokalität: Seite: Datum:
(Stellplatz, Campingplatz, Wandertour, Gaststätte, usw.)
unverändert gesperrt/geschlossen folgende Änderungen:

Meine sonstigen Tipps und Verbesserungswünsche:

Wir bestellen zur sofortigen Lieferung (Alle Preise in € [D]. Preisänderungen vorbehalten):

- ❑ Wohnmobil Handbuch .... 19,90 €
- ❑ Wohnmobil Kochbuch .... 12,90 €
- ❑ Multimedia im Wohnmobil .... 9,90 €
- ❑ Heitere WOMO-Geschichten ...... 6,90 €
- ❑ Gordische Lüge – WOMO-Krimi . 9,90 €
- ❑ WOMO-Aufkleber "WOMO-fan" .. 2,90 €
- ❑ WOMO-Pfannenknecht .... 49,90 €
- ❑ WOMO-Knackerschreck .... 44,90 €

Fahrzeugmarke: ____________________

WOMO-Reiseführer: Mit dem WOMO ins/durch/nach....

- ❑ Allgäu .... 17,90 €
- ❑ Baltikum (Est-/Lettland/Litauen) 18,90 €
- ❑ Bayern (Nord-Ost) .... 19,90 €
- ❑ Belgien & Luxemburg .... 17,90 €
- ❑ Bretagne .... 17,90 €
- ❑ Burgund .... 17,90 €
- ❑ Dänemark .... 17,90 €
- ❑ Elsaß .... 17,90 €
- ❑ England .... 17,90 €
- ❑ Finnland .... 18,90 €
- ❑ Franz. Atlantikküste (Nordhälfte) ... 17,90 €
- ❑ Franz. Atlantikküste (Südhälfte) ..... 17,90 €
- ❑ Griechenland .... 17,90 €
- ❑ Hunsrück/Mosel/Eifel .... 19,90 €
- ❑ Irland .... 18,90 €
- ❑ Island .... 17,90 €
- ❑ Korsika .... 17,90 €
- ❑ Kreta .... 14,90 €
- ❑ Kroatien (Dalmatien) .... 17,90 €
- ❑ Languedoc/Roussillon .... 17,90 €
- ❑ Loire-Tal/Paris .... 17,90 €
- ❑ Marokko .... 17,90 €
- ❑ Normandie .... 17,90 €
- ❑ Norwegen (Nord) .... 17,90 €
- ❑ Norwegen (Süd) .... 17,90 €
- ❑ Österreich (Ost) .... 19,90 €
- ❑ Österreich (West) .... 17,90 €
- ❑ Peloponnes .... 17,90 €
- ❑ Pfalz .... 17,90 €
- ❑ Piemont/Ligurien .... 19,90 €
- ❑ Polen (Norden/Masuren) .... 17,90 €
- ❑ Portugal .... 17,90 €
- ❑ Provence & Côte d'Azur (Osthälfte) . 17,90 €
- ❑ Provence & Côte d'Azur (Westhälfte) 17,90 €
- ❑ Pyrenäen .... 17,90 €
- ❑ Sardinien .... 17,90 €
- ❑ Schottland .... 17,90 €
- ❑ Schwabenländle .... 17,90 €
- ❑ Schwarzwald .... 17,90 €
- ❑ Schweiz (Ost) .... 17,90 €
- ❑ Schweiz (West) .... 17,90 €
- ❑ Schweden (Nord) .... 17,90 €
- ❑ Schweden (Süd) .... 17,90 €
- ❑ Sizilien .... 17,90 €
- ❑ Slowenien .... 17,90 €
- ❑ Spanien (Nord/Atlantik) .... 17,90 €
- ❑ Spanien (Ost/Katalonien) .... 17,90 €
- ❑ Spanien (Südost/Murcia) .... 17,90 €
- ❑ Spanien (Süd/Andalusien) .... 17,90 €
- ❑ Süd-Italien (Osthälfte) .... 17,90 €
- ❑ Süd-Italien (Westhälfte) .... 17,90 €
- ❑ Süd-Tirol .... 17,90 €
- ❑ Thüringen .... 19,90 €
- ❑ Toskana & Elba .... 19,90 €
- ❑ Trentino/Gardasee .... 17,90 €
- ❑ Tschechien .... 18,90 €
- ❑ Türkei (West) .... 18,90 €
- ❑ Umbrien & Marken mit Adria ..... 17,90 €
- ❑ Ungarn .... 17,90 €

.... und jährlich werden's mehr!